大学发展与理念创新

University Development and
Ideology Innovation

李小建 主编

·郑州·

图书在版编目(CIP)数据

大学发展与理念创新/李小建主编．—郑州：河南大学出版社，2012.8

ISBN 978-7-5649-0784-6

Ⅰ.①大… Ⅱ.①李… Ⅲ.①高等学校－发展－文集 Ⅳ.①G647－53

中国版本图书馆 CIP 数据核字(2012)第 108093 号

责任编辑　程若春
责任校对　李　欣
封面设计　马　龙

出　版	河南大学出版社			
	地址：河南省开封市明伦街 85 号		邮编：475001	
	电话：0378-2825001(营销部)		网址：www.hupress.com	
排　版	郑州市今日文教印制有限公司			
印　刷	河南省瑞光印务股份有限公司			
版　次	2012 年 8 月第 1 版		印　次	2012 年 8 月第 1 次印刷
开　本	690mm×960mm　1/16		印　张	18.25
字　数	221 千字		定　价	46.00 元

(本书如有印装质量问题，请与河南大学出版社营销部联系调换)

序

一

　　大学之于中国,并非舶来物。中国古代大学有两个源头:一是太学,是官办的大学;二是书院,是民间的大学。但现代大学却源于欧美。梅贻琦在《大学一解》开篇就说:"今日中国之大学教育,溯其源流,实自西洋移植而来。"① 由此,中国高等教育历史发展有三个阶段:自传说五帝至清朝末年为"人文"阶段,近百年来为"科学"阶段,正在发展为"人文·科学"阶段。② 严格意义上的中国近代高等教育不是中国古代高等教育的自然延伸,而是在西学东渐潮流的冲击下,在近代中西方文化冲突、碰撞、综合的过程中,所出现的具有明显的创新、融合、转型特征的新事物。

　　与现代大学成长相伴而生,现代大学制度在欧美不断地发育与完善。近代中国大学管理者们,在开办大学的过程中,十分注重吸取欧美现代大学的精华,把现代大学运行中的一般特性与中国的实际相结合,创立了中国早期的著名大学和大学文化,期间留下很多隽永的教育理念,比如"中学为体,西学为用"、"学术自由"、

---

① 梅贻琦.大学一解[J].清华学报,第13卷第1期,1941(4).
② 涂又光.中国高等教育史论[M].武汉:湖北教育出版社,1997.

"教授治校"、"文理并重"、"通识教育"等。这一时期的大学教育，处于中西方文化的夹缝之中，其发展理念印刻着很深的欧美大学的痕迹。以此为主流，支配着20世纪前叶中国的大学发展。

新中国成立后，领导者们十分重视高等教育。但受制于意识形态的分歧和西方的封锁，高等教育照搬了前苏联的大学体制和管理格局，对近代中国教育界前辈关于中国大学体制的探索和引进世界先进教育思想而形成的中国现代大学教育给予了全盘否定。从办学思想、教育方针、大学体制到教学组织、教学内容全面学习前苏联模式。在教育体制上，将原有的包括文、理、工、农、医、师范等多种学科的综合大学改组为单科大学和文、理科综合性大学；在科系设置上，建立了以专业为核心的专门人才培养体系，形成了与社会生产各个部门相对应的专业。这两方面的改革构成了新中国大学的基本模式，对半个多世纪以来的中国高等教育的发展产生了广泛而深刻的影响。直到今天，我们仍然可从教育体制、教学模式乃至一些大学的建筑风格上，看到学习前苏联教育的烙印。

"文化大革命"的10年浩劫，使中国高等教育遭到致命打击，学校关门，教师下放，学生流失，正常的大学招生中断。1966～1969年4年未招生，从1970年开始招收工农兵学员。1970年全国在校大学生规模比1949年还少59%，降到了新中国成立后的历史最低点，相当于1939年的规模。在这一时期，中国的高等教育发展跌入了历史的低谷。

改革开放以后，中国高等教育重获新生，步入了快速发展的轨道。伴随着经济和政治体制改革的深入，中国大学开始围绕着落实办学自主权、学术自由和大学自治等方面进行了一系列改革。这种改革又在某种程度上打破和改变着20世纪50年代所确立的制度和模式。在学校发展和招生规模上，经历了几次起伏。1977

年恢复高考后,快速发展了2~3年。从1986~1991年,根据国家在全国范围内所进行的人才需求预测以及毕业生分配难等问题,高等学校基本保持了6年大体稳定不变的局面。1992~1993年,邓小平同志南方讲话中的"经济发展,科技、教育先行"的观念,刺激了高等教育短期的大发展。经过1994~1998年的低速发展后,1999~2005年高等教育进行了较大规模的持续扩招。

纵观中国大学移植西方大学本地化的发展历程,有过短暂的快速发展,也有过曲折和迂回。但近百年来,中国大学的发展和环境间存在着十分特殊的关系。几次较大的起伏和波动,主要是政治环境、经济波动和计划经济体制下对教育发展行为约束的结果。经过清末、民国、新中国成立后的17年和改革开放不同的历史阶段,中国大学也逐渐发展与健全了传播知识、科学研究和社会服务的职能。但随着我国社会转型与制度变迁,特别是市场经济对大学的强力渗透,大学在办学过程中出现了功能异化和功利化倾向,以致有悖于大学的本质。现代中国大学无论跟过去的大学比,还是跟外国的大学比,都缺少一种异彩纷呈、特色鲜明的办学理念和大学精神,大学的本质远远没有得到体现。英国教育家洛克说过:"教育上的错误比别的错误更不可轻犯。教育上的错误正和配错了药一样,第一次弄错了,绝不可能第二次第三次去补救,它们的影响是终身洗刷不掉的。"[1]因此,我们应该反思大学的本质和精髓到底是什么,应该积极引入国际上先进的管理理念,努力发展自己的大学,管理好自己的大学,不可轻犯教育上的错误。

---

[1] 洛克.教育漫话[M].北京:人民教育出版社,1985.

二

功能可以发展，本质不能改变，这就是办现代意义上大学的"原则"。现代大学的本质到底是什么呢？众所周知，中世纪欧洲大学是现代大学的共同渊源，它在发展过程中逐渐形成的一系列制度和原则，为现代大学的建立奠定了坚实的历史基础。中世纪的大学就像一座"为学问而学问"的"象牙塔"。从某种意义上，"象牙塔"就是大学的原点和大学的本质。虽然大学在从欧洲向非欧洲的移植与传播过程中，并不是完全照搬其形态和功能的范式，但世界各国大学，不论历史之长短、规模之大小、水平之高低，均会因其有共同表征而互认。这个共同表征就是从"象牙塔"演化抽象出的学术。大学作为一个保存知识、传播知识、发现知识和应用知识的组织机构，学术是大学的本质所在，是大学形成与发展的内在根据。

中国早期的大学发展也是遵从学术的本质。但出于社会经济的需要，其功利性也在不断增强。特别是随着社会转型和制度变迁，大学的功利化倾向更为明显。首先，中国大学发展不是市场推动的结果，而是政府主导的结果。大学正常的发展应该是社会经济综合发展的产物。它应该像一条河流一样，随着汇聚的水量而逐步变大。但中国近几十年大学的发展，像大坝对河流的人为调控一样，可以在短期内出现萎缩或猛增，在政府主导下，大学的发展谷峰交替，差别明显。其次，与政府主导发展相适应，大学的发展与大学发展规律并不完全适应。多数高校不是逐步梯升的结果，只是外部指标的简单相加，内部氛围、管理理念、学风、教风都难以随之发生突变。再次，在快速、奇特的大学发展中，中国大学出现了一些特殊现象。在大学的社会定位中，大学的普世特性不够突出。社会并没有认识到大学是一种特殊的社会组织，更多的是把大学作为准行政机构，因而大学内部行政化、衙门化突出。忽视大学管理，忽视大学的精髓，想当然地办教育，行政化地办教育已经严重影响大学的发展。大学内部管理围绕的是官阶，而不是学术。大学本质、大学理念常常被忽视。因此，坚持大学的学术本质，对于现代中国大学的发展尤为重要。

在这种背景下，我们作为刚刚建立的大学，很有必要在大学本质和大学理念上加深理解，达成共识。为此，我们举办了"大学发展高层论坛"，邀请了当时的中国人民大学校长纪宝成、南京大学党委书记洪银兴、吉林大学原校长刘中树、中央编译局局长、黑龙江大学原校长衣俊卿、江西财经大学原党委书记伍世安、中南财经政法大学党委书记徐敦楷、西南财经大学校长赵德武、郑州大学原校长曹策问、郑州大学党委书记郑永扣、河南大学原校长王文金共10位国内著名大学的管理者给我们作报告。我们的初衷是邀请一些具有丰富的大学管理经验和创新理念的大学管理者，就大学本质、大学理念、大学发展机遇和挑战等问题，给我校的管理者们上上课，换换脑，进一步开阔视野，启迪思路，明确今后的方向和目标。为了使"大学发展高层论坛"产生更深入的实效，我们组织了一系列活动。学校的教授、副教授以及中层干部作为听众参与了论坛举办的全过程。学校根据录音整理印发了这些专家学者的报告材料，要求各单位组织学习。在此基础上，学校还举办了"学校发展大讨论"，就办学理念、学校定位、发展思路、改革措施等方面进行了广泛的讨论和交流，以期更好地谋划和促进学校平稳较快的发展，加快建设独具特色的河南财经政法大学。这本书就是这10位国内著名大学管理者所作报告的精华的汇集。

三

中国人民大学校长纪宝成教授以《关于高等学校科学发展的几点思考》为题,首先介绍了人文社会科学的特点、内涵和功能,然后结合中国人民大学的办学实践经验,从高等学校如何贯彻落实科学发展观、实现科学发展入手,在把握方向、科学定位、内涵发展、队伍建设、协调发展、加强领导等六个方面进行了详细阐释。

南京大学党委书记洪银兴教授以《关于大学发展及管理的几个问题》为题,首先从南京大学的发展情况谈起,详细阐述了大学的三大职能,即科学研究、人才培养、服务社会在大学科学发展中的重要意义;其次从通识教育、专业培养、分类指导三个方面深入讲解了南京大学在人才培养方面的做法;最后就如何提高大学地位与国际影响力进行了深入阐述。

中央编译局局长、黑龙江大学原校长衣俊卿教授以《中西文化模式及大学理念》为题,从文化的内涵入手,论述了西方文化模式的历史演变过程,分析了中国文化模式的特征以及中西方文化的差异,通过典型案例阐述了文化模式对社会运行的深层影响,并针对当前高等教育改革及创新问题发表了独特的见解。

吉林大学原校长刘中树教授以《新世纪中国大学办学理念的思考》为题,从21世纪的大背景出发,探讨了新世纪中国特色大学使命的问题,指出了学生培养、学科建设、科学研究、师资建设、管理队伍建设是大学建设的根本,强调了依法治校、以德立校是大学管理的两个手段。

江西财经大学原党委书记伍世安教授以《大学的理念及治理》为题,分别就大学的演进、大学理念、大学功能、大学特征、大学文化、大学治理和大学崛起等七个方面对大学理念及治理作了深入而细致的阐述,并紧密结合江西财经大学的实际情况谈了自己对于高等教育及大学发展的认识。

中南财经政法大学原党委书记徐敦楷教授以《财经政法类高校教育管理及发展》为题,从中南财经政法大学的办学实践出发,结合学校历史渊源,详细阐述了中南财经政法大学的办学理念,并从高等教育发展规律、差异化竞争等方面分析了当前财经、政法类高等院校在发展中面临的形势和挑战,结合《国家中长期教育改革和发展规划纲要(2010—2020年)》,从提高教学质量、学习借鉴国外先进办学经验、创新人才培养等方面提出了应对措施。

西南财经大学原校长、现党委书记赵德武教授以《高等财经政法教育改革与发展:时代背景与战略选择》为题,从"经济社会视角"和"区域经济发展视角"两个方面分析了高等财经政法教育改革和发展的时代背景,强调当下发展战略的主题是"质量优先、内涵发展",发展主线是"体制机制改革创新",并从特色发展、人才强校、改革创新和国际化四个方面深入分析了西南财经大学的战略选择。

郑州大学原校长曹策问教授以《关于现代大学的追溯》为题,从东西方文化的差异谈起,论述了古代西方和东方高等教育制度的不同特点,详细分析了社会需求与学科分类之间的关系,并结合现代社会的时代背景和自己的工作实践经验,针对现代大学的三大职能问题发表了独特的见解。

郑州大学党委书记郑永扣教授以《合并背景下的学校管理》为题,结合自己的工作经历,就合并背景下的学校管理问题讲了三方面的内容:一是抓住合校机遇,增加学校综合实力;二是切入治理结构,完善现代大学制度;三是培育大学精神,增强学校的文化软实力。

河南大学原校长王文金教授以《谈谈大学管理与班子建设问

题》为题,针对学校管理以及学校初期融合问题谈了五个方面的问题:一是强化大局意识,避免分散与内耗的弊端;二是强化学习意识,明确自己的办学方向;三是强化定位意识,明确学校与个人的位置与责任;四是强化制度管理意识,养成依法依规的办学议事习惯;五是强化个人行为、素养意识,形成和谐共荣的局面。

四

在中国高等学校中,地方性大学数量十分庞大,占到本科院校总数的90%以上,是中国高等教育的主体。在一定意义上讲,地方性大学的发展水平,决定着我国高等教育事业的总体发展水平。但中国的地方性大学普遍存在基础薄弱、优秀师资欠缺、经费不足、教学科研与社会脱节、科技成果难以转化为现实生产力等问题,不同程度地制约着学校的发展。与此相关联,地方性大学还存在办学目标趋同、机制不活、特色不明、学术权力不到位等现象。如果我们建立一个坐标系,一边是官府化指数,一边是学府化指数,那么地方性大学比国家大学更偏向于官府化;同样,中国大学比西方大学更趋于官府化,更远离学府化。与此相应,新建大学比建校历史悠久的大学在学校治理方面又显出对学校本质的忽视。因此,地方性大学,尤其是地方性新建大学,在发展竞争中属于弱势群体,提高办学质量更加困难。

在这样的背景下,我们作为新建的地方性大学,一方面要充分认识我们发展的缺陷;另一方面,更为重要的是,我们要正视这种缺陷,想尽办法加以弥补。从大学成立伊始,我们就确立"向中国和世界上最好的大学学习,努力建立现代大学制度"的目标。我们积极倡导"学术兴校是大学的普世办学理念",强调"学术为魂、学术为本、学术为纲、学术为上",将学术看成是大学赖以生存和发展的灵魂,使学术处于学校工作的核心地位,对学术形成信仰和崇拜,努力在大学营造"追求学术"的氛围。尽力在办学实践中处处体现学术的作用,强化学术管理,坚持依法治校、民主管理、自主办学,建立教授治校、教授治学的管理模式,规范学校行政管理行为,抑制行政权力膨胀,努力创造有利于钻研教学、科研创新、人才成长以及大师形成的良性机制。

大学的管理是一项极其重要的事业,非常光荣,但也需要奉献;大学管理是大学管理者的重要职责,但也需要社会的关注、支持和理解,需要大学全体人员的参与、包容和奉献。大学管理模式的探索与各种环境密切相关,大学管理的改革是中国改革中至今还没深刻触动的一个角落。让我们一起努力,在欠发达地区这所新成立地方性大学的发展中,进行我们的探索!

李小建

2012 年 8 月

目　录

第一章　关于高等学校科学发展的几点思考
　　　　中国人民大学校长　纪宝成……………………（1）
第二章　关于大学发展及管理的几个问题
　　　　南京大学党委书记　洪银兴………………………（32）
第三章　中西文化模式及大学理念
　　　　中央编译局局长　衣俊卿…………………………（65）
第四章　新世纪中国大学办学理念的思考
　　　　吉林大学原校长　刘中树…………………………（103）
第五章　大学的理念及治理
　　　　江西财经大学原党委书记　伍世安………………（124）
第六章　财经政法类高校教育管理及发展
　　　　中南财经政法大学党委书记　徐敦楷……………（150）
第七章　高等财经政法教育改革与发展:时代背景与战略选择
　　　　西南财经大学校长　赵德武………………………（172）
第八章　关于现代大学的追溯
　　　　郑州大学原校长　曹策问…………………………（214）
第九章　合并背景下的学校管理
　　　　郑州大学党委书记　郑永扣………………………（231）
第十章　谈谈大学管理与班子建设问题
　　　　河南大学原校长　王文金…………………………（245）

后记　实施学术兴校、质量立校、特色名校、人才强校、制度治校，努力建设特色鲜明的财经政法大学
　　——在学校发展中层干部研讨会上的讲话
　　河南财经政法大学校长　李小建……………………（260）

第一章　关于高等学校科学发展的几点思考

中国人民大学校长　纪宝成

这次来到河南财经政法大学,可以说是既新又老,"新"是刚成立的新校。说老呢,我不是第一次来,20世纪80年代中期,河南财经学院刚成立不久,当时的副院长侯院长是人民大学的校友,那时我担任人民大学的副校长,分管教学,与侯院长有很多的交往。那时候很多人民大学的教师到河南财经学院讲学、作报告。后来我在教育部工作的时候,为了河南高等学校的布局、结构的调整来河南,也到过河南财经学院。2000年我当了人民大学校长以后也来过一次,但是那一次是匆匆忙忙的。加上人民大学的很多毕业生在河南财经学院工作,我的研究生同班同学就在河南财经学院,所以我同河南财经学院(现在叫河南财经政法大学)的关系还是比较多、比较深的。

我这次来首先是代表人民大学热烈祝贺河南财经政法大学组建成立,并带来了人民大学的一封贺信,向河南财经政法大学的组建成立表示热烈的祝贺。

李校长希望我就高等学校的改革发展问题谈一些看法。今天想讲的话比较多,本来没有打算讲文科方面的问题。河南财经政法大学基本上是文科院校,有少量理工类的学科。所以我想就人文社会科学方面的问题讲一讲。因为作为一所人文社会科学为主的大学,要实现自己的科学发展,对人文社会科学、对人文社会科学高等教育应当有一个深刻的认识,应当有高度的、崇高的使命感和责任感。如果对人文社会科学没有一个深刻的认识,学校的科学发展可能就会出现问题,甚至会受到社会上的一些风浪、一些思潮的冲击。

一、关于人文社会科学的一些认识

我认为,对人文社会科学有一个正确的认识是人文社会科学为主的高等学校贯彻落实科学发展观的一个很重要的方面。包括:怎么样来认识人文社会科学?我们需要什么样的人文社会科学?当前人文社会科学发展存在哪些困难和挑战?等等。

怎么认识人文社会科学?我们应当从它的性质、地位、作用、特点这些方面来认识它。人文社会科学主要是两类,一类是人文学科;一类是社会科学。它们共同的特点是以人以及人所组成的社会作为自己的研究对象。也就是说,它是研究人的科学,是研究人的观点的科学。这与自然科学有非常大的区别,自然科学是研究自然界的;人文科学研究人与自然的关系,是研究人本身,不是研究生理性人,而是研究人组成的社会,研究社会性人。人文学科是以人的精神世界、精神生活作为自己的研究对象。它要表达人的精神追求,人的精神方法;它要揭示"真善美",要表达人文情怀,要关注人的精神家园;它要提供精神追求的精神世界,人文学科基本上是属于这一类的。它的作用就是探析了人与动物的区别。理想、道德、情操、品德、毅力、对美的追求,所有这些是人之所以成为人的基本条件,没有这些方面内容的组成,人就成了行尸走肉,就成了一个工具,就成了一个机器,人就不能叫做人。所以总体上说,关乎天文以察时变,关乎人文以教化天下,人文学科是教化天下的学科,是教化全体人民的学科。每一个人都应该受到人文学科的熏陶,否则他很难成为一个人,人文学科就是教人怎么做人。

人的喜怒哀乐要通过人文学科表达出来，鞭笞假恶丑，追求真善美，这就是人文学科重要的任务。

那么社会科学呢？它研究人所组成的社会的运行、发展及其规律，为我们的社会、经济、政治、文化生活的组织提供理论指导，并且提供可操作的方案。这就是社会科学的任务。比如说经济体制改革的方向，建立中国社会主义市场经济体制，这是提供一种理论，一种发展方向，它揭示社会经济发展运行的方向和规律，提供理论支持。它还提供可操作的方案，比如说股份制，它是一种社会生产组织、社会资源组织的一种方式。操作方案可以使市场经济向前运行，否则的话，市场经济只是一种理论性的东西。

试想没有人文社会科学，这个社会还能称其为一个社会吗？现在党政机关各个方面，都是在进行着人文社会科学的实践。上到最高领导，下到一般的管理人员，不管以前学习的是什么，所从事的工作都是人文社会科学的一种实践。我们大学对学校进行管理，这不是什么工程技术，不是什么自然科学，纯粹是人文社会科学的范畴。这样我们就可以看到，人文科学也好，社会科学也好，对我们社会的发展，对我们人自身的自由、全面的发展，是具有多么重要的意义。

我们还可以看到，人文社会科学在对物质生产、处理人与自然之间的关系中发挥了巨大的作用。但是，这个作用往往为人们所忽视。科学技术是第一生产力，人文社会科学也是生产力。从《邓小平文选》中就可以看到，邓小平同志讲过科学技术是第一生产力，也讲过管理是生产力；还讲过我所讲的科学（包括社会科学在内）是生产力，这是邓小平同志的观点。河南财经政法大学的很多同志对经济学比较了解，马克思在《资本论》中指出社会生产的形成有五个要素：第一是工人的平均收入程度；第二是科学水平在工业当中的应用程度；第三是生产社会结合；第四是生产资料的规模和效益;第五是自然条件。自然条件非常重要,一个社会生产真正形成现实的生活生产,离开这五条根本办不成。这五个因素只有第二条是纯粹的自然科学,科学技术。生产与社会结合,纯粹是社会科学的任务。其实工人的平均收入程度,没有人文社会科学,不搞教育,人的素质提高不上去,他的收入程度怎么提高,生产力怎么形成?人是生产力当中最活跃的因素,劳动力不行,生产能搞得好吗?人的素质要提高,那就离不开教育,教育离不开人文社会科学。实际上,这里的每一条都离不开人文社会科学。自然条件,在什么样的自然条件下进行生产,有什么样的自然条件就有什么样的生产,不仅需要自然科学的知识,还需要大量人文社会科学的知识来进行判断。生产与社会结合当然更是人文社会科学的任务。

前些年我到香港参观香港生产力促进局,里面有个瑞士人的孵化器。在参观展览时,其中有几句话给我留下了深刻的印象,"科学不等于技术,技术不等于产品,产品不等于市场,市场不等于效益"。这几句话非常深刻地揭示了人文社会科学在生产力当中的重大作用,科学技术变成最终的经济效益是一步一步投向人文社会科学怀抱的过程,没有人文社会科学知识的介入,没有人文社会科学基础的理论、规律以及这些理论规律的基础上制定出来的制度、政策,科学技术根本不可能有任何作用,科学技术永远不会成为生产力。

一些理论家把三个产业革命说成三次技术革命,我对此持不同意见,就如同现在讲"科教兴国"变成了"技术兴国"一样,有很大的片面性。三次产业革命首先是因为技术革命引起的,但是技术革命以后,如果没有相应的社会政治、经济、法律制度深刻的变革,比如没有产权制度的变革,没有企业制度的发展,没有各种法规的形成,哪来的三次产业革命,它怎么可能成为一个影响人类历史进程的革命呢!其实这是从更宏观的背景来看问题了,就是从简单的人类世界来讲,比如一个木匠制造一张桌子,他肯定要利用数学的知识,利用物理的知识,甚至还利用一点化学的知识,好像是自然科学,但只有这些是不可能制成一张桌子的,他还需要有美学的观点,如制成什么形状的东西,美表现在什么地方。如果不把这些内容考虑进去,你能制什么样的桌子!

以前,我们国家一些高校的建筑系,仅仅被看做一个建筑工程系,单从工程科学角度上讲它倒不掉,质量很好,但从来没有把建筑当成一门艺术。这主要是由于制度方面的原因,没有总体规划。那个时候没有美学的概念,或者说美学概念很差。而西方从来不把建筑作为单纯的功课,建筑很多是放在艺术学院,跟艺术结合在一起。我国把人文社会科学与自然科学隔离开了,其实不符合人类生活的起码常识。任何一件事情,为了研究科学,把人类学问分成很多学科,分成很多专业,这是为了揭示真理,为了探寻真理。但是一旦回到实践当中来,人类任何一项实践活动都是多种学科交叉的结果,而不是某一个学科的问题。

1990年我在《人民日报》上发表了一篇文章,那篇文章曾经被广泛地转载或者引述过,叫做《按客观经济规律办事的几个理论问题》,当时我对按照经济规律办事的观点提出了种种质疑,如果单讲按经济规律来开展经济活动有很大的问题,我们的经济活动不单要按照经济规律办事,还要考虑按照自然生态规律办事,还要按照人类社会其他发展规律办事,是多种规律交叉的结果。按照经济规律,投入产出很合算咱们就干,但是对环境造成的严重污染就不管了,这叫做什么经济活动?这叫什么按经济规律办事!但是那时候我们人微言轻,很多领导根本不管这一套,造成中国严重的污染。有些污染是难以避免的,因为是发展中国家,要发展是要付出代价的,但是有些污染是完全应当避免的,不该造成的事。很好一个例子是江苏的苏南地区,我是1984年去的,当时那个地方的农产品没有一种不被污染的。但是,80年代是商品大力发展的时期,所谓的橘子、茶叶、水稻,都被污染了,广大老百姓都不知道。只按照客观经济规律办事,这样就可以了吗?就像我们做学问,为了探寻规律,我们尽可以分门别类。但一旦回到实践当中,就要考虑多种规律的影响。我们现在办大学,只讲要按教育规律办事,也是不够的。20世纪80年代前,我们大学的校长只知道教育规律,不知道经济规律,有些人讲把大学办得非常好,我是表示怀疑的。但是,教育规律是必须尊重的。所以,我认为人文社会科学在物质生产当中也起着非常重要的作用。

对于这样一个问题,我们的先贤圣哲,我们的思想家、政治家都有过很深刻的认识。大家可能读过贾谊的《过秦论》,里面有一段总结性的话:"是以君子为国,要观之上古,验之当世,参以人事,察盛衰之理,审权势之宜,去就有序,因时变化,故旷日长久社稷安矣。"也就是说,君子要治国理政,就要"观之上古",就是前人怎么治理国家,君子都要了解。"验之当世"就是要在当今世界来进行检验。"参以人事"是要充分发挥人的积极作用和主观能动性。"察盛衰之理"是要审察盛和衰的规律性,即审察国家昌盛、国家衰弱的这种规律性。"审权势之宜"是一定要洞察时事的变化。"去就有序"是去掉的、留下来的,都要有秩序地进行。改革创新,需要有秩序地进行。"因时变化"是必须与时俱进,因时而变。只有做到了这些,才能长治久安。事实上社会科学在治国理政上产生了一定的作用。

德国的哲学家康德对自然科学有过论述,他认为科学所揭示的是"世界是什么的"这样一种事实判断,但是它不能进行价值判断,这是哲学。科学家爱因斯坦说:"科学虽然伟大,但是它只能回答世界是什么的问题,至于世界应当如何,那就超出了它的视野和它的职能范围之外。"这应是人文社会科学回答的问题。

人文社会科学的另一个作用是对物质生产起着价值判断、价值支持、价值导向的作用。任何科学技术都是一把"双刃剑",邓小平同志讲"科学技术是第一生产力"是有条件的。当科学技术造福于人类的时候,它是第一生产力;当科学技术不能造福于人类的时候,它很有可能是第一破坏力,而且是巨大的破坏力。对科学技术没有这样一种深刻的认识,盲目地崇尚技术至上,那将误党误国。比如我们的核科学可以用来造福于人类,但同样会毁灭人类。克隆、基因这些生物科学、技术等生命科学方面的问题,它导致的后果究竟是什么?现在还没有研究很清楚,价值判断还很难判断清楚。如果克隆人类的话,那将会是个什么情景?人类道德将会是什么?人类社会将会是什么?

任何科学技术都有一个价值判断和价值导向的问题。科学技术能用来为人类文明发展谋利。现在有些人只看到对当前有好处、对当前经济利益有好处,他们就去干,至于对后代造成什么影响,对代替的利益的协调完全不予考虑,太危险了!我们现在有些人的政绩观就是这样。这是在人文社会科学的价值导向、价值观念、价值判断上出了问题。所以我觉得,人文社会科学的地位和作用应当这样来认识。

人文社会科学作为一门科学,并不是一种精确的量的关系。它往往并不是通过物质的形式表达出来的,而是表现一种趋势,表示一种方向。能够计算出正确的趋势的、正确的发展方向的,它就是科学,它的科学性就在这儿。

经济学是科学的一个很重要的原因之一,是可以用数学的方式表示出来的。在一定条件下,数学模型起作用了。就如同马克思运用抽象法的研究一样,它有很多假定条件。但是在现实生活当中,所有的假定条件全部存在,所以它基本上不能起作用。但是它对于认识某一种经济规律起作用;对于认识方法论起作用。我们如果以为是数学模型制定了当前的经济政策,那实际上是荒唐的,按图索骥,贻害无穷。有时不能过分夸大经济学学科作用,不然这次美国的金融危机怎么这么严重?我们可以用数学来描述人文社会科学,特别是社会科学的一个方面,但是,这是抽象化的一种数学表述,是一种研究方法。基于我们认识的深化,揭示某种规律,它无疑是非常有用的工具。马克思讲"经济规律是一种趋势"。从方向上来看问题,向好的方向、正确的方向发展,应当说它符合规律,这就是它的科学性。因此,试图用理工科的思维来评价人文社会科学的成果,就显得比较荒诞。这是一个特点。

第二个特点,人文社会科学既是一种知识体系,又是一种价值体系;它既是一门科学,又是一种意识形态。自然科学只是个知识体系,它没有什么价值体系。一旦谈到价值体系人文科学就介入,科学家也是一个价值判断,但价值判断并不属于自然科学。这些年来,所谓"淡化意识形态"这种认识甚嚣尘上,它本来就是一种意识形态,是客观存在的,你能淡化得了吗?至于意识形态斗争那是另外一回事,我们不能忽视意识形态领域的斗争。不同的意识形态如何相处?不同的文明应该相互尊重、相互理解、相互沟通,在碰撞、摩擦之中,可能会产生一些新的东西。

第三个特点,人文社会科学往往与政治靠得比较近。讲起政治就比较复杂了,不能一说起政治就敏感。不能因为存在着阻碍某种利益目标实现的一种思想体系的存在,就说明人文社会科学不行了,它不能证明这样的问题。但是我希望我们的老师能研究人文社会科学。

近年来,党中央对人文社会科学越来越重视。2000年10月15日,时任总理的李鹏同志在人民大学组建50周年大会上讲话指出"人文社会科学与自然科学在现代化建设上,如车之两轮,鸟之两翼"。2001年8月,江泽民同志在北戴河接见自然科学家和人文社会科学家的时候,讲了"四个同等重要":"人文社会科学与自然科学同等重要;培养哲学社会科学人才与培养自然科学人才同等重要;提高国民的哲学社会科学素质与提高国民的自然科学素质同等重要;我们运用哲学社会科学人才,并充分发挥他们的作用,与利用自然科学人才,并充分发挥他们的作用同等重要。" 2002年4月28日,他在视察人民大学时,发表了著名的讲话,后来到社会科学院,又发表了重要讲话。2004年初,中共中央发布了《关于发展繁荣振兴社会科学的意见》。一直到现在,党的十六大、十七大,以及胡锦涛同志的讲话,都高度评价了哲学社会科学在治国理政当中的重要作用,提的位置很高。2008年3月15日、2010年9月9日,胡锦涛同志两次专程考察人民大学,以他的实际行动,对哲学社会科学,对以哲学社会科学为主的大学给予了高度的重视。

因此,人民大学也好,河南财经政法大学也好,两所学校在学科性质上有很大的相似性,主要在人文社会科学领域进行奋斗。我们要对人文社会科学发展有一种高度的责任感、使命感,要繁荣人文社会科学,要使人文社会科学更好地为现代化建设、为振兴中华贡献力量。当然在某些方面还存在着很多具体问题,比如说"同等重要"在国家制度层面没有得到落实,制度性歧视依然存在;比如说自然科学有院士制度,人文社会科学没有;比如说自然科学有国家三大奖,人文社会科学没有国家级奖励。这些是制度设计有问题。在科学研究方面,在大学里面,自然科学的研究机构有国家重点实验室,人文社会科学只有一个人文社会科学研究基地,等同于没有。自然科学有中国科学技术协会,社会科学只有省社科联,没有中国社会科学研究会。这些也是制度设计问题。

现在教授分级了,一级档、二级档、三级档、四级档教授。人民大学已经实行了两三年了,院士自动进了一级档教授,但是人文社会科学一级档教授,教育部批还不行,要报到人事部批准。院士是科学院批准的,科学院是学术机构,人事部是国家行政机构,这就是一个区别。文件已经下了四年多了,但至今还没有实施。我2009年1月份给习近平同志写了一封信,信里讲到,我校老校长黄达,白发苍苍的老教授,对我们国家人文社会科学作出了开拓性、奠基性的巨大贡献,国家货币委员会政治委员都任了几届,著名的金融学家,现在只能评为二级档教授;国家经济编办委的主任委员、人民大学教授、原清史研究所所长戴逸先生,也只能设为二级档教授。而刚刚评上的工程院院士、科学院院士,40多岁,马上变成一级档教授。这些,多少显失公平。当院士可以享受住房、医疗、乘坐交通工具等政府各种补贴待遇,而为人文社会科学作出很大贡献的学者、教授就不行。我是8日写的信,习近平同志22日做了批示,说"事宜加紧推进"。当时有关领导到人民大学做了一些调研,进行了讲话,说人民大学可以先行试点,国家不干预人民大学的一级档教授,政策待遇完全可以向国家要。同时还有个关于资深教授的问题,北大、北师大、南京大学有资深教授,跟院士有同等的待遇,过去没有一、二、三、四级教授,现在有了一、二、三、四级教授,一级教授与资深教授这两个名称,感觉不大好把握。学校自己评,教授的心里还是不痛快,好像他们是国家认可的,我们只是学校认可的。所以这是一种制度性歧视。这种制度性歧视不加以解决,人文社会科学的发展繁荣会打折扣。当然我们很多人文社会科学家,他们德高望重,不计较这些,但是作为组织,作为社会,应当看到这是一种社会不公平、不公正。它对国家的文化、科技教育事业的发展是不利的。为什么很多人愿意当官,因为当官成了一个主要评价标志,好像感觉到不当官就得不到社会的肯定。大家知道,按照国家规定的工资标准,一级档教授的工资高于正部长或省长的工资,比正部长、省长还高50元。其实国家制定这些政策的时候,已经意识到名教授是无与伦比的宝贵财富。我们党的高级干部是国家的宝贵财富,高级知识分子同样是社会的宝贵财富,应该得到同样的认可。

当然,从国家层面看,人文社会科学投入方面的问题也比较多。例如,教育部人文社会科学研究基地是90年代后期设的,目前有106个。人民大学有12个,是最多的。一个基地给多少钱呢?106个人文社科研究基地,总共3000万元,一个基地大约30万元钱。我们李校长搞地理的,可能知道这方面多一点,一个国家重点实验室可能不止3000万啊,全国人文社会科学研究基地总共给了3000万元,差别大呀。还有就是有的人文社科研究基地只给名不给钱。现在人大给钱的人文社科基金就30万元。2008年国家社会科学基金和教育部社会科学基金加在一起才8000万元,跟国家自然科学基金差距太大了。

当然自然科学花钱多,这也是一种客观存在,应当承认这一点,但是不至于差别如此之大。国家社科基金起步的时候只有1200万元。刘云山同志前几年见到我说:"纪校长,要感谢你啊,你们人民大学呼吁重视人文社会科学,才有后来中央2004年4号文件,后来社科基金才有钱,感谢人民大学作出的奉献。"我想这是领导同志对人民大学的一种鼓励啊,国家已经认识到这一点。

但是,从国家宏观层面来讲,要把人文社会科学真正地发展起来,还需要我们更多的努力。国家给的政策再好,我们自己不努力,或者我们自己的价值取向出了问题,人文社会科学照样会出现方向的问题。包括我们的学风存在的问题,包括经济投入方面的问题,包括能不能潜心做学问的问题,包括能不能成为宁静的大学校园的问题。在市场经济冲击之下,现在的大学校园并不宁静,有些教师并不能潜心做学问,而且这种现象不是个别的。有一年我在北大一个论坛上发表一个讲话,题目是"要打造宁静的大学校园",呼唤宁静的大学校园。夏威夷大学的副校长是赞成的,是个老外,他说:"这个纪校长讲得太好了,我看中国现在大学教授经常拎着皮包到处走,像个商人;中国的商人到处出著作,像个学者。"讲话也许有些极端,但是至少他表达了某种不可忽视的社会现象。

如果我们的大学校园都是这种状况,那怎么能发展社会科学?所以前年胡总书记在大学里讲话,其中提到了要关爱学生,要潜心育人,要安下心来教书,潜下心来治学。这个话具有强烈的现实针对性。所以,怎么样落实科学发展观呢?我看大学的书记、校长讲得再好,学院院长、系主任讲得再好,如果我们没有宁静的校园,大家不能潜下心来治学的话,什么都不可能实现。这个问题讲得这么多,我只想引起大家关注、研究这个问题,对它产生兴趣。

人文社会科学发展教育,不仅有一般高等院校面临的共同问题,还有其本身面临着的特殊问题。比如说人文的趋势,它产生的原因很复杂,一下子并不能够真正地解决。究竟该怎么办?这是人文社会科学为主的大学必须考虑的问题。作为大学来讲,高等教育来讲,怎么样贯彻落实科学发展观?下面我想讲一些比较共同的问题。

二、大学如何落实科学发展观

学习实践科学发展观的要义,重点应当解决什么问题?特别是在微观上,从学校来讲,怎么样来思考这个问题?我相信,全国各个高校,包括河南财经政法大学,包括人民大学,都对这些问题有过很好的实践,有过很好的回答,同时大家也在继续探索,在继续实践,都有很好的经验。否则,就很难理解国家高等教育发展如此之快。改革开放以来,指导高等教育改革发展的有四个纲领性的文件:一个是1985年的《中共中央关于教育体制改革的决定》,

建议大家有机会把这个文件再找出来看一看,文件写得很好!第二个纲领性文件是1992年党中央国务院批准发布的《中国教育改革发展纲要》,这个文件正式提出来要加强投入,对国民教育投入要占GDP的4%。第三个纲领性文件是1999年中共中央《关于加强素质教育,深化教育改革的决定》,这个文件对素质教育起了极其重要的作用,对当时的改革也起到很重大的指导作用。第四个纲领性文件是最近经党中央批准,国务院颁布的《国家中长期教育改革和发展规划纲要(2010—2020年)》,这是中国进入21世纪之后的第一个教育规划,是今后一个时期指导全国教育改革和发展的纲领性文件。

改革开放30多年来,党中央、国务院集中全国人民的智慧,对教育的改革和发展高度重视,制定了四个纲领性的文件,我们的高等教育与其他教育一样,正是在这些文件的指导之下向前发展的。特别是在世纪之交以来这十几年当中,中国高等教育面貌发生了巨大变化,改革取得了突破性进展,集中体现在部门体制基本废除,中央和地方两地职权格局基本形成。教育事业取得了跨越式的发展,高等教育的队伍大大增加。我有幸在那个最复杂的阶段,担任教育部发展规划司司长,具体负责这两项重大改革:一个是体制改革;一个是两轮扩招。现在国家的高等教育规模已经很庞大了,毛入学率达到23%,在校的大学生大约2900万人,招生规模一年招600多万人,1998年只招108万人。这个规模已经非常大了,河南财经政法大学也是高等教育发展的一个缩影,与全国高等教育的发展相比,河南经常慢半拍。当时我同陈全国省长(时任河南省副省长,后任河北省省长,现任西藏自治区党委书记)谈河南高等教育的发展问题,专门讨论了这个问题。

河南的高等教育改革是全国高等教育改革的一个缩影。改革取得了突破性进展,规模取得了跨越性进展。国家教育经费的投入逐年增加,尤其是最近几年,形势大好。去年国家财政性教育支出占 GDP 比重已经达到 3.59%,2010 年预计达到 3.7%,2011 年有望达到 3.9%,2012 年可能超过 4%,有望达到 4.05%。

学习贯彻科学发展观,全国各行各业、基层单位、领导机关、普通干部、高级领导等都需要认真学习实践。在科学发展观上把全党思想统一起来,才能够把这些事情办好。《国家中长期教育改革和发展规划纲要(2010—2020 年)》发布以后,党中央、国务院和各省、各部门、各地方都在采取强有力的措施,为教育发展创造良好的环境。应当说改革开放,特别是上个世纪 90 年代以来,国家上上下下进行了很多探索,教育环境是越来越优越。从高等学校来讲,学习实践科学发展观,我们在人民大学工作的体会有这么几个方面:

第一,要把握方向。方向错了,方向出了问题,就不是科学发展了。在方向问题上,有三个问题值得我们深入研究。

1. 牢牢把握育人为本。《国家中长期教育改革和发展规划纲要(2010—2020 年)》提出了 20 字的教育发展方针,即"优先发展,促进公平,育人为本,提高质量,改革创新",其核心是"育人为本"。温总理在全国教育工作会议上强调,育人为本应当是学校定调的第一个问题。

对于这样一个最基本的问题,近年来,产生了两大误区。第一个误区是教育产业化、市场化。这样一来,把学校的根本使命扭曲了,学校要赚钱、要挣钱,根本不是育人为本,而是把学校当做企业来办,使很多学校把育人为本的办学方向,放在非常次要的位置。正因为如此,我当时在教育部担任规划司司长,看到这个问题很严重,1999 年 11 月 2 日,在《光明日报》的第一版发表我一个访谈,"教育是产业,但不能产业化",那个谈话公开反对教育产业化、市场化。发表之前,我找了一下陈至立同志(时任教育部部长、党组书记),我说:"至立同志,《光明日报》要发表我的个人采访,是以人民大学博士生导师的名义发表,还是以教育部发展规划司司长的名义发表?如果以发展规划司司长的名义发表,教育部就承担风险了。"陈至立同志说:"当然是以发展规划司司长的名义。"陈至立同志支持这个观点,赞同这个观点。

第二个误区是把大学的三项职能错位。把育人为本的根本职能边缘化、淡化、弱化,大谈科学研究,大谈社会服务这两个职能,把科学研究和社会服务这两个职能特殊到不应有的地位上去。大学对社会最大的贡献是人才支持,人才培养。现在高校为社会培养的大学生已达8000万人,没有这8000万人,哪来的改革开放的伟大成就啊,这就是教育对中国社会经济发展的巨大贡献,也是中国教育战线广大师生员工对社会最大的贡献。中国的教育战线非常伟大,成就非常巨大。所以党中央、国务院始终对教育是高度重视的,要实施科教兴国、人才强国,把人力资源大国变成人力资源强国,把人口大国变成人口资源大国。

所以作为高等学校,千万不能够忘记人才培养这一根本任务。用哲学的观点,人才培养是大学,或者中学、小学的基本职能,没有这个东西就不称其为学校。如果我们不把人才培养放在重要核心的位置上,那么我们就成了一个研究院,成了社会科学院,就成了一个企业的研发部,社会角色的定位就错位了。大学也必须把科学研究做好,但是科学研究应当与人才培养紧密结合起来。

2. 坚持社会主义办学的政治方向。这个方向大家很清楚,过去一讲办学方向就是讲的政治方向。这个问题现在看来,社会主义办学的政治方向不能简单地把它看成一种政治口号。随着苏共的解体,在整个世界,至少对社会主义、对马克思主义是不利的,共产主义渺茫论、社会主义失败论、马克思主义过时论等一时甚嚣尘上,对中国的影响也是实实在在的,新自由主义、民主社会主义、历史虚无主义,在学界、在高等学校有着广泛的市场。有些大学把马克思主义基本原理的课程,除了在政治理论课里面保留以外,甚至经济学系没有《资本论》了,没有马克思政治经济学了,我认为这是非常严肃的问题,需要引起我们的注意。

邓小平同志讲过:"读马列要精,要管用。"这是完全正确的。但是邓小平同志还有一句话:"读长篇的东西,那是少数搞专业的人搞的。"咱们高等学校就是少数搞专业的人啊,你从来不认真读马列的著作,你怎么知道马克思主义过时了?你读过几本马克思的著作?你凭什么说马克思主义不行了?西方对马克思都极其尊重的,认为他是人类历史上伟大的思想家之一。

新自由主义思潮是我们要反对的。我们党非常英明,尽管有这个思潮、那个思潮的影响,始终坚持公有制为主体多种经济成分并存这个基本经济制度。所以今天讲坚持社会主义办学方向,绝不是空洞的政治口号,它有实实在在的内容。但是,我们今天的社会主义制度,它不是马克思苏维埃制度,马克思主义是与时俱进的,马克思主义要中国化,马克思主义要时代化,要有时代性。我们绝不是以僵化、本本上的马克思主义来指导我们的实践。要来澄清、辨析这些复杂的问题,人文社会科学工作者要自觉地、理所当然地承当起这样的历史责任。当然80%的人文社会科学工作者集中在高等学校,高等学校的任务很繁重。一方面要坚持马克思主义,另一方面要坚持马克思主义的与时俱进,坚持社会主义的与时俱进,要澄清、辨析各种各样的问题,这就要加强科学研究,继而把科学研究的最新成果转化为教材,转化为教课内容,这样我们才能培养出高素质、与时俱进的人才。所以坚持社会主义办学方向,是一项非常艰巨复杂的任务,需要进行探索,需要有理论勇气,需要有学术勇气,需要有实事求是的精神,需要从中国当前实际出发,从世界当前实际出发。

我作为人大代表,在 2004 年、2005 年要求立《遗产税法》,大部分人说世界不承认,主要看一个人站在什么立场上。维护富人的利益,当然反对;维护公平正义,有助于消除贫富分化,就应积极主张。我们应该要有像立《物权法》一样的积极性来立《遗产税法》。我国目前的贫富差距问题比较突出,这其中有制度性的问题。基尼系数 0.2 以下,小于平均水平。1978 年我们国家基尼系数是 0.22,大概是接近于平均水平;现在官方发布基尼系数接近于 0.458,超过 0.4 以上,这个社会就不能忍受了。怎么样以马克思主义的立场观点来分析这个问题呢?实事求是地来分析,不要回避,这是事实。中国的农民工住房、工资收入、环境污染、孩子就学等问题比较突出,生活在社会的最底层。我们一定要以马克思主义的立场观点、实事求是的态度来研究这样的问题。

3. 同这个问题联系在一起的,那就是以人为本,要坚持以人为本。我认为以人为本是个办学方向问题,和坚持社会主义办学方向是一致的。以人为本是科学发展观的核心内容,大学的以人为本,我认为有两个层面:大学要以教师为本,以学生为本,依靠广大教职工,依靠广大学生,这是大学贯彻以人为本的第一个层面。但是,绝不是唯一的方面。另外一个层面就是人民满意,要办人民满意的大学。人民是个整体的概念,不是一部分人,是整体的人,全国人民,这就要求高校要思考学科专业设置如何适应社会的需要,培养符合社会需要的人才;如何提高高等教育质量,向社会提供合格的人才;如何使学生既会做事,更加会做人,成为合格的建设者和接班人;如何加强科学研究,对繁荣发展科学技术和哲学社会科学做出自己的努力;如何提供社会服务,为地方社会经济发展出谋划策,或将我们的科学技术转化为生产力等方面。如果这些问题做好了,就叫人民满意。高等学校只讲以教师为本,以学生为本,这无疑是正确的,但是仅仅做到这一点还不够,还一定要人民满意,人民满意和坚持社会主义办学方向是一致的。

这次胡总书记视察人民大学,最后接见教师代表合影,并作重要讲话。他说,人大要办成一所新型的大学,对人民大学提出了希望,要把人民大学建设成为人民满意、世界一流的大学。语重心长,任重道远啊!

我们建设世界一流的大学,这几年来取得了很大的进展,但是对世界一流大学的宣传、评价,很多都集中在技术层面,缺乏价值判断、价值导向方面的内容。这就要强调人民满意、世界一流。人民满意是价值导向、价值判断的要求,世界一流是办学水平、办学实力的要求。只有把这两者统一起来,才是建设中国特色社会主义高等教育的一个有机的组成部分。所以总书记的讲话是吸纳群众的智慧,同时也证明了党的思想来自于群众,来自于实践。所以我觉得我们大学把握方向、贯彻科学发展观,这是非常重要的。

第二,就是要科学定位。科学定位是大学战略管理里面最核心、最重要的部分。包括学科基础的定位,办学规模的定位,办学层次的定位,服务面向的定位,办学空间的定位,这些都是非常重要的。

人民大学定位是"以人文社会科学为主的人民满意、世界一流大学"。人民大学的规模,在现有空间范围之内,定在 2.2 万至 2.4 万人,现在实际上大概将近 2.4 万人。本科生大概 1.1 万人,研究生大概 1.2 万人。规模结构的定位,也不是现在有了大的发展一下子就自然合理。1986 年,人民大学本科生与研究生的规模是 2.6∶1,当时研究生定位全国最好。同一年,北京大学是 4∶1,清华大学是 6∶1,它是有历史性的。科学定位问题是需要学校教授、管理干部、全校师生员工,特别是各级领导班子认真策划,吸取广大师生员工的智慧。同时还要考虑到政府对学校的期望和要求,社会经济发展对学校的要求以及学校的历史、传统、优势、弱势,等等。所有这些方面都要考虑起来,才能进行科学定位。比如在全国的高等教育体系当中河南财经政法大学是个什么角色?在河南省高等教育体系当中它又是个什么角色?这个非常重要。

第三,面向发展定位。从全国来看,大规模的外延式扩张的发展时代已经过去了,20世纪90年代后期到21世纪的前10年,或者前七八年,中国的发展教育基本上奉行的是外延扩张、内涵发展战略。规模那么大,几千人的学校一下子变成几万人的学校,比比皆是,今年是中专,明年是大专,后年是本科,再过两年就有硕士点了。我告诉大家,1999年扩招以后,我第一个就到河南省新乡市考察,我问扩招有什么问题?某大学,新生入学以后,上厕所都排队,我说这怎么得了,一方面是全国蓬蓬勃勃、热气腾腾的办学氛围;另一方面是存在的诸多问题。当时我到新乡看了以后,给河南省高校领导作了一次报告,提了"三到位",即设施到位、职能到位、管理到位。

发展过程当中还有很多意想不到的事情发生,当然经过这么多年,我们一步一步地加以解决。这次扩招,最大的收获之一就是高等教育用地在增大,成倍翻升。其中也有些人提出意见,说高等学校用地太多。我说:"你这个话没有根据,当然我们需要论证,全国的城市用地扩大多少,其中有多少用来办教育,算一下后再谈,不要盲目地说。"凭我的判断,高等教育占地没有多少,应该没有超过城市扩张一年的比例。从前几年开始,我国高校已开始走以内涵指导为主的道路。特别是这次《国家中长期教育改革和发展规划纲要(2010—2020年)》的发布,使我们高等教育在新的历史起点上,由外延扩张型转化为内涵指导型。如果不坚持以内涵指导为主的办学模式,就是不坚持科学发展观。当然河南慢了半拍,你们河南财大的建设还正在进行,还需要一段时间的往外扩张,还需要建设发展。个别地区、个别学校的特殊情况是可以理解的,我们并不排斥一两个外延扩张,但是从全国整体来看,应当以内涵指导为主导。即使有外延扩张任务的学校,内涵提高依然是一个非常核心的问题。

昨天我从李校长和其他领导同志的介绍中知道了现在河南财大对内涵提高的高度重视。内涵提高的含义是什么呢?第一是学科建设是龙头,要把学科建设作为提高学校办学实力、丰富内涵最为基础、最为核心的问题来抓。第二是学科的规划,学科建设的方针。人民大学主要有两条:第一条是巩固优势学科,发展应用学科,扶持基础和交叉学科;第二条是整体提升,重点突破,抢抓优势。这是指导人民大学学科建设的方针。第三学科体系是主干的文科,精干的理工科。坚持一个体系、两条方针,以此来指导学科建设。人民大学的优势学科是什么呢?应该说人民大学的人文社会科学基本上都是优势学科。教育部学位办评估中心2009年年底公布的全国81个一级学科排名情况,人民大学7个第一,分别是理论经济学、应用经济学、法学、社会学、政治学、新闻学、马克思主义理论;哲学、图书馆学、情报与档案管理排名第二,工商管理排名第三,其他第四、第五各一个,总共12个学科。人民大学一共有14个一级学科授予权,另2个学科,一个排名第九,一个排名第十二,应当说这都是全国最优秀的学科,人民大学14个一级学科全部是国家顶尖学科,这就是我校的优势,要巩固这些优势学科。

这个排名是五年评一次,上一次我校的法学、经济学排名第一,现在我校不但巩固住了,而且和第二名的差距拉得更大了,我校的优势非常明显。目前学科排名的竞争非常激烈,稍不留心就有可能下去,所以巩固优势学科,并不是很简单的事情。我校认为这个学科并不仅仅是人民大学的,是国家的,这是一个国家的优质高等教育资源,不把它做好我们就有犯罪感。

排名情况大家可能知道,清华有12个第一,是第一名最多的;

第二是北大,9个第一。清华12个第一中,10个工科,2个文科;北大9个第一中,4个文科,4个理科,1个医科。人民大学7个第一,全部是文科,前三名就这三所大学。所以这样一些优势学科,我们如果不能巩固好、发展好,就觉得有犯罪感。发展应用学科,这个我就不多讲了。扶持基础学科和交叉学科,基础学科主要是文史哲、数理化这些学科,交叉学科主要是环境、心理学等学科,这些都需要加以大力的扶持。有的大学提出以市场为指导培养人才,这个看上去不错,但是对发展巩固基础学科是不利的。这些基础学科是高等教育最基本的方面,如果这些学科发展不好,整个人文社会科学也就完了。我们对基础学科的扶持,体现在各个方面,学校要不惜手段,采取一些办法,重视这些基础学科。

整体提升,重点突破,强化优势。在整体提升的前提下,要强化优势。强化优势从微观上来讲,要巩固优势学科,这不仅仅是几个学院的利益,也是全校的利益。一个大学不能什么学科都是一样的。大家都明白,一个大学有几个全国最好的学科,整个学校的地位就上来了,学校的地位上来了你不觉得好啊!你不是也成了名牌大学的教授嘛,哪怕是一个二流学科。清华大学办了很多学科,新建一个学科,应当说在起步的时候,它还是有差距的,但是清华大学报名的学生依然是高分,什么原因呢?因为清华大学是名牌大学。大家理解学校的发展思路以后,就能够统一认识。

内涵提高还要狠抓教师队伍建设、队伍水平,尤其是教师队伍水平。队伍建设是学科建设的核心和关键,学科建设是学校发展的龙头,队伍建设是学科建设的核心。学校是个学术体制,是培养人才的体制,没有高水平的教师队伍,绝不可能有高水平的大学和高水平的人才培养。对待教师问题,我校主要有三点体会很深:第一,要创造尽可能好的政策制度环境,让每个教师都能发挥自己的聪明才智,施展自己的才华。对于教师建设我校最重要的是这个。

第二，要重视对人才的培养和引进。培养与引进相结合，要以人才培养为主。而引进最重要的是引进海归，引进有国外学术背景的人才，这是针对人民大学的特点、弱点而采取的措施，这并不是说每一个学校都要这样做。人民大学有大批高水平的青年学者，我校要让这些青年学者成为中国培养的学术大师。第三，要重视梯队建设，搭建创新人才。梯队就是年龄阶段的支撑，我校重要的学院，可以说30岁左右、40岁左右、50岁左右、60岁左右的每个梯队中都有全国最优秀的人才，这样它才有可能成为全国最好的学院，否则是不可能的。我校排名全国第一的学科，基本上都具备这个特点。我们不仅重视40岁、50岁梯队，还要重视30岁梯队，重视具有强大潜力的群体。我校认为引进人才不要武大郎这样的，也不要武二郎这样的，武大郎是自己本事不行，武二郎自己是有本事的，但是不让别人进，不能这样，要引进优秀人才，搭建创新人才。

　　我校一个院长问我："纪校长，你讲的引进人才的标准很多，具体怎么掌握？"我说，我给你讲一个最简便易行的办法，你要引进的人才比你强，这就叫优秀人才。要么现在学术水平超过你，要么学术潜力将来会超过你，你得引进这样的人才，这才叫引进人才。你引进的人才都不如你，你引进他干吗！人民大学很多学院的院长，既是个行政的职务，同时也是非常重要的学科带头人，非学科带头人不能当院长，这是人民大学的规矩。只要担任院长，肯定是个学科带头人。我校很多院长胸怀非常开阔，引进了相当多的优秀人才。创新团队的建设，是引进和培养相结合产生的。

　　现在师资队伍建设当中还应该注意学术结构问题。人民大学在这方面结合得比较好，人大历史上就是包容。人民大学的名教授，本科、硕士、博士都在人民大学学习的人占不到一半，大多数都是交叉的，不像有的学校，只用自己的人，所以人大的学科结构应该说是不成问题。当然人大也有个区位优势,在北京,在首都,同时人大本身底子比较好,社会的美誉度比较高,所以人大是人才济济,博士学位的比例现在可能达到80%了。我校海归的比例在文科院校当中也是非常高的,但是跟北大、清华比,人大还是比他们少。这个与学科性质有关系,也和人大过去的海外资源有关系,也和我校自己的工作有关系。

人民大学在教师队伍建设问题上下了很大的工夫,并且我校提出来"事业留人、感情留人、机制留人、正气留人"四留人举措。我校有很好的评价机制,很好的运行机制。待遇再高,机制不好,也留不住人,待遇仅仅是机制的一个方面,机制有正向的,也有反向的。人民大学每三年对教师进行一次全面考核,一年一次小考核,三年一次大考核,每一次大考核,人民大学基本上有10%左右的教师要受到各种不同情况的处理,这种情况在其他学校都感到很震惊,但是人大是波澜不惊。最轻的处理是建议,重的处理是转岗或取消教师资格。没有这样一种反向的机制,那么正向的作用也发挥不出来,我校是机制留人。人民大学还讲正气留人,我校对反复跳槽的人才一律不引进,这个城市干干,再跑到另一个城市干干,这种人我校不要。我校对正气留人是很强调的。

加强硬件建设。硬件包括各种设施。在改善教师的工作环境方面,人民大学是在全国率先做到文科每个教授一间工作室,副教授两人一间工作室,讲师三人一间工作室,彻底改变了人民大学过去一个学院、一个系只有几间办公室的局面,那种时代一去不复返了。在改善学生的环境方面,人民大学的校园网是全国最先进的校园网,实验室建设有大幅度的提升,图书馆依然是全国高校最好的图书馆之一。学生的教学环境、生活环境都有极大的改善,硬件设施很重要。

第四个是制度建设。制度建设的核心指导思想有这么几条:

第一,营造百花齐放、百家争鸣的学科环境,没有学术自由,就不可能有理论创新。我校的制度一直贯彻这个指导思想。人民大学鼓励探索,既褒奖成功的探索,也善待失败的探索,失败的探索往往是成功探索的前提。大家知道人文社会科学失败的探索意味着什么?大家很明白它的内部的含义是什么。我校反对把教授说成是保守派或改革派,有些教授的学术思想保守一点,有些教授的思想激进一点,保守很有可能保留了传统有价值的东西,激进很有可能代表了发展新的方向,这都是允许的,都是可以鼓励的。人民大学的教授,可以说保守一些的、激进一些的都有,都存在,我作为校领导,一直都尊重这样一种学术上的态势,认为这是一种常态,是合理的,从来不干预这样一些问题。干扰学术自由,主要来自四个方面:第一,来自政界,一些政界的人物讲一些不适当的话,他们干预了学术自由。第二,就是学校的领导、院系的领导,有时候会有不适当的规章制度干预学术自由。第三,是教授自己,有些教授有学霸作风,大树底下不长草,他干预了学术自由。第四,不恰当的社会舆论,特别是那些网上的舆论。现在很奇怪,尤其是在网上,动不动就有人骂你,这种风气是不行的。这四个方面都会干扰学术自由。所以,要保障学术自由,不仅仅是政府的责任,也不仅仅是校方的责任,也是教授的责任,也是社会的责任,大家要共同努力来营造这样一种学术自由的环境。

第二是尊重知识、尊重人才、尊重劳动、尊重创造,这是党的十七大报告提出来的,非常正确。要尊重知识才行,像我刚才讲的人民大学的一级档教授,这叫尊重,若对他们进行制度性歧视叫不尊重,我校对退下去的荣誉级教授进行表彰,这也叫尊重知识,尊重人才。这次总书记到人民大学去,跟我校经济学院、财政金融学院的教师座谈,那是尊重他们,不是为了应景,也不是为了上电视。讨论物价上涨、宏观经济形势等问题的时候,我校教授很坦率地给总书记报告。总书记在下楼的时候问我,有一个年轻的学者叫什么名字?我就告诉他叫什么名字,名字的三个字怎么写。这些充分体现了一个党和国家最高领导对我们青年学者的尊重和关爱。我校的各种规章制度都贯彻了这样的思想战略,要营造好这个环境,这是制度体现出来的。

第三是要鼓励想干事、能干事、干成事的人,要有这样一个指导思想来制定我们的各项规章制度。所谓规章制度,它主要不是来卡人的,而是要创造学校良性运行,学校教学科研活动能够顺利开展的最好的政策制度保证。让学生、老师都能够自由地、很顺利地进行教学科研工作,保证正常的、良好的教学秩序、工作秩序和生活秩序,营造出最佳校园政策制度环境、校园孵化环境,我校在制度建设上的指导思想是这样一种思想。

第四就是特色强校。所谓特色就是比较优势,就是核心竞争力。也就是这个学校在办学目标、人才培养模式、教学模式、办学路径、办学传统等方面所能够体现出来的、长期形成的、为社会所公认的这样一种特点,即学校的办学特色。这个特点一定和人才培养密切相关,等于是和大学的基本职能密切相关的特色。胡总书记2008年第一次到人大来,给我们讲话,最核心的就三句话,一句叫发扬传统,一句叫办出特色,一句叫办出水平。所以说办出特色是学校科学发展的一个极其重要的战略指导思想,学校应当研究自己的特色,认识自己的特色,珍惜自己的特色,发扬自己的特色。这些特色可以体现在学科的基本特色上,可以体现在人才培养模式的特色上。比如同样是会计系、法律系、新闻传播系,人大有哪些与其他高校不一样的东西,这个不一样我们就叫特色。

在学校的服务面向上有自己的特色。校办的师求恩主任给我讲,郑州的银行、高级酒店的经理中,我们河南财经政法大学的毕业生占很大的比重,这就是服务面向的一种特色。一些传统的特色,因为历史的起点不一样,学校之间的校风就有某种不一样的特点,并没有谁高谁低,叫各有特色。人民大学扎根本土的根非常深,而且推崇低调、务实、实事求是的精神,它不是很张扬。清华大学、北京大学都是国家非常优秀的大学,人民大学也是非常优秀的大学,但是这三所学校历史传统特色是不相同的,培养出来的人才风格也不同,老师的风格也是不一样的,这就叫办学特色。办学特色并没有多少高低贵贱之分,所以,特色强校很重要。我校在2005年教育部工作会议上有一个发言,发言的题目叫做《内涵提高谋发展,特色强校创一流》。后来开展学习实践科学发展观的活动,它的载体我校还是这两句,特色强校。

第五是协调发展。所谓协调发展,主要是处理好各种关系。教学、科研、社会服务三者之间的关系;教师、干部、工人之间的关系;教师队伍当中新教师、老教师、讲师、副教授、教授,离职的教授和在职的教授等之间的关系;学校的行政机关、各个部所和各个院系的关系等,各种各样的关系,很复杂。外部的关系就更多,更复杂。与政府的关系,与企业界的关系,与用人界的关系,与国外大学的关系等。协调很重要的一个方面是协调利益关系,同时还要处理好改革发展稳定的关系。

人民大学讲稳定主要是讲政策稳定和事业稳定。政策稳定就是我们经常讲的维稳的问题。事业稳定,事业发展不能折腾,没有稳定的发展规划,没有稳定的发展战略,没有稳定的可持续、可延续的一些政策措施,基本建设也好,学科建设也好,队伍建设也好,今天发展这个,明天发展那个,今天做这个,明天做那个,学校就不能够持续性发展。所以协调发展很重要。

第六是加强领导。加强领导我校提了八个字:清醒、团结、干事、学习。保持清醒的政治头脑、清醒的发展观念,清醒地对待各种人和事,特别是潮流、风潮来的时候,学校领导要保持清醒的头脑,这一点是体现领导水平最重要的一点。每逢大事,都要保持清醒的头脑,不能跟着喊,跟着叫,跟着跑,随风倒,否则会出大问题的。

关于大学行政化问题。所谓行政化,任何一个组织都得有行政管理,没有行政管理怎么办!我讲的是行政化,"化"字,称为职位也,我认为"化"字是这样的含义,往往是党政部门,把大学当成附属机构,把大学当成行政机构。大学担负着文化教育的重任,配置行政领导班子,按照《高等教育法》,副校长应该由校长决定,结果很多学校配副校长,校长根本就不知道,违反程序啊!人民大学副校长,我纪宝成不提名,是不可能当副校长的,有《高等教育法》的规定。当然我提名也是有基础、有程序的,需要大会讨论,同党委书记沟通,基本意见一致,我再正式提名,学校常委会讨论通过,通过以后上报教育部。依法办事!

高等学校是个学术机构,学术规律、教育规律、人才成长规律是我们考虑的核心问题,必须要按照这些规律办事。高等教育发展还要符合社会发展规律,比如说要保持政治稳定,这是社会发展的要求。但是,学术规律、教育规律、人才成长规律,追求真理,崇尚学术,这是大学最本质的一种追求,不崇尚学术,不追求真理,这还叫大学吗?所以我们的党政部门,要认真研究这样的问题。另外,大学自己也要承担办学风险,大学是个法人,《高等教育法》规定学校有权使用国家拨付的各种资金。一些重大的、原始性的、特别的问题,政府可以决定。正常的情况下,国家给大学拨付的资金,应该由大学自己来安排。当然政府部门也在不断地改进工作作风,为我们大学服务。

学校内部主要反对衙门化,大学如果有衙门气息就完了。人民大学的教研室,我从来不管教研室的具体事情,对于我校的院长、处级干部从来不干预,凭什么说人民大学院长是处级干部,我说我们还委屈了,你们还觉得处级干部威风。上面调我校的人说这个人是处级干部,我从来不以为然。一级档教授的工资不是比正部档高50块钱嘛!我校很多院长都是教授,基本是二级档教授、三级档教授,二级档教授居多,你们怎么把他们看成个处级干部呢!教研室主任被说成是科级干部,这更荒唐了,我20世纪80年代在人民大学任教务长,我给教研室主任开会,我说你们不是科级干部,大学教研室主任是科级干部,这才是真正的行政化思想。大学的行政干部,一定要树立一种服务的宗旨,为教育和科研服务,为教师和学生服务,一定要牢牢记住这样的观点。应当说人民大学有很好的服务传统,年轻人一进来,耳濡目染,要受到这样的传统的熏陶,增强服务意识,为教学科研服务,为人才培养服务。我校另外一个口号,"两个一切":一切为了学生,一切为了教学科研。这是我讲的有关加强领导的情况,对待很多问题要有清醒的认识。

关于团结问题。团结对个人来讲是一种境界,是一种品德,是一种魅力,属于个人素质;对单位来讲,它是一种资源,是一种人气,是一种环境。没有团结,什么事也干不成。团结的问题,在干部、教师当中是一个非常重要的问题。干事情、想干事、能干事、干成事,对我校来讲,要抓大事,抓主题,抓细节,抓具体,抓到底。重大的事情领导要亲自抓,包括细节问题都不要放过。要真干,真情真意地干事。

关于学习,学习没有止境,不仅学习书本上的东西,更重要的是学习实践的东西,不仅是国内实践的学习,还有国外实践的学习。还有每一次遇到问题,要随时随地地向周围人学习。我校到各地参观、访问,要经常问自己的学校哪一点不如他们的学校,要记住这些事情,一些细节问题都要考虑到。学习是使学校保持生机和活力的一个重要的途径,也是重要的渊源。

作为领导班子来讲,如果做到这八个字:清醒、团结、干事、学习,就很称职了,就能够保持带领全校学习实践科学发展观,向更好的方向去发展。

(以下是听众提问及回答)

提问:近年来,我们政界和学术界有些同志提出来,我们的教育,包括大学教育,存在着人文精神缺失的问题,包括人文课程的设置方面,也参差不同地存在缺失问题。我关注到纪校长着力倡导振兴和繁荣国学,想请问您所倡导的国学其要义是什么?其现实意义体现在哪些方面?

纪宝成:你提到人文精神缺失的问题是中国高等教育制度需要认真反思的问题,所谓有知识无文化。爱因斯坦讲过一句话:"专业学习只能把人培养成为一种有用的机器,但是不能培养成一个和谐发展的人。"要想让他变得和谐发展,就必须使学生对人类价值感兴趣,保持浓厚的兴趣,那才是教育最根本的任务。他又说:"大学毕业生不能仅仅是专业人才,还应当是个和谐发展的人。"他讲话的意思和我们讲的人文精神、文化素质教育有相通的地方。

长时间以来,我们的教育制度从小学到大学,人文这一块是比较差的,对一代著名的思想家我们知之甚少。这对人才全面自由发展有很大的影响,对创新型人才的造就有很大的影响。要说我们创新人才出不来,或者比较少,这是最重要的原因之一。现在人民大学采取的是"大师阅读小校园",大师阅读主要是通过通识教育,而人才的培养主要是阅读经典著作,不仅仅是课堂上几门课,更重要的是课外,让学生与历史上伟大的心灵进行沟通,进行对话,进行交流。吸收人类文明的最核心、最重要的精神,培养这些人文情怀、人文精神,培养自己的理论思维,潜移默化地提高。

所以我们要认真地加以研究，要加大通识教育，反对急功近利。大学的职能究竟是什么？刚到人民大学不久，看到开发票还需要讲一下怎么开？开发票还用老师讲吗，到实践上看一眼就会了嘛！重术轻道，是个很大的问题。道与术的关系，这是个教育思想，当然各个学校有自己不同的定位，但是即使是职业技术学院也得有道，不能只讲术。道主要是人文学科的责任。人民大学重振国学有各种各样复杂的原因，主要是我们进入经济全球化、政治国际化、文明多样化的时代，中华民族要立于世界之林，没有自己的传统文化，我们很难管理学生，这是从大的角度、战略的角度考虑问题。当然从学科发展的角度来讲，传统文化是当代学术文化的一个思想资源，包括马克思中国化，都是重要的思想资源，没有这些重要的思想资源，我们今天很难创新。

所以我觉得重振国学意义非凡，而且近年来，对于国学的指点，对国学的贬低，甚至对国学的谩骂，有很多复杂的历史原因。现在到了振奋青年的时候了，我们对待国学的态度应当很好地进行反思。所以人民大学提出的重振国学也是时代的需要，是时代的呼唤。

我们的传统文化当中优秀的东西非常丰厚，需要进行系统的研究。我们文史哲虽然有国学的一部分，但是它是分开研究的。《史记》当然是历史著作，但是《史记》里面的经济学、政治学、社会学的内容极其丰富，没有多少人去研究这些问题。《诗经》只简单地被当成诗歌，显然是不行的。人民大学振兴国学，成立国学院仅仅是一个探索。当然，现在国学春风一度玉门关。我校的冯其庸先生现在88岁了，从教60多年，习近平同志给他写了一封信，其中有一句话，"以80多岁的高龄，带领人民大学国学院，发展新时期的国学,为振兴中国传统文化继续做贡献"。这是中央对国学的一个肯定。所以我们国学事业还需要进一步的探索,也希望我们有志者共同努力。这里面可能也会有一些曲折的道路,但是我相信,要振兴我们中华,振兴国学是一个必由之路。

第二章　关于大学发展及管理的几个问题

南京大学党委书记　　洪银兴

20世纪90年代,我来河南财经学院作过一次报告,这是第二次,所以到这儿来印象还是比较深刻的。本来我以为来讲经济问题,讲我的本行,但是李校长希望我还是讲大学的管理,所以我真的是没有现成的稿子了,只能想到哪里说到哪里。更希望的是我讲完一段之后,大家交流交流,做一个互动,有什么问题,大家一起讨论讨论。

本人对教学的研究并不是很深,至于对管理的研究,因为我是一个学者来担任大学领导的,所以是双肩挑。我要介绍的情况都是南京大学传统形成的一些管理思想,并不都是我自己的。现在我声明一下,这些成就不都是我的,我才可以放开讲大学管理上的问题了。

一、关于大学办学理念

我觉得一所大学的办学理念非常重要。每一任校长都有他自己的办学理念,而且每一任校领导都会思考能不能出"奇兵"。大家知道,南京大学的历史是非常辉煌的,在1949年以前是中央大学,所以我在接待外宾的时候就要告诉他,1949年以前,南京是首都,首都的大学就是中央大学,中央大学就是南京大学,是民国第一大学,我们强调中央大学这个地位。在1949年以后,首都到了北京,我们就不是第一了,这个需要给人家介绍介绍。但是新中国成立以后相当长的时间里,尽管南大的学术力量、师资力量都很强,却一直没有得到国家的重点支持。所以南大人一直有一股子"气"在那里,就是骨气的气。即使再艰苦,国家投入的再少,都要努力走在全国的前面。因此每一任校长都非常地努力,大家知道比较有名的匡亚明校长,之前是郭影秋校长,后来到人民大学当校长去了,都是我们党的一些高级干部、国家的一些老革命来担任南大的校领导,他们的工作都是非常成功的。

但是,尽管如此,增强学校的影响力也很难。比如,"211工程"的问题,我们匡亚明校长亲自写信给邓小平同志,提出中国应该建设一些一流大学,邓小平同志还专门做了批示。信是他写的,但是最后国家投资重点建设的5所大学却没有南京大学。在1982年,我硕士研究生刚刚毕业的那一年,南大爆发了一次学生运动,起因是南京大学得不到国家的重点投入,和南大的地位不相称,把当时的书记也赶下台了。这可能是新中国成立以后最成功的一次学生运动,是在我们南大发生的。这次学生呼声要求后,中央在5所重点建设的大学基础上又加2所,一所是南大,一所是浙大,还专门为南大和浙大发了一个文件,尽管没有进入到国家的重点建设,但是这两所大学基础很好,还是要给予支持。这次能获得中央的重点支持,关键是新任校长、中科院院士曲钦岳同志。他任校长后,做了一项非常重要的工作,他认为,南大要异军突起,一定要能够找到一个新的突破点,要走人家没有走的路。当时明确提出要搞SCI,这是南京大学在全国首先提出"要抓在国际学术期刊上发表论文"的策略。那个时候学校里好多人不理解,但是他就是要抓SCI的论文,就是要抓在国际学术期刊上发表论文的数量和被引用论文的数量。自从抓了这项工作以后,成效非常明显,一下子把南大的地位提升了。所以南京大学连续7年SCI的论文数量在全国排名第一位,连续8年被引用的论文数量全国排名第一位,其中许多指标一下子就超过了北大。这就是时任校长曲钦岳同志抓得非常成功的一项工作。南大的地位提升了,"211工程"大学,南京大学第一批进入;"985工程"大学,南京大学第一批进入,从根本上改变了过去的地位。从这一点来看,我觉得一所大学,真正地要走在全国前列,要被大家所承认,很重要的是要在某一个点上作出突破。当时我们SCI论文排名全国第一以后,包括北大在内的一些高校都很紧张,觉得整个南大要超过它们,因为那个时候它们也没有国家的重点投入。后来我们分析,如果没有后来国家对北大、清华的特别的支持,我们确实很有可能要超过它们,有了这个势头,他们的校长几次跑到南大来"取经"。当然,后来北大合并了医科大学,又有国家"985工程"的经费支持,而且是数倍于我们,引进国外人才方面国家又给了特殊政策,所以我们是望尘莫及了。我见到北大的校长、书记就讲,"南大学北大,一百年不变",这也就意味着我们永远也赶不上它们。但是,在当时条件下,因第一次国家重点投入5所大学没有南大,南大人憋足了一股劲,曲校长上台以后,全力抓SCI,抓发表论文的数量。实际上,如果研究一下中国的教育史,一定会注意到南大抓SCI,现在全国的所有高校都在抓SCI,中国现在是世界上最大的科技论文的国家,南大的贡献是很大的。但现在我们已经不是第一位了,在当前一流大学中,南京大学是唯一一所没有合并的大学,我们是完全靠自己的力量努力的结果。

就其人均SCI数量来说,南大肯定还是第一,但是总量已经不是第一了,因为我们是没有合并的大学。再一个就是现在SCI论文搞了一部分扩展版,原来的SCI论文只收录在国际学术期刊上发表的论文,现在也把国内的一批高水平的杂志扩展了一部分,南大的论文都是在国外学术期刊上发表的,所以这样一计算,我们的产量就不是那么高了。自从我任校长这一届开始由数量转向质量，就是我们不再追求 SCI 的论文数量，要追求在国际顶级期刊上发表论文的质量。现在已经开始改变战略，就是大家都在抓数量的时候，我们抓质量。所以我们明确要求的是每一个学科领域里顶尖的前十本期刊，要考虑到影响因子。论文的影响因子是多高，你往那边投稿，达不到所要求的影响因子的数量不算。所以现在南大还保持着几个全国第一，就是目前我们的科学研究在《科学》和《自然》杂志（世界顶尖的、级别最高的两本杂志）上发表论文的数量还保持着全国第一的地位。这对南大来讲，这个优势我们不能丢。前一段时间好多高校对研究生发表论文不再作具体要求，认为这是对博士生、硕士生们要求过高。我们认为，南大是搞科学研究、搞论文起家的，人家取消论文数量的限制，南大绝不取消。大家知道，对于文科类高校，现在认可的 CSSCI 也是我们南大开发的。既然理科有 SCI，那么文科要搞 CSSCI，我们南大来开发，这是当时我任副校长之后做的第一件事情，最后得到教育部承认，现在全国都承认，但是这里面的酸甜苦辣是可想而知的，学校也投入了一大笔钱，这个钱投得很值，CSSCI 得到了大家的认可，有了中国人文社会科学的索引。现在基本上全国的高校（包括人民大学），教师的科学研究的评价，文科上要看 CSSCI 来源期刊上发表了多少篇论文；现在教育部评项目、评成果都开始以南大的 CSSCI 的论文检索结构作为一个标准。这项工作推动了文科高校都在做、都在抓 CSSCI，就是把在国际学术期刊上发表的人文社会科学论文的引用数量作为一个标准。

我讲这个问题，主要是想讲一所大学怎么能够提高它的地位。当它还处于低潮的时候、并不为人所认识的时候，怎么能够让一所大学被国家所承认，被学界所承认。一定要找出一个学校的生长点，一定要在某一个方面作出一个突破。所以，从国家层面来看，无论是从"211工程"大学,还是"985工程"高校,特别是在"985工程"的投入上,我们也很紧张。因为我们原来一直是在"2+7"的地位,或者是北大、清华下来就是我们这些大学,在这几所大学中间,对南大的投入还在前面,那后来我们还紧张什么?现在人家规模都比我们大,都是合并了几所大学,南大还能不能拿到那么多钱?这个事压力非常大。北大、清华、复旦、交大、浙大,同我们竞争的就这么几所大学,它们都是合并了的学校,规模都比我们大。像这次"985工程"的三期资金下来,我和校长两个人就很紧张啊!后来我们就直接写信给部长,这不是钱的问题,关键是地位问题。另外一个问题,不要看人家的规模,我们要讲科学发展,我们不合并,照样能够取得一样的成果。我们举了几个具体情况,比如说国家自然科学一等奖,这几所大学也只有南大有,其他的学校都没有。独立取得国家自然科学一等奖,到现在为止,也就是我们南大一家。国际学术期刊上发表论文的数量,SCI也是我们第一。培养的院士数量,到现在南大也是第一,具体到改革开放以后培养的院士数量南大也是全国第一。我们把这几个全国第一都给了部长,教育部在投入资金的时候,千万不能因为南大人少,就少给我们。最后,在国家投入上,我们还保持在原来全国第一梯队的位置上。今年"985工程"三期第一期的钱北大、清华最多,他们拿了8亿;下来就是浙大,浙大是四所大学合并的学校,拿了3.4亿;然后是复旦和交大,他们拿3.3亿;我们拿了3.2亿,规模最小的。但我们很高兴,可他们几所大学好像有意见,说我们这么大学校,比南大大得多,我们拿的只比他们多了1000万,最多是2000万。为什么我们很高兴呢?因为3.2亿就够了,实际上"985工程"的三期资金如果全部拿回来,中央就要给我们14个亿,江苏省还要1∶1配套,也还要给我们14个亿,加起来南大就可以拿到28个亿,有这样的资金我们就比较好过了。这说明一个什么问题呢?就是一个学校的地位,学校所出的成果可以支持我们保持在这个地位上。

一个大学如何被人们所认识,并能够得到国家的支持呢?关键还是自身的努力,而且要能够找到突破口。找到这个突破口以后,应该还需要长期的坚持,因为科学研究是坐冷板凳的事情。比如我们的文科,南大搞了一个中国思想家评卷丛书200部,这是从孔夫子一直写到孙中山,历史上200多个思想家,整整花了20年,写了200多部,2000多万字,最后全部出版。当时陈至立专门赶到南京参加我们200部丛书撰写完成的发布会。她说"这才是南大的校风"。为什么呢?现在大部头的著作只有开幕的时候,没有闭幕的时候,全国所有大的丛书,只有我们能够做到,许多作者由年轻人黑头发写到老年人白头发,组织整理200部出来,特别是在这个浮躁的社会,大家安安生生地把这个工作做起来确实不易啊!现在从文科方面,200部丛书是我们标志性的工程,现在正在把它们翻译成外文,为在国际上介绍中国文化做准备。这也说明了,一个学校一旦确定了一个方向,就要持之以恒,办出自己的特色。

现在中央提出,强调建设"有特色,高水平"的大学。这六个字是我们大学发展的基本理念,一要有特色,二要有高水平。我想这要归功于我们的老校长——曲钦岳校长,他现在是科学院天文学院士,从他当校长开始,南京大学开始由原来低谷一下子走到高峰。在前面很长的时间是匡亚明校长,他的特点主要是抓人才。可以看出,哪个校长都有他的理念,像我们的匡亚明校长,当时有个研究中文的程千帆老先生,当时还关在牛棚里面。我们的匡亚明校长亲自跑到武汉,把这位老先生请到南京大学,最后他成为在中国的古典文学方面排名第一的学者。再就是他又到上海把陈白尘请回来,搞《大风歌》时又请了几个回来,把我们南大的中文一下子就变成了全国第一了。所以,每一任校长都有他的办学理念,而且都要实施。我觉得,作为大学的管理者和每一届的校长要明确本届校领导的办学理念,应该抓什么。所以说我们匡校长是抓了人才,曲校长是抓了 SCI,这对南大的提升起了很大的作用,这是我介绍的一点。

二、关于学科建设和队伍建设

到了我们蒋树声校长时代,蒋校长现在是全国人民代表大会党务委员会副委员长,他跟我搭档过一段时间,他当校长,我当书记。他当时提出的是两个口号、两句话,叫"学科建设是龙头,队伍建设是保证"。也就是说,他当校长的这一届是抓学科建设,把学科建设作为一个龙头。学科建设作为龙头是和国际上接轨的,因为正好是"985 工程"投入的时候,我们蒋校长开始当校长,后来我当书记,就是那个时候,我们拿"985 工程"的钱干什么?特别是"985 工程"一期我们一下子拿到了 6 个亿,配套给我们 12 个亿,当时觉得钱不少了。好多学校拿了这个钱都是去搞硬件建设、盖房子,等等,我们这个时候又跟人家不一样,我们知道我们的办学条件还不行,没有和别的大学合并,基础还不牢,所以我们把"985 工程"一期投入的经费没有像其他学校一样去搞硬件建设,我们的重点是抓学科建设。也就是说,我们这样一个大学,虽然看起来规模不是很大,但如何使我们的大学能够在学科建设上走在前列,是我们思考的问题。最早同你们一样走过的像硕士点建设,然后是博士点建设,国家重点学科的建设,一级重点学科的建设,接着是学科的国家排名,等等,这些都是我们所关注的问题。所以那个时候我们把"985 工程"拿到的 12 个亿基本上都投入到学科上面去了。按照学科发展的需要来引进人才,按照学科发展的需要安排科研经费,按照学科发展的需要来做专业调整。所以这个思路,我认为也是成功的。我们现在回过头来,在全国一级学科的评估中,物理、天文、大气3个学科是全国第一;有17个一级学科是全国前五位;有23个学科是全国前十位。也就是说80%的学科是在全国前十位。现在我们有8个学科进了国家一级重点的学科,国家二级重点学科的数量有36个。就是这36个国家二级重点学科,8个国家一级重点学科,23个全国前十位,3个全国第一,奠定了我们学校在全国的地位。这就是蒋校长当校长期间,着力去抓学科建设,取得的一个明显效果。那时候我和蒋校长搭档,我们就抓学科建设,后来蒋校长到北京去当全国人民代表大会常务委员会副委员长了,行政也调整了,但是我们这个思路一直没有变,就是以学科建设为龙头来带动学校的整个发展,同时我们也在抓队伍建设。

队伍建设是关键,就是用队伍建设来支持学科建设。队伍建设应该说是为了学科建设,队伍建设的力度也比较大。南大虽然规模没有一些大学大,但是我们两院院士数量目前是31个,这些院士不像别的大学是双聘的,人家成了院士你就把他聘过来当兼职的,我们都是实实在在自己的院士。而且我们的院士有一条做得不错,就是他们都不愿意聘到别的学校,没有被别的学校聘去当院士,这也是我们南大人的一个特点。所以我开院士座谈会的时候,我们是非常感动,也非常感谢这些院士们,他们的一种精神感染了我们后来的一代——就是安心地做学问。所以我经常教育我们的一些年轻教师,你们到学校的校园去看一看,就是在大年夜,还在实验室工作的是哪些人?首先是院士在实验室。所以这一点是我们学校引以为自豪的。我经常说,我们的同学们,我们的老师们,你们大年夜去看一下,在我们南大实验室里面灯还亮着的。这是什么?这种画面至今还在保留着。队伍建设,首先是这支队伍要有一种精神,要有一种严谨治学、全心全意做学问的精神。这就带动了青年教师这一支队伍。所以我们现在队伍里,有31个院士,国家杰出青年基金获得者总共有90多个,实际上就是院士候选人。南大的长江学者、特聘教授有60多个,数量都在全国高校的前三位,院士数量在全国高校是第三,杰出青年基金获得者全国高校前三位,长江学者全国高校前四位。我们的教师队伍人数不多,真正的专职教师编制不到2000人,但是在这2000人的教师中间有31位院士,有90位杰出青年基金获得者,有60多位长江学者,现在中组部的"千人计划"我们又有11位。所以有这么一支队伍在支持我们搞学科建设,因为我们在衡量每一个学科水平的时候,很重要一个指标就是看这个学科的队伍是怎么组成的。而且实事求是地讲,我们的待遇还不高。有人问你们这么多人,是不是给的钱多、待遇高他们就来。南大是文理科大学,同工科院校还有区别,工科院校拿的横向项目比较多,我们拿的项目基本上都是中下等,是国家的项目,很难拿这个钱作为收入去发的。像我们30多个院士付不起啊,人家一个学校就一两个院士,百万年薪都有可能啊。我们一开始只给6万元,去年我们提高到12万元,长江学者是10万元。我们的钱也不多,但是,最重要的是提供了很好的学科平台。我给他们谈话,像引进人才,如果他给我谈钱,对不起南大拿不出来,但是南大有学科,南大有学科平台。你到南大来,南大这个学科是国家重点学科,这个平台是国家重点建设的平台,你在这个平台上,你可以当博导,你以后有条件可以申请长江学者,申请杰出青年基金,甚至以后申请院士,我这里条件也具备。南大30多个院士,每个学科都有院士在那里,你在我这里干是有奔头的,这样人才就引进过来了。南大的特点是人才流出去的很少,很重要的就是有这个学科平台。你到了这个学科平台上,就可能到全国去发言,到全世界舞台上面去表演,如果单纯考虑钱,我说你大学老师就不要当了,赚钱的地方多的是。同时在学术水平上,你要在国际上产生影响,才能到这个学科来。所以学科建设和队伍建设是相辅相成的,有高的学科平台就能引进到高端的人才,有高端的人才就能够支持你的学科建设。所以一个大学的发展,实际上是学科建设和队伍建设这两个轮子,这两个轮子能够走得比较快,就能够把其他的方面带动起来。学科做好了,科学研究质量就出来了,科学研究水平也就提高了。学科建设、队伍建设这两个搞起来了,社会服务的能力自然也就加强了,大学的几大功能都能够把它很好地体现出来。所以我觉得,办好一所大学应该把学科建设和队伍建设扎扎实实地搞好。这才是抓住了大学的重点。有时也经常有一些大学领导到南大来学习,包括陈至立当时在上海当副市长的时候,她把上海的大学校长全部组织到南大来,就谈到一个什么叫办大学,南大就是在办大学。这个办大学真的是在办大学,包括当时北京的一些大学校长到南大来,他们的体会就是一条"南大人办大学非常精明"。我也不知道这个是褒义还是贬义,因为我们是在一个规模不是很大,国家当时的投入不是很多,在这样一种情况下来办大学,我们也体会到学科建设和队伍建设的重要性。这是我所介绍的第二点,主要是蒋校长这个时代办学的一些思路,我们将继续延续下去。

三、关于大学发展目标及定位

现在我们在做一些什么?去年我们召开了第九次党代会,确定了学校两步走的发展目标。到 2012 年,也就是在我们建校 110 周年的时候能够成为世界高水平大学。到 2022 年,我们建校 120 周年的时候,能够争取进入世界一流大学的行列。这个目标正好和国家"985 工程"三期给我们定的目标是一致的。大家知道,《国家中长期教育改革和发展规划纲要》要求到 2020 年左右,中国要有若干所大学进入世界一流,那么我们这些国内"985 工程"第一梯队的大学就要有努力进入世界一流大学的要求。这样我们就以这个奋斗目标来凝心聚力。学校的各个部门、各个学院都要围绕创建世界一流大学目标来做规划,这个规划非常重要。当时周济当部长时要抓三个规划:一个是学科规划,一个是校园规划,一个是学校整体规划。三大规划要以创建世界一流大学目标来进行,当然 2012 年马上就到了,能不能进入世界高水平? 当然也有一些量化的指标。一般说来,如果说进入到世界前 200 名的大学,就可以是世界有影响的高水平大学的话,这个目标我们现在就可以说实现了。因为今年的《泰晤士报》的世界大学排名,南大已经排到 120 位。有了这个我们心里就有了底,所以我们讲 2012 年能够进入世界高水平大学的行列。反正进了前 200 位,我们要努力保持着前 200 位,今年已经公布进了世界大学排名 120 位,全国排名第 4 位。在我们前面有 3 所,一个是北大,一个是清华,一个是中国科大。因为科大是中科院唯一的一所大学,整个中科院的研究成果都可以归属于科大,所以它应该说没有问题。那么,在我们后面的有复旦、交大、浙大,他们有的还没有进入世界排名前 200 位。这是我们的一个发展目标。

  再一个,我们提出以人才培养为根本。在前面说到的"学科建设为龙头,队伍建设是关键",应该在前面加一个"人才培养是根本"。这也是我们学习科学发展观所体会到的。所以学校第九次党代会把"人才培养是根本"放到了学校建设的第一位。这就说明大学的根本职能是培养人,学校的一切工作都要围绕人才培养做起。因此在党代会的工作排序上,一下子把人才培养放到了第一位。在教育部开的几次工作会议上,介绍办学经验,都是介绍南大的人才培养,最后也感觉到,我们毕竟是大学,不是科学院,大学的天职就是培养人,所以我们要把人才培养的问题放在学校工作的第一位。就是说现在新一届党政领导的办学理念又在前面的基础上,把"人才培养"放到了第一位,这就是从学校的根本职能上来谈的。当然,这也是在学科建设、队伍建设、科学研究等方面都达到一定的水平之后,我们回过头来把人才培养放在第一位。现在我们胆子也比较大,南京大学已经在全国公开打出了一个旗帜,就是"办中国最好的本科教育"。这是我们现在提的口号,我们不敢提办最好的研究生教育,这个我们比不过北大、清华,因为他们的投入多,各个方面条件好,研究生培养可能要比我们好。我们现在要做的是办中国最好的本科生教育,把南大的旗帜打出来,形成南大的特色。

大家都知道,南大的校风、学风是最好的,这一点是我们非常自豪的。现在在学校里面,学生的学风,学生的那种学习劲头,确实让我们感动。有的时候,好多外面的朋友、一些领导到南大来,我都很自豪地说,你现在到南大校园的任何一个地方,你任何时候,甚至中秋节的晚上去看,一定会看到我们的学生都坐在教室里,坐在图书馆里,都坐得满满的。大家都认可这一点。学校形成的校风一直就是学生的学习非常认真。再一个就是教师的讲授也很认真,我们要求教授都必须给本科生上课,要提供多种讲座,这方面我们确实都能够做到。有些学校要办一个讲座,需要动员学生去听。我们学校办一个讲座,就怕会场里面坐不下,要站那么长时间。这都是我们觉得很自豪的,所以这就是为什么我们敢提"办中国最好的本科生教育"。

我们现在正在进行"三三制"的改革。《国家中长期教育改革和发展规划纲要》提出,要确定一部分高校作为国家的人才培养试点,国家教育规划领导小组已经确定南京大学是人才培养的试点单位。现在我们制订了一个"三三制"的培养方案。"三三制"培养方案就是大学生进了南大要经过三个阶段的培养,第一个阶段实际上是通识教育阶段。通识教育阶段就相当于我们招生的时候是大类招生,也就是说不再分经济学专业、国际贸易专业、金融专业,我们都是按经济学专业。工商管理不分是学工商管理,还是学会计的,或是学其他的,统一按管理学类招生。进入南大的第一年,没有专业,按大类进行培养,而且这个培养不仅仅是大类的培养,一定是全校的一些学科培养,就是说数学、中文都要求大家修、学。在通识教育阶段,让学生更多地获取知识,扩大他们的知识面,更多地、全面地掌握自然科学的、社会科学的一些基础知识。这个阶段就是给学生打基础和全面知识的培养。这是第一个阶段的培养。

第二个阶段是专业知识培养,即专业教育。也就是说,招进商学院的学生,开始是进入经济学专业还是进入国际贸易专业,等等。学生在确定专业的时候,有一个双向选择的问题。就是把这些专业都拿出来,经济学类的学生,你是学经济学还是学产业经济,或是学贸易,学金融,还是学保险,这个时候学生要重新填报志愿,他们每人可以填三个志愿。填了三个志愿以后,每个系的系主任来选他的学生,按照学生的志愿来选学生。这个时候学生这一年的全部成绩也都出来了,他的高考成绩和一年中间的学习成绩,然后按照学生选专业的优先顺序由各系主任来选,然后进入本专业学习。

这样能解决一个什么问题呢?原来这些学生进校的时候选专业都有盲目性,什么专业热门,大家就选什么。后来我发现那些系主任也很紧张,选专业的时候压力也很大,他要召开全院的学生大会,每个系的系主任都要讲自己学科的好处,好的地方,学科的优势,我们的科学研究情况,也要让学生检验检验,总希望好学生都报他们的专业,然后学生填志愿,再选专业。互相之间,每一个系的竞争,就在学生面前竞争了,哪个系主任讲差一点,讲得不太好,那么学生第一志愿填这个系的就比较少了。当然,到最后还需要平衡,总不能一个系就来五六个人,那也不行啊！这就要统一平衡了。之后就进入了专业教育。这个没有多少特色,关键是第三个阶段。

第三个阶段叫分类培养阶段。就是根据学生毕业以后的需求来确定他的课程方向,有的是准备出国的、考研的,那是一种课程;有的是准备以后去创业的,那就是另一种课程。就是进入第三阶段就开始进行分类培养。因为我们学校出国考研的比例比较大,每年有50%的学生,其中出国的有30%;剩下的50%是需要就业的。这样就使每个学生有一个目标,教师的教学也有重点了。这种"三三制"的培养方案出来以后,一个是学校很受欢迎,另一个是很受学生的欢迎。

当然我们的教学内容也要进行改革,特别是创新创业课程,我们就需要社会上一些兼职导师来任教了。我们邀请好多校友、成功的人士来讲他们的创业情况,或者是一些社会实践。我们还正在和美国一所工科院校合作在南大建立一个创新创业学院,这样能够一起来培养一些创新创业的学生。也就是说,目前我们正在实行的"三三制"的改革方案是人才培养的一个重大的改革,包括很多教学内容、课程建设等都要进行一些大的改革。其中包括在分类培养阶段,如果说学生有往学术上来发展的,那重点就是要搞研究,提前进行研究;如果学生是要准备就业的,那就提前进行一些创新创业的实践。这样就把整个本科生教育完全按照培养杰出人才的需要来进行培养。因为南大现在本科生的培养目标就是强调要培养各行各业的领军人才,这就是我们人才培养的一个定位。志愿去搞科学研究的要当领军人才,去搞就业的,以后也要当领军人才,按照领军人才的要求来进行培养。

四、关于大学国际化

我讲一下大学国际化的问题。在蒋校长当校长的时候,我们这一届领导就曾经提出了一个目标,建设一个综合性、研究性、国际化的世界一流大学。那么从国际化来讲,对我们这样一所大学,要提升我们的国际地位,要创建世界一流大学,这可能对我们国际化的要求就非常高。南大国际化基础比较好,因为它有中央大学这么一个基础,另外就是海外的影响本来就比较大,有这样一个很好的条件。再一个跟台湾的关系也非常好,当时可以说蒋介石到台湾去,带过去了两件"宝",一个"宝"是故宫博物院的宝,一个"宝"就是中央大学和金陵大学两个大学人才的宝。后来在台湾的几乎所有的部长都是中央大学和金陵大学的毕业生,包括中央银行的行长、财政部长、经济部长等都是我们的校友,有这么一个基础,我们的海外关系一直是比较多的。所以我们在20世纪80年代办了中国第一个中美合作的中美文化研究中心。当时这个中美文化研究中心是和霍布金斯大学合办的,公认是中国第一个和美国合作的合作办学机构。到现在为止,美国还仍然认为和中国合作最好的办学机构就是我们南大的中美文化研究中心。这个中心当时是经过万里和布什两位领导人亲自审批的,到目前已经快30年了。这个中美文化研究中心是专门培养研究生的,招生对象就是研究生,学习一年。每年招50名中国学生,50名美国学生。进校以后,中国学生和美国学生同住一个房间,一个房间两个人,一个中国学生,一个美国学生。这个规定在中美中心里面,是一起讲英语,一起讲中文,这是强制的,所有的活动都是这样。管理全部按照美国式管理,中国学生美国人教,美国学生南大老师教。按照这么一个原则办了20多年,它培养的都是双方的外交人才。所以现在美国驻中国的大使在中心20周年庆典大会上讲,预计未来中美双方的外交官和谈判代表都是中美中心的学生。现在已经出现这种情况了,有一次中美双方的贸易谈判,谈下来不成功。谈了半截,中间就休息了。休息之后喝茶的时候,一问你是哪儿毕业的?我是南大中美中心的,对方也是南大中美中心的,马上两边就OK了,一下子就解决问题了。这样的例子还很多。现在我们已经开始直接招国际关系研究生。现在好多大学生都将能不能考上中美文化研究中心作为一个指标,特别是北京的一些大学生。因为他们进来以后,要到美国去、办美国签证、去美国大学都很方便。现在我们又和哥廷根大学建立了中德法学研究中心。德国把和南大法学的合作作为国家项目。由于有了中德法学中心,所以德国议院的议长、德国的两任总统都要到南大来。最近默克尔又接受了南大的名誉博士学位,很快,一过年就要到南大来拿名誉博士学位。其实,我们是把中德两国法学界的合作交流给建立起来了。另外我们还有和东京大学共建的中日中心,和法国的大学共建了中法中心。这几个中心建起来以后,对我们国际交流非常好,而且我们还有一系列的合作基金。

  现在我们把国际合作扩大到大学生。目前正在做的事情就是争取让我们更多的学生在南大读书期间能够到国外去学习一个学期。这个事已经做了,我们在同一些大学签协议,他们也希望我们的学生去。作为我们的学生到他们那里去交流的交换条件,他们的学生到南大来交流。我们目前可能有20%的本科生能够到香港和国外的一些大学学习一个学期的时间。这样他们上大学期间能够有机会接触到国际上的一些教育,也是我们办好本科生教育的一个重要的举措。

  现在的阻力主要是在我们这方面,因为他们来接受我们没有问题了,但是我们要接受他们有困难,当然钱是互免的。过去是我们的学生得利,因为学生不要付钱,但是他们过来是南大付钱,学生同我们的学生一样不需付钱。现在我们开始在海外大学设立奖学金。这已经同过去不一样了,过去我们是中国的学生希望得到美国的奖学金。我们现在在海外的几个著名大学都设立了南京大学校长奖学金,申请到奖学金以后,让他们到南大来读书。这其中就是要解决英语课程的问题。因为他们到中国来,并不都是来学我们的汉语的,他们应该是来学习我们的专业知识的。这样就使我们的专业英语课程要增加,所以从本学期开始,我们着力在每一个学科里面设置几门专业英语课程。这样一方面对我们学生提升英语水平有利,另一方面也便于我们吸收外国留学生。现在南大吸收外国留学生数量不多,大约有2000名。这同我们建设一流大学的差距还比较大,这个比例还要进一步增加。更重要的是,吸收留学生不能仅仅是让他们来学汉语,更重要的是学我们的专业。我们学校现在一个重要的措施就是加大英语课程的教学,同时,各个专业都要有英语课程,以此来吸收更多的外国留学生进来。因为我们觉得,以后要看你能不能成为世界一流大学,外国留学生数量起码要占到20%这样一个比例,我们现在外国留学生只能达到10%,我们的目标是希望达到20%。

  再一个就是教师的国际化问题。教师的国际化不仅仅是指我们教师能够有在国外学习培养的经历,我们更需要的是吸收外国的教授来当我们的教授。现在我们已正式聘用了一批真正的外国人在南大当教授。最近,有两位诺贝尔奖获得者要到南大来任职,一个是德国的已经明确要过来,是搞生物医药的,前不久我去德国时已经与他见了面;还有一个化学的诺贝尔奖获得者也准备过来。一般来说,在国外的一些大学里面,也有退休制度,一般到60多岁差不多要退休了,但是他退休以后到我们这里来干上几年还是有条件的。他那边的退休金照拿,然后我们这边给他提供一些教学的条件，给他一些比较优厚的待遇，这个可能还是有效果的。这就是教师要国际化。

还有一个就是怎么提升大学的国际地位。前不久我们在欧洲搞了南京大学周，这是中国大学第一家出去的。先后在多国掀起了一次南京大学热，比如德国的哥廷根大学、英国的剑桥大学和南安普顿大学。我带了100多位南大人（其中有20多位教授学科带头人）到他们的大学作学术报告，和对方的大学商谈学术合作的问题。我还带了30多名学生组成的艺术团，去演奏中国民乐，每个学校演一场。这些学生晚上演出，白天搞才艺表演。挑选这些学生跟我去，有一个条件，必须要拿出绝活来。有的会写毛笔字，当场在那里表演书法；有的会绘画，画了画就现场送给外国人；有的会剪纸，就去剪纸；有的是搞武术的，在那里表演武术；有的是搞烹调的，在那里包中国的饺子、馄饨，当场表演，一下子吸引好多人。这样就把南大的影响扩大了，当场就有好多外国人要报名来南大学习。我们海外教育学院就摆一张桌子接受外国人报名。这三所大学下来，当地的电视台、媒体全部跟上，从早到晚跟踪，我们中央电视台都播了好多次，他们当地的电视台、国家电视台再播，这样帮我们扩大了影响。明年已经确定了到美国、加拿大，在北美搞南京大学周。为什么我们要做这些事情呢？就是要通过大学的影响来整体推进、提升学校形象。这次除了我带的南京大学代表团外，还带了一个企业家校友代表团。这个校友代表团的代表都是企业家，他们跟着我们去了以后，参加我们的活动，同时和当地的企业家在一起沟通，所以，很大的队伍开到欧洲去了。这个钱也不用我们出，一个是对方邀请的教授他们要付钱，另外我们的企业家要跟着我们去，他们愿意资助我们代表团一些经费，所以搞欧洲南京大学周基本上我们也没有出多少钱。

当前我们感觉到办一所大学，怎么能够提升国际形象是非常重要的。通过这个途径让世界能够了解南京大学,这实际上会直接影响到南京大学的国际排名。因为如果人家不知道你的大学,在排名的时候,大学的声誉这个指标就受影响了。《泰晤士报》的国际大学排名打分中,就有国际化一个硬指标在那里。所以我认为现代大学要办好,国际化是一个非常重要的途径。

五、关于大学的社会服务

最后我还想讲一点社会服务问题。一所大学确实有一个如何提高社会服务能力的问题。怎么使我们的大学能够得到社会各界的支持?现在办大学不是关起门来办学,应该把门打开,能够和地方的经济社会建设融为一体,这可能也是我们现在办学所需要解决的问题。南大原来是一所文理为主的大学,容易使人感觉这个大学好像和社会的联系不密切,因为理科主要是搞实验室,实验室里面出成果,主要出论文,所以人家就认为你和地方的联系不密切。另外一个文科,也是写书、写论文,地方怎么支持?我们做了几件事情,现在可以说我们打得响的一个就是举行了"江苏发展高层论坛"。"江苏发展高层论坛"从1997年第一期开始,一直办到现在,已办了27期。这个"江苏发展高层论坛"是怎么回事呢?就是由我们南京大学主办,由江苏地区的高层官员、高层企业家和高层专家联合举行,每一个阶段确定一个题目,一年举行两到三次。这个"江苏发展高层论坛"从陈焕友同志当省委书记,到后来回良玉同志当省委书记,再后来李源潮同志当省委书记,之后梁保华同志当省委书记,四任省委书记没有缺过一次,都到南大来了;省长也没有缺席过一次。我们这个论坛征集每一个阶段江苏发展的重要议题,由专家们提出意见,成为政府的决策咨询。所以回良玉、李源潮等同志都讲"江苏发展高层论坛"是江苏发展的智囊库、智囊团。下个星期三就要举行新一期的高层论坛,昨天已经电话跟我讲好了,新任的省委书记、省长要到南大参加这一期"江苏发展高层论坛",议题就是研究 2011 年的经济形势和江苏的对策,所以我这两天还在布置会议。这不像有些地方政府找几个专家去议,我们这个论坛是由我来主持,他们来听,他们也是作为一个成员来参加论坛。他们一般参加会议都要有座签的,但是进了南京大学没有座签,随便就座,省委书记、省长也坐在那里,如果来晚来了,则坐后面,没有专门安排的。这个是大家自由发言的,包括省委书记李源潮同志最后发言的时候讲"我也是作为论坛的一员,我也来发言"。他们也可以放开讲,我们的专家也可以批评他们。有一次李源潮同志讲了一个什么观点,我们一个教授说,我给你讲一个故事。我们需要坐船,大家都坐一边,这个船就翻下去了。什么意思呢? 李源潮也听懂了,说"我懂了,如果大家一边倒的话就不行"。这个时候教授和书记完全是平等地在研讨一些问题。在江苏,现在正在发展创新型经济,这个方案哪儿来的? 是 2009 年 6 月份,我在论坛上提出来的,江苏第一个阶段是发展乡镇经济,第二阶段发展开放型经济,现在到了第三阶段发展创新型经济。这个思想一提出来,省委书记梁保华立即拍板"我想都想不到的名词你们给我想出来了"! 立即召开全省大会。现在你们通过江苏的媒体就可以了解,江苏这一年就是发展创新型经济。这就是大学为地方服务起的很大的作用。所以全省各级干部都关注"江苏发展高层论坛"谈什么问题,马上就形成他们本地区的发展重点,这是我们为地方服务做的一个事情。

再一个是我们的自然科学。南大现在确实在为地方的服务和合作中尝到了很多好处。我们在南京建立了一个南京大学鼓楼国家科技园,这是我们的国家科技园。同时在我们的浦口校区旁边建立了一个南京大学生物医药研究院,这是和南京市合作的。最近我们又在新校区边上搞了一个南京大学科学园,这也是地方和南大合作创办的,就是要把南大的孵化器建到旁边去。前几天我们又和江宁区签了协议,要在江宁搞一个南京大学科技产业园,要把南大所有的科技产业都转到那里去。我们征下200亩地建产业园,他们给我们非常便宜的价格。之后我们在苏州、无锡、常州、镇江、泰州都建了南京大学高新技术研究院,在扬州建了化学研究院,在南通建了新材料研究院,基本上我们在每一个地方都建了南大的研究院。前几天我们又和昆明签了一个合作协议。现在是搞创新的时代,我们的一些理科、一些技术都在铺设出去,我们给了地方支持,地方政府反过来给我们支持。我们建立一个新校区3000亩地,2006年开始建,现在基本上建成了一大半。我在这里可以讲,我跟教育部说"我欠了好多债",欠了五六个亿债,希望教育部帮我们还债。实际情况我们没有欠债。一个地方政府到南大来建一个楼,我们新校区里面有苏州楼、无锡楼、常州楼、扬州楼,每家来建一栋大楼,就是学校每一个学院,比如生命科学院大楼是无锡楼,就是无锡把它建起来的;电子信息大楼是常州楼,是常州把它建起来的;学校的行政办公大楼是扬州楼,是扬州来帮我们建起来的。但是他们花钱不要多,每年来投2000万,学校给他们冠名。他们为什么能够给学校借钱?因为南大在他们那里都建了研究院,都有成果在那里转化,他们有这个积极性。所以社会服务是能够让学校得到利益的。企业跟我们合作,一条大道他投1000万,这条大道我给它起名,就是这个企业的名。现在我们有的楼还没有卖出去,我们每个楼都在卖,有的市里钱不多,比较穷,我说你就不要给学校建楼了,你就给学校捐绿化。他们就把自己的银杏树往南大运,所以我们现在新校区都是大树,人家都还以为我们是老校区。这个能够起到很好的作用,这就是说社会服务能够得到各个方面的支持。

学校的社会服务是一个重要的功能,而且"以服务求支持"这条路子还是很有效的。所以现在我们学校办一些事情都比较方便,各个地方都会支持,这同提高一个大学的社会服务能力也是相关的。

(以下是观众提问及回答)

提问1:大学是为国家服务的,后来到人才战略,经过多年实施取得很大的成效,特别是后来的学科建设,现在正在探索创新的人才培养模式、社会服务,这些也是我们学校困惑、思考和在探索的问题。我们是人文社科类,以经济学、管理学、法学为主,学科建设现在处在初级阶段,现在仅仅是完成了硕士点布局,一级学科、二级学科,博士单位我们河南省很少。现在改变规则以后,我们省里头也是自己要定几个博士培养单位,我们现在正在争取进入这个培养单位。现在学科建设上,我们更名合并以后,"大学发展论坛"也进行了几期,激发了很多好的思考。我分管的是学科建设和国际合作工作,我们最近也在按照学校统一安排,按照校长提的要求在考虑学科建设规划,现在感觉有两个问题比较困惑:一个是资源制约,像我们现在的情况,因为硬件正在建,新校区正在建,现在环境、场所就是一个很大的制约。另外一个就是投入,现在省里面对于学科建设方面投入,人文社科资金较少。所以在规划当中,我们现在在做思考。我想问,就是在学科建设的长期规划当中,在南大发展过程中有什么好的经验我们能够吸取、借鉴,或者有些什么成功的做法我们可以学习。

洪银兴:我觉得人文社科类学校的发展,其实有的时候和理工科比较,最大的问题就是显示出的成果可能是特别重要,但是它又不像理科那样容易显示出来。这是很大的一个问题。理科有国家的几大奖,而且,国家对理科的投入相对要好一点。我们努力争取一个国家的什么大奖,能够反映出来。而人文社会科学就不行,所以我们也是苦过来的,这方面我跟你们有同样的体会。我1980年进南京大学读政治经济学研究生,到1982年毕业的时候,南京大学政治经济学还没有硕士点,我的硕士学位还是在上海社科院申请的。我们南大经济学的起步要比许多大学都晚,当时像人大、南开、武大、厦大、复旦这些学校的经济学都比较老,我们是新起步的,我出来时候连硕士点都没有,后来我到人民大学去读博士。1987年回南大,当时要做多少事情啊?一个是要争取硕士点,一个是要争取博士点。我现在经常跟学校的年青一代人讲,要回想起当时我们去争取硕士点的情况,那真是要掉眼泪的事情。一要拜访一些老权威,都要去拜访他们啊!二是自己内部还要把学科搞上去。我们到1988年才拿到政治经济学的硕士点,到1999年才拿到政治经济学的博士点。现在我们理论经济学已经排到全国前五,把前面好多学校都甩过去了。所以我们那几年是非常艰苦的,一是要争取更多的国家项目,二是要在重要刊物上发表论文。有一段时间,全国高校总结,南大在《经济研究》上面发表论文的数量是最多的。

两方面,第一个拿国家大项目,第二个重要刊物上发表论文,这是我们下决心做的。所以我们一切政策都往这方面倾斜,你拿到国家项目,学校给你1∶1配套;你拿一个《经济研究》论文回来,学校给你2万块钱。当然现在没有了,全部取消了,但那个时候是要给的,这都是围绕非常明确的奋斗目标去做的。然后是一些学术会议,重要的学术会议拿到南大来开,这个钱我们出,让大家都能认识到南大的情况。我们教师只要你能够参加重要学术会议,拿出论文来,学校给你钱,给你报销,你拿不出论文,我不给你报销。一定要目标明确,这是我们的一条措施。

第二条措施就是集中力量。什么意思呢?我们有搞国家贸易的,也有搞国际金融的,也有搞政治经济学的,有搞产业经济的,这个时候要统一协调好。我为了拿回来政治经济学的点,你们所有国际贸易、国际金融专业的人,这个时候全部围绕这个点来报。你今天也要报国际贸易、国际金融,不行!全部围绕一个点,先把这个点突破了,所以我们把理论经济学这个先拿下来。拿下来以后,这支力量再回过头来,集中起来再去搞应用经济学,再把应用经济学点拿回来。一定要集中力量,不能分散,因为现在我们的老师有的时候都想着把自己的学科放在前面,都想着把自己的名字放在前面,这是要影响到整个学科建设的。有的时候该牺牲还要牺牲,实际上当你一拿回来以后,大家都能享受到,这是公共财产,一定要把这个思想搞清楚。南大经济学科原来并不强,1998年才开始建设经济系,在全国是最晚的一批经济系,但是我们现在能够牢牢排在前五这个位置上,靠的是什么?靠的是大家齐心合力,共同努力,集中攻关,集中突破,突破一个点以后,再把这支力量抽回来,去争取另外一个点。在我看来,咬住学科建设不放松,不管它风吹雨打,一定要咬住它,总有突破之日。这是我得出来的一个结论,也是一个经验,我就提这么一个建议。

提问2:洪教授,你所执政、执教的学校是百年名校,您刚才介绍了南京大学成功的办学经验,我们也了解到作为一个百年名校,这么多年,你们在大学办学上,重点抓了哪一些办学的策略、战略。听了您刚才的介绍,确实受益匪浅。我感觉收获特别大的几点:一是,你们能够根据南京大学发展的不同阶段,来找不同阶段发展的支撑点、生长点和突破点,并且取得了非常成功的经验;二是你们办学的目标和思路界定得非常科学。我们现在了解到你们分两步走,到2012年要建好高水平的大学,一流的大学,到2022年你们要进入世界一流大学。特别是在办学理念上,以人才培养为根本,理念界定得非常清楚。过去提的以教学、科研为中心,现在以人才培养为中心、为根本,再一个以学科建设为龙头,以队伍建设为关键,我特别了解到你们2000个教师当中,有院士30多位,有国家杰青基金获得者80多位,还有60多位长江学者,你说你们靠这个事业、靠学科的平台来留住人才,这一点确实不容易。你们的人才没有流失,并且还能引进那么多人才,我就想问一下,在南京大学,留住这些顶尖的人才,待遇方面你刚才讲的并不高,最高的12万元,长江学者也就是10万元,那么和一般老师、教职工之间有多大的差别?到底是靠什么精神支柱来留住这么多人才的?

洪银兴:在这里我可以把我们的家底公开一下,学校岗位津贴最高5万,还有4万、3万、2万、1万元,最低的是3000元,这是一年的岗位津贴,不是每个月的收入。我现在正准备要做的事情是从明年1月份开始,学校砸锅卖铁还要给大家再增加30%,也就是5万元的变成6.5万元了。现在在全国我们跟其他大学的差距还是比较大的,所以要讲我们的最低差距,我们的教授最高的是5万元,除工资以外的岗位津贴,长江学者目前是10万元,院士是12万元,就这么一个标准。当然,各个学院还有差别,它有创收,文科和理科有区别,文科它可以办班,理科有科研经费,科研经费提成,这个都没有算进来,总之差别比较大。比如商学院分红水平很高,因为商学院可以办班,办的班很多,有EMBA、MBA,还有各种总裁班,EMBA收一个学生28万元,每年招收100多个学生,收入就有了,像我们商学院基本上一年的收入在一个亿。南大以前是给政策的,现在不给了。早期学校给政策让他们搞承包。所谓承包的概念是什么呢?你们赚的钱学校不收,学校也不给你们钱,这叫承包。结果呢?他们赚了,学校给他们的钱不会太多啊,但是他们赚的钱多啊!这就使他们的收入一直比较高。我来郑州的时候商学院院长来找我,他们自己的一个普通工人年底的奖金就可以拿到4万多元,最高的可以拿到20多万元,这个奖金是4万元到20多万元之间的差别。我的思想是什么？商学院的收入不能跟全校比，它要跟其他大学的商学院比，如果南大商学院的收入比其他商学院的收入低，南大这个商学院就不做。但是你不能说，商学院拿那么多钱，数学系、哲学系也要拿那么多钱！这个学校拿不出来，这是一个差别。

主持人：美国的大学也是这样，商学院、医学院同样的教授，工资就要高很多。

洪银兴：对。所以我们收入差别就是这么一个情况。但是我们从学校的层面要有一个统一的认识，学校层面对人才设置有各种基金，有针对年轻教师的，35岁以下的青年骨干培养基金。这个也不多，学校拿出来，一年也就是拿8000元钱给他，但是他要评，评上以后，一年给他8000元，到35岁以后停掉。接下来，学校有一个叫学科带头人培养基金，这个是从35岁开始，一直到50岁。对这一批人的目标是培养他们成为杰出青年基金获得者和长江学者。这里面分A类和B类，A类基金是要让他们有条件出国，出国以后的经费由学校来支付；B类是在国内培养的经费。这是第二类，都是额外的培养经费。第三我们叫学科经营基金。目标是培养院士的，50岁以上这批人，我们也要给钱的，让他们有足够的经费去冲刺院士。学校每一个层次，都会拿出一个培养计划。年轻人不要高，一年给他8000元钱，收入提高一些；中间冲刺长江学者的教师，学校给他一笔经费，这笔经费比较大，他们有可能要出国培养，都在这里面支付。这也是学校在队伍建设上要花的，肯舍本的。

主持人：非常感谢！我有一个问题，中国特殊的政治背景影响中国的大学制度。比较普遍的是大学的内部管理行政化倾向比较突出，尤其是地方高校。你们"985工程"学校好一些，地方院校比较突出一些。在规范行政权，扩大学术权利这一块，南大有什么好的做法？

洪银兴：前一段时间说"去行政化"，对此我是持批评态度的。我认为把"去行政化"称为"去行政级别"这个说法是有误的。虽然我是副部级，但我什么待遇都没有享受到，如果我到省里面当副省长，会有好多的待遇。但是我这个副部级管用的是什么地方？我要找省委书记、找省长他随时要接待我，对不对？我们高校开会的时候，我要排在省委书记前面去，这个时候哪个部门都不能欺负我们南大，就这个有用，其他的没有什么。

现在如果没有这一条，高校的地位很难提高。你要找一个财政厅长，你怎么去找？我现在要找他，一个电话他马上跟我谈，就因为你有这个级别。你要是把这个级别取消掉了，我说中国的大学是很难办的。我是直接批评他们搞什么"去行政化"，但是有没有去行政化的问题？有！就是在学校内部我们不要考虑，在学校内部还是学术为主。我掌握了几条。一是在高校里面，优秀的学者不要让他担任行政职务，尽可能地让他在学术上发展。二是学校成立一系列的学术性委员会。这些学术性的委员会，除了分管校长之外，其他校领导都不要参加，让更多的教授来参加。学术委员会由分管科研的副校长任学术委员会主任，教学委员会由分管教学的校长任教学委员会主任，成员基本上都是教授。学位委员会里面，校长、书记两个人进去，其他校领导就不要再进去了，在这个学位委员会里面我们也只有一票，一切由大家投票决定。在学校里面还要强调充分发挥学者的作用，就是专家治学，不叫专家治校。因为我们自己也是专家，对不对？也不能说把我们去掉啊！我们去掉也不对啊！所以，有的地方搞得太绝对化，说"校领导一概不参加委员会"，这个也不对！学术委员会干什么总要放入学校的一盘棋里面，但是在这里面我也只是一票啊！不能绝对化。大家都是教授，为什么不能参加一些讨论呢？问题是行政负责人都在委员会里面,这个不行。所以我觉得在学校内部,更多地要发挥专家学者的作用。

再一个就是内部的党委领导下的校长负责制,现在一直在讨论这个问题。我每次开会都是讨论这个问题,原因就是校长、书记有矛盾,要讨论这个问题分分哪个有什么权。我的看法,我们学校的内部体制是这样的,常委会讨论干部问题。重大的体制决策问题,跟学校的办学方向相关的,在常委会上讨论。另外一个是党政联席会,我们没有单独的校长办公会,行政活动在党政联席会上决定。我和校长的分工,常委会我主持,党政联席会他主持,大家一起讨论问题就行了。现在还有一个叫校长专题办公会,就是专门讨论教学问题的,由校长主持。专题办公会讨论作出决定的要拿到联席会议上通过一下,免得在联席会议上再去讨论这些问题。我和校长两个团结得非常好啊,常委会我不在,我也不要副书记主持常委会,校长主持常委会、党政联席会。校长不在,我来主持。学校内部关键是一个党政团结,南大之所以有今天的成就,主要是我们党政团结,几十年一直很团结。复旦的书记、校长一直打架,打到现在还在打,换了几届还在打。我们学校里面,以前也有一个教训,匡亚明同志当校长的时候和书记闹矛盾打了好几年,一直打到中央。后来,曲校长上台以后和前任的书记在一起就配合得很好,一直到现在,都配合得很好。学校什么事情,大家商量着办,没有办理不好的事情,内部管理体制说出来就这个问题。

主持人:内部的中层干部,比如说系主任,或者学院的院长、书记,如果到期以后,他不干了,他是不是就自然地不是处级干部了。

洪银兴:院长、系主任本来就是教授、博导,他的待遇并不比处长低啊!我们叫他不当院长、系主任,他还要感谢我!他可以安安心心做他的学问去了。院长、系主任就是给大家服务的。他发现耽误了他很多年,所以有的时候把院长、系主任换下来他还要感谢,让他安安心心做他的学问,他可以去当某一个学科的带头人。他发现当学科带头人比当院长、系主任要自在得多,当院长、系主任整天挨骂,整天还要上班,很难过,有的自己就要求下来了,有些我们挽留他。

提问 3:你刚才讲到学生的学风很好。这是学校很重要的一个事情,我想问这样一个问题,就是南京大学学风很好是怎么形成的?党委在这件事上怎样去起作用?

洪银兴:一个它是一个传统,学风好是一届一届留下来的。一个学校有一个好传统太重要了。再一个大部分学生进来以后有明确的奋斗目标:一部分想出国,一部分想考研。这两部分人是会影响大家的,想出国的学生要考托福啊!考 GRE 啊!还有一个学校对学生的评价,当然我们有政治要求,但是主要是按照成绩来的。这个时候我一直强调,学校对学生的管理必须体现教育公平,辅导员和做学生工作的相关同志一定要有这一条,不能因为哪方面原因搞特殊化。在分数方面,哪怕排到小数点以后几位,都要分出一个次序来。学生要得到奖学金,要得到其他的一些评价,成绩是一个硬指标。有很多指挥棒跟着学生,大家要把精力放在学生的审核上面。

还有一个就是活跃学校的学术空气问题。从学校一级到各个部门、各个院系都要专门安排经费来解决学术讲座的问题,几乎每一个晚上都会有几场讲座同时进行,这个也是很重要的。

我认为,一个学校一定要理科、文理科在一起啊,理科能够带动文科。文科的特点是能够把学校活跃,理科的特点是能够带动大家做学问,因为理科的任务比文科的重,他们总是要计算、作业、实验,这样一来,它能够把一个学校的空气带上去。文科中,一些活动非常活跃,文理在一起,就可以互相影响。实际上我们还是理科为主,理科的学生一多,书呆子就多。因为理科学生整天都要在实验室,要发表自己的论文,我们的学生都有发表论文的要求,在校期间发表几篇论文才能给你学位,这是都会起作用的。所以单纯靠教育他们安心学习是做不到的,可能有些专业特点在那里。

主持人:今天您围绕着高校的三大职能科学研究、人才培养、社会服务这个主线,确实讲得很有层次、很有特色。今天听了洪教授的报告,确实体味到了南大的内涵,也见识了大师的风采,很受启发。南大在国内排名一直都是在前五,我们一直都崇尚南大的校风,您没有来讲之前,我们平常也很关注。

洪银兴:南大教师经常翻院墙,因为实验室结束以后,小区门都关闭了,这成为南大的趋势,经常翻院墙回去。

提问4:就是在现在这个比较浮躁的社会环境下,南大的教师潜心治学,学生能安心学习,做到这个非常不容易。这对我们刚刚合并的这么一所地方性大学确实很有引领的意义。刚才洪书记讲了"学科建设是龙头,队伍建设是关键",你讲了师资队伍建设的一些做法,我们还很想听听南大管理队伍,也就是干部队伍建设的一些特色和做法,因为要提高学校内部的管理水平,管理队伍非常关键,而且现在社会上尤其是地方高校"教而优则仕"这么一种情况比较普遍。在南大师资队伍建设上,你有学科品牌可以留住人才。一般留住人才是待遇留人、事业留人,你对师资队伍,对专业技术人员有学科品牌,那么,我想听听南大管理队伍这一块的一些特色和好的做法。

洪银兴:我当书记以后,曾经在大会上讲了一个问题,我要为各类人才提供发展的空间和发展的阶梯。一个学校不仅仅是师资队伍,还有管理队伍、后勤队伍,都要给他们一种发展的空间,都要给他们提供一种发展的阶梯,这个是我们要努力的。当然这方面还不够,但是我觉得每一类队伍都要有一个奔头。特别是在行政队伍里面干了很多年,但是位置就那么多,不可能当了处长都来当校领导,开始我还做了一些事情,多搞几个校长助理,结果有人还写信写到中组部,说南大一个学校里面还搞了七八个校长助理,太多了!害得我也不敢了,本来想多搞几个校长助理,当当校长助理也可以啊!但是,南大的环境终究不允许我这么做,所以我们现在校长助理也是控制在四五个。

另外我们在管理队伍中搞了个正处级和副处级,两年评一次,你们可能也有。可能他还是在副处长的岗位上,但是他的工作表现等等我们很认可,给他提个正处级,但不是正处长。正处长,可能给他一个长贴,正处级就没有长贴,但是他有这个级别。对于副处长,又搞了一个副处级,这样就是给一些年制比较长一点,工作又好的,经过评审以后,上不了正处长的、副处长的,可以拿到这样一个级,这样也是给他提供一个空间。

还有一个我们搞了调研员制度。就是说退休前两年,不管是谁,自然产生调研员。这样就可以早点把一些年轻人往上提。副处长到了54岁或者55岁必须下,自动转为调研员。正处长60岁退休,女同志55岁,退休前两年自然转,这是强制性的,不需要再讨论了。转成调研员后,仍保留他的原有待遇,仍然在所在的处工作,但是他已经不再是正处长、副处长,让新的正处长、副处长上来。这样干部就能够及时地调整,这是我们处级干部上面的一些做法。

另外一个就是打通处长和院系领导之间的通道。一方面,处长或者副处长干了一段时间之后到学院里面当书记去;另一方面,学院里面的书记调整当处长,这可以打通他们交流的通道,不要让他们永远在一个岗位上。

再一个,我们也正在做一些让有学术地位的人来担任行政的处长、副处长的工作,他不是一定要在行政岗位上,而且到年龄就回去当他的教授,当他的博导,这个也比较正常。

学校里面，实事求是地讲，喜欢出来当处长、副处长的人太少了，他是喜欢在学院里面当一个教授，当一个博导。有时候我们看中的一个人，请他出来当处长要费很大的劲。他们都不愿意出来当，他们愿意在系里面当教授、博导，收入还高。当处长、副处长等，在学校里面只能拿到平均水平的工资，所以一般到学校里面收入都降低。就说我吧，在学院里面我可能会拿二三十万年薪，但是我到学校了，最高的岗位津贴也就是5万元，好多课就轮不到我上了，所以我现在变成商学院的扶贫对象。因此学校里面政策很关键，一方面需要行政人员来干事情，另一方面还要能够形成一种学术至上的风气和氛围，许多工作就比较好做，但是这也要配套。像现在地方政府不是要公开招聘一些厅级官员等，有的时候政策上也有问题。比如要招厅级的，必须要达到副校级才能到正厅级，当副厅级必须到正处才行。那我现在碰到的问题是：我现在是教授，算什么级？最近最明显的就是，我校刘志彪，经济学院院长，我们推荐他当江苏省社科院院长，社科院院长是正厅，他当经济学院院长是正处，跳了一级。省里面也通过了，我们也推荐上去了，考核也过了，跳级要经过中组部的批准，这个时候中组部来一个文件说"他是正处，只能当社科院副院长，不能当正院长"。后来我一气之下写了一封信给李源潮同志，我说你不是要"去行政化"吗？"去行政化"我就要做到把优秀的教师放在教学岗位上，现在要提拔干部的时候，又强调行政级别，这个时候"去行政化"是相反的，不利于高校把优秀的人才放在教学第一线。结果他看到我的信的时候立即批示把那个文件收回，马上任命我们的刘教授。这开了一个头，作用大了。后来我就跟省长说，行政管理干部解决了，我们的正教授还不如你们的正处长，应该比他还要高。后来省里面又招聘副厅级干部，我们所有的正教授都有权利申报，现在省里面这批正教授可以作为正处长来看待。所以对行政的方面，我觉得应该要逐步真正在高校里面形成学术至上这样一种氛围,什么事都好干。所以我们的行政管理干部怎么做好为教学科研服务?我就强调这个处长不是官,你们是搞服务的。所以我每年都要搞一次机关作风的考评,机关作风考评就是让教授来投票,机关做得好不好?如果教授认为你不合适了,那就调整。

第三章 中西文化模式及大学理念

中央编译局局长　衣俊卿

很高兴来到河南财经政法大学,也非常感谢李校长的盛情邀请。其实来到高校,非常亲切,因为到现在为止我也没有脱离开高校。1982年1月份从北大毕业以后就到黑龙江大学,从助教开始做起,一直到现在,我还在黑龙江大学带博士研究生,也一直住在校园。虽然到省委工作几年,去年到中共中央编译局工作,但总体上一直在教育战线。因为李校长说我们现在两校合并以后,正在搞教育思想观念讨论,我学术研究领域很重要一部分是研究文化哲学,所以我说那就做一个关于文化方面的讲座吧。通过文化也要讲到教育,所以我今天来给大家汇报一下一些想法,讲得不好请大家批评指正。

首先说一下讲座背景,我在北京大学是学哲学出身的,这些年应该说一直在从事马克思主义理论研究,尤其是国外资本主义研究。但这其中很重要的是研究文化哲学,像《文化哲学》,是教育部推荐的研究生教学用书,云南人民出版社2005年出的,这是我的一本著作。像北大那本《文化哲学十五讲》,介绍了我对文化哲学的一般看法。像《二十世纪新马克思主义》、《二十世纪文化批判》,尤其是《西方马克思主义概论》,这都是属于国外资本主义研究领域的一些内容,它主要是20世纪西方的一些马克思主义对发达工业社会条件下的一些文化危机的批判。《西方马克思主义概论》这本书是教育部指定的、高校现在使用的本科教材。

另外我还从文化哲学的角度研究了中国的现代化进程,后面会谈到,就是中国在走向现代化的时候,文化模式方面有哪些转变。我研究的一个领域叫现代化与日常生活批判,从人们的日常生活世界来看中国的文化模式,它在经历着什么样的冲击?什么样的转变?所以,我想给大家讲的内容主要是在文化哲学这个领域。但是因为我跟高校的感情太深了,从1996年开始,做了2年副校长,到1998年开始做校长,做了9年,应该说感情太深了。我到省委工作以后,我把这十几年大学当校长的一些论文和一些认为比较好的访谈,出了一本书,叫《大学使命与文化启蒙》,谈的也都是对教育本质的理解,尤其我们高等学校,最重要的是文化启蒙。

在这方面,我于2007年专门在《中国高等教育》发表了一篇"大学与文化",主要是关于大学本质和功能的文化哲学思考。所考虑的一个问题就是中国的高等教育在某种意义上,有一些工具化的特点。那么要想真正回归高等教育的本质,应该是文化的一种建设,所以我在黑龙江大学当校长期间,把一个广泛流行的词做了修改,在黑龙江大学,我们要建设的不是校园文化,而是文化校园。因为说到校园文化,在中国那种工具化的教学模式中,人们往往认为,比如说课堂的教学等,都不是文化,不是素质教育,我们搞点文体生活,这是校园文化,是活跃校园文化生活。我认为高校的文化如果仅停留在这里远远不够,高校从第一课堂到第二课堂,都应该是文化建设,所以是文化校园,全方位育人的文化校园。

这里我要说一句,高校跟文化是有不解之缘的,大学本身就是个文化的载体,所以一种教育模式背后一定体现一种文化精神,那么反过来,高等教育也能拉动我们的经济社会发展。现在教育经济学的研究,大家经常说的一个概念我不是很赞同,我们各级领导常说要看一看我们有多大的经济发展实力,能够支撑多大的高等教育。我觉得这个有道理，但是从国际发展趋势来看，在创新时代，应该反过来说。美国的每一个时代，比如说"登月时代"等，从国际范围内，他们的科技创新落后的时候，他们首先检讨的是高等教育是否出了问题，他们不去讲经济政治体制。所以在美国有一句名言："先有哈佛，后有美利坚。"从11世纪末，或者12世纪初，11世纪末波洛尼亚大学，到12世纪的巴黎大学等，大学本身就是一个文化的引领。所以现在随着教育的发展，规模的扩大，有的时候我们可能忽略了这个本质，教育开始走向一种工具化。现在我们这个讲座就是想看一看东西方，中国和西方的文化是怎么走过来的、各有什么特点、这些特点是怎么在深层影响着我们的教育。

我今天讲4个问题：第一，文化与文化模式；第二，西方文化模式的演变分析；第三，中国文化模式的特征分析；第四，文化模式对社会运行的深层影响。

一、文化与文化模式

事实上，文化在人类生活中可能是出现几率最高的，特别是在文化大发展、大繁荣时代，我们每一个人都在跟文化打交道，吃的文化、喝的文化、消费的文化，等等。但实际上当你静下心来反思一下，什么是文化？其实很少有人，包括一些学者都说不太清楚。今天因为不是概念探讨，我就仅作为铺垫。我认为起码在三种意义上使用文化。一种叫做具体艺术形式和产品文化。大家一说文化都想到文学、舞台艺术、造型艺术、广播电视、影视作品、网络动漫，等等，大家认为这都是文化。的确，它们是文化的一个具体载体，所以叫做具体形式和产品的文化。那么上升一个层次，我们平时说要文化大发展、大繁荣，提升文化软实力，这是指向什么？指向精神形态和观念形态的文化。我们社会有什么样的主导价值呢？文化心理是什么呢？有什么样伟大的精神来支撑这个社会的发展？我们讲到的价值观、社会主义核心价值体系等，都是在精神形态和观念形态层面上说的文化。

　　文化不仅仅局限上述两个层面，第三个层面，就是深层还有一种东西，作为一个民族的基本的生存方式和社会经济政治各领域内在的、制约一个驱动力的文化。就是说文化的影响不完全是通过艺术等形态，也不是每天所说的价值观，而是深层的一种文化模式，实际上已经在发生作用，只是我们没有反思。比如中国人，当我们说到一个问题、一个概念的时候，对同一个问题的应答就不一样。比如说文化也在变，我们年纪大一点的人会记得，中国在20世纪六七十年代的时候，如果一个人见一个女性，说你真漂亮，这个人肯定是流氓，这个背后有一种文化在支撑。而在西方，见到女孩子说你真漂亮，她非常高兴。我们今天观念也转变了，女孩子大家一见都喊"美女"，都是这种概念了，已经没有别的概念了。实际上，它背后就是一种文化。一个民族，它是争着创新超越还是大家守于现状，都是一种文化，在经济、政治、社会各个领域都是文化。经济到底是按照理性化的，还是按照人性化的组织一个家族企业，都是一种文化。所以在这种意义上，我们把它叫做文化模式。

　　所谓文化模式，就是不同的民族，除了我们知道的政治经济制度，背后影响它的一定有一种主导性的文化模式，叫文化类型，或者叫文化样态等。这个最难说清楚，因为它不是摆在那儿，如果今天给大家谈文学，谈茅盾文学奖，能说清楚，但这是一种深层要挖掘出来的东西。我要讲的文化是这个层次。

　　谁最先提出这个概念？是本尼·迪克特，美国的人类学家，她是20世纪最伟大的、了不起的女性文化学家、人类学家。她有两本书都译成了中文，一本叫《文化模式》，一本叫《菊花与刀》。她在这两本书中最先开始说文化不仅仅是琐碎的东西，文化是一种模式,要影响一个民族的各个方面。那么下面我就简要说一下她是怎么提出这个问题的。作为人类学家,她考察细小的民族心理,她考察了美国的印第安人。古希腊有一种概念叫酒神精神和日神精神,大家知道日神阿波罗,代表沉寂、理性,而酒神文化代表狂放不羁。通过对印第安人的研究和调查,她发现印第安人总体上都属于酒神精神,因为他们平时并不那么理性。对印第安人还有区分。一种叫俄尼索斯人,是典型的酒神精神代表,他们迷狂、狂想、冲动、进攻、放荡不羁,到一个场合,大家马上都奔放起来。一个部落叫普韦布洛人,这个部落相对就非常节制、中庸、冷静、温和、谦虚,叫日神精神。除了酒神和日神,还有一种叫偏执狂,还不是一般的俄尼索斯人酒神的这种狂放不羁,他们背信弃义,互相猜疑、残忍,无法无天,等等,她开始用文化模式来探讨不同的民族。

《菊花与刀》专门对日本这个民族进行文化模式分析,这个分析很有价值,不是一个纯学术的分析。二战结束以后,比如像德国战败以后,美国政府知道,西方的文化比较接近,他们知道怎么统治德国。日本是他们从来没打过交道的一个东方国家,应该怎样来治理这个国家,他们不清楚。这个时候,他们就特别请了本尼·迪克特来论证日本人是什么样的文化心理。那时候她去不了日本,就在美国查了很多文献,走访了很多日本人,包括孩子,最后她总结出来日本的文化模式,跟西方的文化模式不一样。她认为西方的、欧洲的文化是一种罪恶感的文化,叫罪感文化,日本文化是耻辱感文化。什么叫罪恶感文化? 在欧洲,基督教影响特别大,做一件事情是对是错,一旦错了就要忏悔。谁都没看见他们犯的错,他们相信有上帝在那儿看着,所以他们要忏悔,讲自律,讲理性,讲反思,是罪恶感文化。德国政府每年都要就二战来道歉。有一个波兰老太太,她说每年都收到德国政府的一个大箱子,里面有一封忏悔书,说当年战争给你带来了多少多少伤害。日本是另一种耻辱感文化。亚洲人比较讲面子、爱面子,不管这个事情对与错,是丢人还是不丢人。日本人的有些事情给人感觉,他们做错了事情,如果谁都没发现,占便宜了,偷着乐;要被人发现了,活不了了,丢人啊!所以日本是这么一种文化。这种文化有其外在的东西,日本人总是在自我辩解,总是狡辩。这次核辐射,本来大家都很同情日本,但他们就不说实话。在二战的问题上,日本从来不忏悔、不承认。"东京审判"的时候,问东条:"以后有条件,你还要再发动战争吗?""我还要发动。""为什么要占领东北?""东北是我们兄弟,我们兄弟受苦,我们去拉一把,不该吗?"就是这种观念。

所以,美国政府分析日本既然是一个耻感文化、爱面子这么一个民族,最重要的是要给足他们面子,他们就会死心塌地跟着走。果然是这样,怎么给的面子?保留天皇,对天皇足够的尊重。结果战争刚刚结束,原子弹的硝烟还没散去的时候,日本人已经在夹道欢迎美国人。这是本尼·迪克特做的一个很典型的分析。

斯宾格勒有一本书,叫《西方的没落》,这本书使他成为20世纪一个大思想家。他说人类的文明有八大形态,埃及、巴比伦、印度、中国,古典主要是指希腊,然后是阿拉伯,还有墨西哥的玛雅文化,最后一个是西方文化,就是现代西方的文化。为什么叫西方的没落?大家认为他可能是批判西方的,其实不是,他说一种文化,一种文明,就像一个有机体一样,一定会经历它的春夏秋冬,会有生长:诞生,然后成长、繁荣,最后走向衰亡。他认为其他七种文明从精神上都已经衰败了,死亡了,只有西方文明还健在,但是它已经开始走入没落。他是针对第一次世界大战那种情况写的,所以在世界上影响很大。

如果按照文化模式区分,东西方的文化还有很多不同:印度既属于东方,又不完全等同于中国的文化模式;东方文化也有中国的模式和印度的文化模式,既有相近,又有不相近的地方。我们现在笼统地讲中国和西方的差别,讲一些很多人关心的观点。雅斯·贝尔斯,也是德国的一个思想家、哲学家、历史学家,他最重要的一本书是《历史的起源和目标》,还有《时代的精神状况》。他说人类文明大概有一个轴心期,这个轴心期在公元前500年左右。大家知道公元前500年左右是中国的先秦时期,西方的古希腊文明正发达的时候,再加上印度。从公元前800年到公元前200年,这个时期叫世界历史的轴心时期,轴心时期中间点是公元前500年。为什么这个时期是世界历史的轴心期?精神。他认为人类文明的精神开始,同时在中国、印度、西方三个互相不知晓的地方发展起来,中国当时孔子、老子、先秦诸子百家,然后印度佛陀创立佛教,包括伊朗的先知,巴勒斯坦那个时候有伊利亚、以赛亚、耶利米,大家读《圣经》都知道。然后还有希腊,从荷马、巴勒尼德、赫拉克里特、柏拉图,到阿基米德,当然后来还有亚里士多德;等等。他认为那个时候人类交往不多,彼此隔绝,但是同时都精神觉醒。这个精神很重要,直到今天,人类每一个时期发展到发展不动的时候,一定经常回到那个精神原点去思考。西方文艺复兴讲的是什么?为什么本来是文化创新,怎么又叫复兴呢?复兴古典文化、希腊文化,它从那儿获取精神力量。中国也经常回忆先秦,现在讲老子、庄子、孔子等。大概认为人类精神到现在的水平、繁荣程度上,也没有完全超出那个范围。人类精神上的发展,他比喻成"腰鼓现象",腰鼓是哪种腰鼓?是朝鲜那种腰鼓,中间很细,两头很大,他认为这种腰鼓一端是先秦,就是公元前轴心时期,那个时候文化特别发达,各个民族都发达。中间很长时间也有精神,但是创造力不那么大。一直到了近代,科技文化产生以后,人类文化才重新再崛起。他认为虽然人类文化、世界历史的轴心时期是在那个时候,公元前500年开始的,但是东西方文化的特点是不一样的。西方文化的特点是什么?西方文化的历史特点是飞越和突破,不断飞越、不断突破,总是超越,西方文化的历史呈现不断再生和分裂的外貌。比较起来,中国和印度尽管也发生运动,但却给人一种统一的印象。中国和印度总是在延续他们自己的过去式生活,相对安于现状,而西方文化总往前。这是雅斯·贝尔斯的观点。

梁漱溟,是我们中国人,他有本书影响特别大,叫《东西文化及其哲学》。他认为文化有点像西方的学者,文化就是生活之样法。就是你为什么那么活着?他为什么那么活着?其实内在的有一种东西。我们经常与西方人交流,有些隔阂的东西,既有政治经济原因,也有文化差异理解的原因。他认为世界上有三种主要的文化路相,西方文化是意欲向前要求为其根本精神,总想超越现存的东西。中国文化是意欲自为、调和持中为其根本精神,中庸之道,中国人的习惯是最好什么也不变,能安安稳稳。印度是意欲反身向后要求,所以印度的文化讲虚,讲无,不是没有,是无。所以印度总是精神生活很发达,向后反思,而中国是持中,所以他认为这个文化是不一样的。

我们概括起来东方和西方文化差异点在哪里呢?大概东方的文化更偏重于经验和人情。比如说习惯按照经验、习俗、常识行事,比较注重人情礼俗,比较注重群体,比较注重血缘和人情关系。而西方文化随着科技发展,更多地注重理性、契约、个性、自由、创造性、批判精神,等等。不是绝对的,大概是这么一个特征。在这里不是说哪种文化好哪种文化不好,每一种文化都会影响这个社会各个方面。文化在今天已经不存在截然不同的理性文化和经验文化,它会越来越相互交融,但基本特征是这么区分的。所以我讲完第一个问题,通过文化的讨论,引出文化模式,引出东西方文化的差异。

二、西方文化模式的演变分析

在座的各位很多是研究人文社科的，对历史比较了解，这里我还想说一下，西方为什么能演变成以科技发展为背景的理性文化？实际上确实同古希腊的开端有关系，就是说西方文化的产生，它跟西方的哲学和科学发展是密切相关的，而西方的哲学和科学是相互影响的。中国的主导性文化，更多的不是靠哲学科学来规范，是靠实践、智慧来规范，我们把人际关系、实践、智慧给升华了。大家知道，西方文化的源头是古希腊，像雪莱、瓦尔德这些诗人都常说，他们精神上都是希腊的后代。要想说希腊的理性文化模式是怎么确定的，首先要说古希腊的哲学和科学，而古希腊的哲学和科学是不分开的，不像今天有人从事人文科学，有人从事自然科学，古希腊时期的科学主要在数学、天文、地理这些领域。这些领域的科学家往往就是哲学家，理性的科学就是哲学，它主要靠沉思，不像今天，要搞一些工具性的，一些技术实验。为什么要沉思？是沉思人的自由，世界是怎么样，人是怎么样的。

柏拉图是哲学家，他的门上有一行字，叫"不懂几何学的人不要进来"。几何学在我们今天看来，是工具。但是在古希腊，几何学是一种精神的创造。古希腊的时候，科学是非功利的、沉思的，追求一些自由。比如第一个哲学家，也是第一个科学家，叫泰勒斯，是几何学的创始人。他到埃及测量土地。埃及所有的文明都在尼罗河，尼罗河的一个最大的特点，每年河水要泛滥，但正因为每年河水泛滥，才造就了两岸肥沃的土地。自从阿斯旺大坝一拦，再没有泛滥，所以埃及的农业不行了。埃及这次变化，在很大程度上是因为中国，我看了一个专家统计说，中国一年进口粮食才100亿斤，埃及要进口900亿斤粮食，因为他们不产粮了。埃及当时因为河水每年泛滥,河床每年改道,每年都要重新勘测,因此埃及的勘测术异常发达。埃及不是几何学的创始人,泰勒斯就是学这个的,学完回古希腊,还不是在古希腊去测量,发明几何,把那些具体的工具抽象成形式化的东西,变成几何学。他认为几何学才是追求人的精神的。

古希腊的晚期,阿基米德大家都知道,他不光能够沉思,还发现了杠杆原理。叙拉古原来是希腊的殖民地,后来当罗马人要占领的时候,阿基米德在那里守城,他可以用抛石机,然后用光学,反光镜聚光,照到那军舰上,把一些可燃的东西给燃烧了,所以人家感叹说一个军团打不过一个阿基米德。但是他对这种力量型的东西不感兴趣,他感兴趣的还是几何学、数学,在那儿推演。最后罗马人买通内奸,把城门打开,军队下令要保护一个人,就是阿基米德,这个人太重要了。但是军队杀红眼了,进到一个屋里看一个老头,在大沙盘上运算数学,画几何学,这个兵拿着枪进来,老头头也不抬地说:"哎,别踩了我的沙盘。"这士兵一刀捅死了阿基米德,古希腊人追求自由、追求理性追求到这种程度。

古希腊人重视形式,不重视物质。亚里士多德讲,这个世界是怎么构成的?他叫"四因说","四因"最后又归结为两个因,一个形式因,一个质料因。他举一个例子,质料是被动的,物质是被动的,到最下一个层次是纯粹的质料。我举一个例子大家就知道了,比如说泥土,泥土是质料,泥土烧成砖头,砖头就是形式,形式赋予这些质料生命,形式很重要。那么这个砖头,对房屋来说,砖头还是质料,房屋是个形式。不断地往上推,到最高是纯形式,纯形式就是精神性的东西。马克思也注重形式,认为只有形式才有创造力,才有理性精神创造力。马克思写博士论文写什么?原来古希腊有一个德谟克里特,讲古希腊原子论,他认为这个世界由原子和虚空组成的,原子是有重量的,虚空是不占空间的,因为有重量,是垂直向下运动。晚期有一个人叫伊壁鸠鲁,也宣传原子论,但他认为原子还能偏斜运动。马克思就研究这个问题,他说为什么能偏斜啊?说明它的形式,它活得有精神,理性精神最重要。所以他认为伊壁鸠鲁要比德谟克里特强。

古希腊很伟大,泰勒斯讲世界是由水构成的,阿那克西曼德叫无限者,赫拉克利特叫洛克斯,我们今天的逻辑是洛克斯。他说:"世界是什么?永恒燃烧的洛克斯。"背后有一种理性逻辑,然后到巴姆里德就是存在,然后到德谟克里特就讲原子,而苏格拉底说理念。这个世界和人都是由理性、精神来构成的。柏拉图叫理念论,说一个世界整个有一个理念,世界是最完美的,一个事物应该是这样,不应该是那样。苏格拉底讲精神接生术,他说每一个人实际上生来不是一块白板,都有这种理念,只是你出生的时候遗忘,所以后来的教育就是精神接生术。为了证明这个,苏格拉底专门找一个奴隶,这个奴隶一点没受过教育,苏格拉底就给他谈话,就是苏格拉底的辩证法,谈完之后他发现,他可以引导这个小奴隶自己陈述几何定理,所以他认为理念原来就存在于他脑子里,他现在是在运用精神接生术。

概括起来,希腊的科学哲学就是相信世界是一个合乎逻辑的理性结构,不是神秘的;而人是理性存在的。结论就是人可以通过自己的理性来把握世界的结构。到后来,这种精神再发展,人不单能够认识这个世界结构,还可以改变它。用什么去改变它?技术工具。所以当后面的技术工具一出场,这个问题就解决了。文艺复兴时期,又开始重视古希腊精神在各个领域的应用。大家知道,西方基本上都是在强调理性。比如说文艺复兴,复兴希腊理性主义,强调人的价值,强调理性,也强调感性。大家知道宗教改革,马丁·路德的价值。原来的基督教就是要人摆脱尘世生活,尘世生活妨碍人的灵魂,人们要到修道院修炼,等等。马丁·路德认为其实上帝是鼓励人们从事尘世的生活,搞经营活动成功了,上帝同样是嘉许你的。但是不能放纵物欲,要勤俭。所以西方叫新教伦理,基督教最后也同理性合流了,基督教通过宗教改革、基督教的世俗化来肯定理性的精神,然后最重要的就是自然科学开始发展。自然科学在各个领域与实验、技术结合起来,古希腊的理性精神很重要,不但可以认识世界理性结构,还可以总结出规律,用这个规律再创造出自然过程,工业就出现了。所以西方的精神是这么走的,通过英国的经验论,像培根、洛克、迪克尔这些人,怎么认识理性知识,就慢慢地把理性越来越普及了。

对生产我们可以用科学技术。到启蒙运动,法国大革命的时候,还有很重要的就是伏尔泰、孟德斯鸠精神,他们开发了理性的另外一个问题,就是社会的组织也要按照理性原则。原来的传统社会是部落、血缘,所以西方其实很不了解这个世界是多元的。比如说前不久攻打利比亚,利比亚不是西方的社会,是部落治理国家,然后西方要卡扎菲必须辞职,卡扎菲说,我不是总统,从来就叫领导人,没职可辞。西方要求必须解散国会,利比亚从来就没有国会,是部落联盟。所以,西方认为原始传统社会靠经验、靠血缘不行了,必须用理性,必须靠契约。西方人的契约思想,就是每一个人生下来都是自由的,都有百分之百不可侵犯的天赋权利,但要组成一个社会,如果每个人都百分之百地兼顾自己的权利,这个社会无法组织。这不是由某种力量决定的,是要通过讨论来决定每一个人都出让一些权利,通过契约、合同、讨论、规则,然后形成一个理性化的社会组织。所以说国家是社会的托管人。社会是靠民意通过契约来形成的国家统治,但是人们随时可以收回这个权利。这就是西方讲的整个现代社会,就是把理性引入社会各个方面。到康德、黑格尔,就认为所有的都是理性的,生产组织、社会组织,等等,普遍的全是理性。

当时有一位自然科学家、数学家拉布拉斯提出一个决定论,认为这个世界没有任何东西是偶然的,一切都是必然的。拉布拉斯设想,这个世界的决定性可以决定到任何一个方面,一个社会每一个人的任何一个方面。他设想有一个可以通晓古今的一种妖,如果你给出这个世界初始的几个条件,这个妖就可以推演出整个世界的过去、现代、未来,没有任何东西能够逃脱。把人类社会变成一个冷冰冰的畸形社会。所以现代的科学家经常讲动物是机器,拉美克里说,人也是各种零件组成的机器,这种理性观念越来越严重。

下面就分析一下理性文化。西方理性文化模式是有双重性的,我们叫做理性和技术的进步与修正,理性文化精神推动现代社会的飞速发展和巨大进步。在传统社会中,在先秦,汉唐,甚至到宋,在很长一段时间内,中国在世界上并不落后。到什么时候落后了?是在西方彻底理性化,现代科学技术、实验科学等发展的时候。由于理性、科学技术的发展,技术开始不断更新,生产加速发展,财富快速积累,所以这个时候人们就相信理性,相信技术万能,人控制自然的力量不断增长。到了20世纪,由于有了理性,人彻底改变了人和自然的关系,人不再是靠天吃饭,而是可以向大自然索取。后面我说的科学技术发展的毛病也在这儿,有时候索取过度。同时,这种理性化引入社会机制的时候,日益理性化的、高效率的社会制度和体系,通过社会契约,导致了很多进步,比如说经济运行的理性化。韦伯讲经济社会,进步是很重要的,讲得最多的就是快捷。原来的企业,一个小作坊,是靠天吃饭,不知道春天能生产多少,秋天能收多少。现在理性化引入以后,要计算投入多少原料,产出多少产品,然后能有多大的收效。每一个环节都靠计算,理性引入了,经济效率高了。

公共权力,既然按照契约,一定是民主化、契约化。强调民主和法治就是理性精神要求必然走民主、法治之路。所以理性文化精神,确实推动了人类社会的现代化,西方的近现代的加速发展同理性文化有密切的关系。理性文化模式,现在很多人研究叫现代性,它在20世纪也经历了很大的危机。随着征服自然的加剧,物质财富的增长,导致人们对技术理性的崇拜。西方在19世纪下半叶、20世纪初时说科学技术就是我们的救世主,可以在尘世建立起上帝的天堂。相信人类可以无限进步。这种进步影响特别大,包括马克思、恩格斯都没有摆脱这个。恩格斯最早写的《国民经济学大纲》,恩格斯批驳马尔萨斯的人口论,马尔萨斯认为人口增长远远超过土地增长能够提供的资源。恩格斯驳斥他,现在的地球才多少人?那时候10亿人左右吧,恩格斯认为其实科学技术发达了,这个土地再养活50亿人、60亿人,多少亿人都没有问题。那个时候人们都相信科学技术发展。但是到了20世纪大家看到,对于自然的过度征服导致生态破坏,能源的枯竭,自然生态的破坏,现在很多天灾,其实有的是人祸,对生态的破坏,对自然是不能有大的改变的。像尼罗河大坝的改变,它改变了自然环境,埃及政府也没办法,民愤很大,实际上人们的反抗情绪也很大。包括我们三峡大坝,争论多大,它今后会不会对整个生态有大的破坏,这个都很难说,而现代科学家论证到今天认为是没有问题的。大家都知道能源枯竭的问题,气候的问题,很多问题,修正科学技术不能过快发展。

人们相信普遍理性化,就高效率了,高效率人就解放了。现在人真正完全解放了吗?其实也没有。恩格斯和马克思就特别浪漫,他们写意识形态就认为,未来随着科学技术发展,整个生产都机械化、自动化了,人就解放了。马克思认为现代人分工太片面,当教授的只能当教授,当工人的只能当工人。如果都自动化了,未来共产主义社会,一个人可以上午打猎,下午打鱼,傍晚从事牧业、种地，晚上从事批判。批判就是高级理性思考。这样一个人就成了猎人、渔夫、牧民、农夫，还是一个自由的人，真是非常美好。但是现实中不是这样，现在科学技术越发展，人越片面。最典型的就是工业初期，从电影卓别林的《摩登时代》可以看出，原来人是主体，生产工具是附属人的零件，现在人变成零件了，所有的动作就变成这么一个动作。现在科技高度发达，比如说航天，每一个人在其中是片面得不能再片面了，不可能有一个人的那种全面发展。再比如说，在管理方面提高的效率，又可能导致过度的繁琐。美国讲科层制，政务差点停办，这预算做不下来。中国人认为那很简单，先拨点钱先干着。对美国不行，国会没通过不能做。准备要放假了，一放假要导致什么样的情况可想而知。程序规定了，一点也不能变更。所以，任何一种文化都不是万能的。

另外，当科学技术用于武器的时候，比如说核武器的时候，就比较严重了。不论是军事使用，还是民用，人可能很难控制它了。所以20世纪很多思想家，都在批判科学技术的过度理性。像韦伯讲的现代性工具过分发达了，没有价值约束。胡塞尔讲，科学危机是人本身的危机，就是人越来越按照科学世界生活，生活本身怎么样不知道，完全按照科学。讲存在主义的海德格尔说，人孤独同理性过分发达有关系。西方马克思主义也在批判这种技术理性。

20世纪文学中有一个概念叫技术恶魔，中国人不太讲，因为我们的科学技术这几年才发达。人们争论一个问题，自然科学推动科学技术发展，技术高度发达的时候，技术到底是解放人的工具还是统治人的工具？很多文学家认为可能是技术恶魔。我把它叫理性异化与技术恶魔。

有一部小说叫《弗兰肯斯坦》，在西方流行叫《弗兰肯斯坦恶魔》。作者叫玛丽·雪莱，是诗人雪莱的妻子。雪莱、拜伦，加上玛丽，三个年轻人经常在一起玩，玩的时候就讨论一件事情，突发奇想说科学技术正在发达,谁能想象最怪诞的东西,未来随着科学技术的发展,人类会是什么样子。最后玛丽写了《弗兰肯斯坦》。《弗兰肯斯坦》是讲述一个瑞士科学家叫弗兰肯斯坦,他醉心于科学技术,崇拜科学技术。他要创造出人,就像我们讲的机器人。他盖了一个两层楼高的大怪物。按照人的样子都造全了,然后接电线。一个雷雨交加的晚上,一个闪电把这个怪物激活了,接下来就恐惧了。这个怪物来到这个陌生世界。怪物开始也很好,总想跟人类友好,他很孤独。但人类都害怕他,处处攻击他,他就很伤心。它找到弗兰肯斯坦,说你是我的主人,你创造了我,我很孤独,我想跟人类友好,但是人类对我不友好。他会说话了,他说我生活中最美好的一段光阴是在一个村庄,村边住一位盲人老人。盲人有两个女儿,女儿每天出去种地。老头在家,他就摸进来了,跟老头谈话,老头不知道他长的样子,教会他说话,讲了人间的温暖。但是有一天两个女儿突然提前回来了,当时就吓晕过去了,整个村庄的人发现了,把他打了一顿。他说我跟人类确实没办法交往,你要是不解决这个问题,我现在就开始破坏,而且我要破坏人类最美好的东西,先从你身边破坏。而且每破坏一个,就说我是弗兰肯斯坦。然后冒用弗兰肯斯坦的名字,把他小侄子杀死了。最后一次怪物跟他谈判,再给他创造出跟他一样的东西,他是雄性的,再造一个雌性的,他们到一个荒岛上,永远不打扰人类。接着弗兰肯斯坦又开始忙,忙着开始做,做完了,到那天要接电的时候,他一回头看见窗上狰狞的怪物,马上良心发现,创造一个已经控制不住了,如果再创造出第二个,要繁殖起来,人类还有好吗?然后马上就把怪物破坏掉了,怪物绝望了,最后两个人挣扎着同归于尽。西方一说弗兰肯斯坦,肯定指技术失控。

我再举一个科学技术用到战争中的例子。人类经常说人有残暴的一面,人确实有残暴的一面。有一个哲学家说,狼残暴,狼吃羊那么残忍，那么人什么不吃啊，人什么都吃，人吃的比狼多多了。没有科学技术时候的残暴是什么样，是冷兵器，冷兵器的时候一个人再勇猛他能杀多少人。但是一个广岛原子弹丢下会是什么样。比如毕加索的画，画的是格尼卡的西班牙小镇，搞艺术的都知道这幅画。当时德军轰炸了一两个小时，因为是平地，非常残忍、残酷，他当时就做了这幅画，完全是抽象派。我给大家讲一下这幅画，上面画一个灯，灯是指光天化日，这些罪恶都发生在光天化日之下。一个牛头很狰狞，指法西斯力量。这个女人很绝望，抱着婴儿，婴儿死了，未来就没有了。一位士兵已经倒下了，拖着残腿，马也受伤了。一个女人从楼上坠下来。一位夫人拿着一个火炬，拿着一个灯，说我要控诉。这就是用现代科技打的一场战争。据说这幅画后来在一个画展上展览，有一个纳粹军官非常崇拜毕加索，恭恭敬敬给他行个礼说："尊敬的毕加索先生，这是您的杰作。"毕加索一拍桌子："不，这是你们的杰作。"

阿德诺说，奥斯维辛之后人类应该谴责自己，我们所有这些活着的人都已经死了，你不能再写诗，你还能歌颂什么，能歌颂现代性？歌颂理性？对于奥斯维辛，不在于一个集中营杀了多少人，而在于用了什么手段杀人。季羡林先生曾经描述，说一个德国军官，可以花两三个小时与你讨论，用什么样的科技手段让人死，怎么让他快死，怎么能慢死，会有什么样的表现。他说的时候一点人性都没有。大家知道，犹太人为什么有时候是防守阵势，有时候又是进攻阵势。那个时期犹太人在全世界2000万，整个奥斯维辛集中营杀了600万。他们用现代科技手段杀人，要是拿刀一刀一刀捅，得捅多长时间？

苏联的一个文学家索尔仁尼琴，写了《日瓦格医生》，后来获诺贝尔奖了。古拉格群岛，古拉格是一个缩写，实际是苏联劳动集中营的缩写。苏联当时对很多不同政见者、政治犯，全关到一些劳动集中营。劳动集中营同样用科技手段来管理,很多人没有出来,索尔仁尼琴就从那里活着出来,写了这部小说。

广岛、长崎的原子弹,有一个图片是胖子小男孩,那个时候人类第一次领教技术一旦用到战争中会是什么样子,这都是现场。还有个照片我没找到,有一个照片我看了描述,说一个女人的一个高跟鞋,已经被熔化到地面上,烧成一起了,人在哪儿不知道。当你看到原子弹后,看到那个高跟鞋你会想到,活生生的一个美女,就化作这个样子。

我给大家再举一个例子,大家到哈尔滨一定去看一个地方,叫731遗址,日本的731部队,专门研究细菌战。中国抗日期间一直打到云南,到处的细菌武器全是这个厂生产的,所谓的731部队就是干这个的。石井四郎是个医学博士,专门来研究各种各样的细菌。日本人用中国活体做实验。在石井四郎的地下实验室中,他把中国人从各地运过来,日语叫"特别输送",这些人来到以后就进行各种各样的活体实验。因为我不是搞自然科学的,说不清。甚至包括现在用的一些细菌,那个时候都已经开始有了,把马尿接到人血中,把人冰冻以后看怎么能缓过来。有一种最严酷的实验,真空实验,把一个人放到一个纯真空的空间,然后不断地把所有的空气抽走,最后人的肠子从肛门、口腔全出来,爆裂而死。我在黑龙江当常委宣传部长的时候立了一个项,搞了一笔资金,派专家到全国各地档案馆找档案,要把这个罪证真正地建立得更丰富一点。3000多个"特别输送",我们就找了1000多个,因为日本人不承认。南京大屠杀为什么他们不承认,这就是中国的管理没有理性化,30万人,名字、性别、户口找不着。以前中国人生的太多,农民一家十几、二十几个孩子,不需要你数,一看一个炕横七竖八睡满了就差不多,丢一个都不知道。我们就是这种管理,所以我们就千方百计找这些数据。包括731的小队员,当时十七八岁,现在都八九十岁了,还忏悔,有的就跪到那 731 遗址上,说当时就在这儿杀了多少人,埋了多少人,做了什么,录音、录像都留下了。

大家看看这个锯是干什么的?这可不是锯木头的锯,这是锯人的锯,还有药瓶子,这是当时留下来的照片,是被实验的人,是在实验台上。黑龙江有很多万人坑,很多煤矿有万人坑、炼人炉,一个鸡西煤矿有 9 个万人坑、6 个炼人炉。原来的矿保留 2 个,一个炼人炉 2 个炉眼,就是同时可以把两个人推进去,看有病不行了,一死就推到那里。如果再看看今天大家更知道了,今天福岛的核辐射,不光是战争啊,其实和平使用也是这样的。所以科学技术的理性高度发展,确实给人们带来了很多很多的问题,既有正面的,也有负面的。

迪比西是一个有名的神学哲学家,他说西方很有意思,第一次世界大战结束的时候,欧洲欢天喜地,认为灾难终于过去了,认为一次世界大战肯定是擦枪走火,不小心的,失控的。但是很快,第二次世界大战来了。第二次世界大战结束的时候,虽然大多数人欢天喜地,但是很多思想家就感觉,要反思我们的文明了,理性科技如果这么失控发展,就不是擦枪走火的问题了,实际上它必然要带来这些问题。所以我这儿讲了西方理性主义文化模式在创造了巨大财富的同时,也陷入了深刻的危机。

三、中国文化模式的特征分析

中国文化我就不一个一个历史阶段来讲了,中国文化是另一种文化。不同的学者概括了很多,基本上都认为中国文化是一种经验文化,相对安于现状,改变不大,所以中国文明现在是世界上保留比较少的、5000 年一直传承下来的文化。黑格尔写历史哲学、世界哲学时,认为人类历史发展有意思,太阳是从亚细亚升起的,但是太阳很快就超越了亚细亚,所以亚洲就停留在人类童年时期,然后到了古希腊,最后到了日耳曼,他认为日耳曼是最高的发展。他认为亚洲就是人类童年未开化、不发达的精神状态,当然这样说过分了。因为经验文化,它要安于现状。刚才讲思明·格勒认为东方文化没有历史感,梁漱溟的三种路相也认为中国是持中的一种文化。林语堂有个《中国人》译成了各种版本,这本书我们有必要了解它,当然他有些是批评的态度,比如中国人的多型,中国文化稳定,对现状的一种包容,等等。费孝通写了一本《乡土中国》,认为中国的文化是一个熟悉的社会,人们靠人与人之间的关系稳定发展,所以强调经验,强调稳定。费老有一个断言,说中国的文化叫无讼,专门有一章写无讼,没有诉讼。没有诉讼不是中国人不讲法律,无法无天,而是中国人靠一种礼俗、经验、人际关系来调解,不需要到公堂去。

  我认为,中国最主要的还是一种农业文明高度发达的产物,是农业文明和自然经济发达积淀下来的文化。占主导地位的是一种自在自发的日常生活图式,农业文明就两个基本的节奏,一是大自然的春夏秋冬,春耕、夏种、秋收、冬眠,所以中国讲日出而作,日落而息,面朝黄土背朝天等,一辈一辈就在那儿,就这么不断地发展下去了。二是作为个体,就是生老病死的规律,每一个人都要出生,然后长大,娶妻生子,然后走向坟墓,一生就这么度过。所以农业文明相对稳定。好像在 20 世纪 90 年代,央视在西部采访一个放牛娃,十几岁的孩子,不上学了,辍学放牛。记者问:"孩子,你放牛干吗?""放牛挣钱。""挣钱干吗?""娶媳妇。""娶媳妇干吗?""生娃。""生娃干吗?""放牛啊。"这就是那个传统文化、农业文明下的一种生态写照。我不是说今天还是农业文明,是回头讲这种情况。所以它的基本特征是重复性、经验的模式,一切东西不需要去思索,衣食住行、婚丧嫁娶、生老病死,一切都自然而然地发生,就像大自然的节奏一样,不变性,恒久,星移斗转,地久天长。所以有一段时间我写日常生活批判,特别喜欢比较早的那个《篱笆、女人和狗》那个片头,歌词是"星星还是那个星星,月亮还是那个月亮,山野还是那道山野,梁也还是那道梁,碾子是碾子,缸是缸,爹是爹来娘是娘"。这不是在说废话,是写那种生存状态没有任何改变,没有任何超越,一切都是地久天长。等到那个《辘轳、女人和井》,歌词是"东边有山,西边有河,前边有车,后面有辙。究竟是先有山还是先有河,究竟你这挂老车走的是哪道辙?春夏秋冬忙忙活活,急急匆匆赶路搭车,一路上的好景色没仔细琢磨,回到家里还照样推碾子拉磨。闭上眼睛就睡,张开嘴巴就喝,迷迷瞪瞪上山,稀里糊涂过河"。什么写照?传统文化模式的写照,就是这么生存下去的,是有这么一种生活的体验。

这种传统文化,日常生活世界的文化靠重复性思维,重复性实践,靠的是传统习惯、常识、经验。什么叫经验模式?就是无师自通,身边有老人,跟着老人模仿就会了,这是经验模式的最重要的一种。还有一种叫本能训练,以情感为主要的联系纽带。中国传统文化讲君臣、父子、夫妻、兄弟、朋友,基本上都是基于血缘的关系。社会基本上靠家庭道德。西方日常生活传统也是这样,主要靠宗教。中国主要靠家庭道德,在某种意义上也靠宗教。乡土社会,绝大多数人终身是作为纯粹的日常生活主体,自在的生存。这种文化不是个人,仅有个人,实际是影响了社会的制度安排,社会也要受经验影响。中国有个概念,叫家国同构,国是个大家,是一个家庭的放大。实际上我们常说的家庭中的经验、血缘、人情等,也自然放大到整个社会的组织。

中国传统文化说孔子,孔子没什么特别的创造,孔子认为社会要稳定,就要让大家安分守己,不要改变。老子也是这样,道家讲清静无为,讲人整个要无为,就是什么都不做,自然就不会有烦恼,人的心也会纯洁。庄子曾经讲过一个故事,他的一个学生,见一个老农夫在那种菜,有一口井,井上有辘轳。老头拿一个桶子,用绳子往上一点一点提水。学生问,你干吗不用那个辘轳?老头说,人不能用辘轳,用辘轳用久了就成了机械,机械多了人就变成机巧了,机巧多了,人就变成机心,就不纯真了。老子讲的国家,小国寡民最好,鸡犬之声相闻,老死不相往来,过这种小日子。孔子的聪明就在这儿,他认为君臣、父子、夫妻、兄弟、朋友,五种伦常关系最重要,这个是不能改变的,要有尊卑长幼。讲君臣关系,君臣是国家关系,在中国文化中是家庭关系,君臣父子也,所以君叫臣死,臣不敢不死。讲父子关系,父生了子,父对子当然有生杀大权。讲夫妻关系,那是天然的阴阳,就是不平等。讲兄弟关系,只要是长子,每一个朝代,要是废长立幼,就要天下大乱,秩序打乱了,就叫僭越。讲朋友,完全是人情关系,为哥们两肋插刀,朋友做错了,也可以替朋友隐瞒。孔子认为尊崇三纲五常,别改变它,这个社会就可靠了。所以中国实际上是把这种日常生活的经验模式放大到我们社会各个领域。经验文化模式,其实是使人的行为方式、制度安排,包括人的精神创作,都受影响,它的核心就是经验和人情。

  大家知道,随着市场经济的发展,文化逻辑强调科学、理性、创新、契约,等等。那么在社会制度方面,也要强调法制建设、民主建设。另外信息化、网络化,特别是大众教育的最终理性启蒙,使人的素质开始从经验模式走出来,个性也开始发展。现在年轻的孩子个性越来越强,民主法制意识也在催生,人们越来越在更大范围内交往。应该说中国的传统经验模式已经有了很大程度的改变。改变到什么程度?还要具体分析。我认为一种文化模式不可能彻底改变。虽然我们经过了现代化,实际上我们还存在着很多传统的文化模式,比如说以经验对抗理性的问题,我们的社会生活中,行政管理、经济决策,在各个领域中,经验的东西还是比较多。经验决策,包括一个城市规划,来一个领导,他可以把原来的规划给推翻掉,重新再起炉灶。每一个省领导到一个地方,如果不提一个新口号,肯定这个领导没有水平,所以他会再搞一个工程,好多事情都是这样。这里面有与时俱进的问题,就是没有很理性的论证决策等问题。

关于人情的问题,西方慢慢也知道了。当然西方也讲人情,也知道中国的人情。比如生孩子找医生、幼儿入托、儿童择校、学生高考、工作调转、企业经营、行政管理、法律诉讼、职务提拔、职称评定、干部录用等,还能举出来很多。中国人情始终是一个很重要的影响因素,很多领导干部想改变,但是实际上没办法完全改变,这种传统文化模式影响是很大的。我举这个例子,我们一方面确实很现代化,也经常有一些新的理论,但行动上往往又跳入经验主义。中国的文化模式总的来说,有一种空前的凝聚力,很难改变、很难打破这种模式,这是它的一个最重要的问题。

由于我们没有真正确立起对理性科学的决策模式,契约的模式也还没有完全确立的时候,我们在国际交流中确实遇到一些问题,在国际经贸战中,除了西方对中国的意识形态的偏见、制度的偏见以外,在很多方面还是受一种文化上的差异的影响。当然是一种相互影响,西方得逐渐了解中国,中国也得逐渐了解西方,这个文化的影响力是很大的。

四、文化模式对社会运行的深层影响

我今天讲的内容不是让大家来选择哪种文化模式更重要,而是讲我们在做任何一件事情,做任何一种制度安排,包括教育,都要考虑到背后文化的影响。任何一种文化模式,对特定社会运行和人的行为方式的影响,其价值都是多元的,有积极的,也有消极的。对于文化模式的分析,不是为了论证哪种文化模式好,哪种不好,而是要形成一种文化之间的交流、学习机制。我们重要的是要了解这种文化到底对我们产生什么影响?所以今天我给大家讲两个例子,一个是教育的问题,一个是法制的问题。这个可能跟大家贴得更近。

1. 文化模式对教育的影响

我始终认为中国的教育取得了前所未有的成就,尤其是高等教育。在2007年,在纪念改革开放30年、恢复高考30年的时候,我曾经组织了一个全省的媒体和教育界的研讨会,如果说改革开放30年,让我评选中国哪个领域进步最大,我认为是教育。大家可能不同意,一到社会上人家肯定笑你,教育有那么多问题。我们的普九两基,基础教育不说了,现在教育资源的均等化问题,虽然有些地方有边远地区的问题,但是应该说已经引起足够重视了。尤其是高等教育,1977年我们参加高考的时候,那个时候不容易,全国招生20万,现在一年是400多万吧!而且十年没有考了,十年的人集中一起去竞争20万个名额,千军万马过独木桥。但是到今天,我们的教育总量,在校生达2000多万,总量已经超过美国了。当然高等教育毛入学率只有20%多。

我认为发展高等教育的意义特别大。第一,高等教育是人自身现代化的必由之路,现代人必须经过高等教育,才有可能现代化。第二,高等教育是科技创新的发动机。科技成果基本上是以高校为主。第三,高等教育是社会文化创新的源泉。好多哲学社会科学创导的影响社会的理念都是从高等教育出发的。没有一开始围绕北京大学的新文化运动,有后来的中国发展吗?没有。比如在哈尔滨,哈尔滨城区有400多万人,加上郊区,900多万人口。设想一下,如果把所有的高等学校,连它的延伸机构抽掉以后,哈尔滨还剩什么?成了文化荒漠,肯定是一个荒蛮之城。中国整个社会文化创新,高校以群体、个体各种名义影响着社会进步。所以说文化的引领,大学不仅仅是被动接受文化,也是文化引领。第四,高等教育是构建和谐社会的重要保证。我认为就业难的问题不是高等教育发展快了,而是我们的社会要开辟更多的岗位,要调整观念,不同地区区域差别待遇,让学生能够到这些地方去。一方面是好的岗位竞争难,另一方面有些岗位大家又不去。我当大学校长的时候有个采访,我说就业难和高校扩招没有必然联系,很简单,这些孩子不让上大学,四年前就要就业了。另外我说在信息化时代,完全靠苦力、不需要知识的岗位越来越少了,哪个岗位不需要知识?所以它们没有必然联系。尽管就业难,现在要说不让哪个孩子上学,哪个家长愿意?如果高等学校规模砍掉一半,是个什么概念。包括有些院士,说搞精英教育,培养几个就够了,我认为是胡说八道。现代教育是一个大众的、普及的问题,我们的领导干部张德江同志在广东说了两句话,我印象非常深,一句话说,"在任何朝代,重视教育不会犯错误";第二句说,"那些说中国教育规模大的人,一定是他孩子已经上了学的"。他是高校出身,所以他从广东走的时候,把广东100多个亿还是200多个亿的高校贷款一笔抹掉,全由财政给承担了。你想想,你要说不让我的孩子上学,我都可以抱你跳楼啊!会引起社会不稳定。是发展高等教育、就业难不稳定,还是不让孩子上学,带来行为素质的问题。大学生也有行为品质不好的,那是少数。所以教育是没有问题,是当之无愧的真正进步最快的领域。现在在各条战线上,包括中央领导层,基本上是77、78、79级这些毕业生,就是从最初这20万人中走出来的,这一大批人现在有些退休了,有一批人在很重要的岗位,后来的年轻人也居上,事实真是这样的。

中国的教育有没有问题?还是有问题的,就是文化作为工具化的问题。除了大家说的竞争问题以外,我认为还有一个深层的,就是应试教育的问题,这是一个根深蒂固的问题,是一个文化模式的问题,缺乏创新和争论。去年我看了《重庆晚报》(2010年11月24日)的一个报道,关于想象力的问题。2009年教育进展国际评估组织对21个国家进行调查结果显示,中国孩子的计算能力排名第一,但是想象力排名倒数第一,创造力排名倒数第五。在中国的中小学生中,认为自己有好奇心和想象力的只占4.7%,而希望培养想象力、创造力的只占14.9%。它反映的问题是存在的,我们的教育中是有这个问题,包括从中小学一直到高等学校都存在这个问题。这几年改革了很多,说教育创新不足,比如说专业设置,课程体系和学生的专业定位过于僵硬。按照中国这个教育体制,是不可能出马克思的,因为马克思到波兰大学,后来到柏林大学,马克思原来学法律的,学了一段,他认为很多问题法律解决不了,那种形式问题是根源问题,他自己跳到哲学系学哲学去了。现在世界上有一个很著名的西方马克思主义代表人物卢卡奇的学生,女哲学家,非常有影响。她在布达佩斯学物理学的时候,有一天卢卡奇去布达佩斯做讲座,这位女学生去听,听了两个小时,回头一拍脑袋,说没听懂,但她感觉确实是她需要的东西,就转专业,转到那个专业去学哲学,现在成为国际上最有影响力的哲学家,中国已经译了她很多著作。

  我就经历过一个这样的孩子,当时我带的是社会学的一个学生,山东人,入学就不想学社会学,要学哲学,按照我校的规定不能转。这个孩子用心,不让转我两个专业都学。他大学毕业的时候,社会学全合格,哲学课全修完了,当时我还是校长,下了一个决心,说服了多少专家,让大家做个试验,把他保送到西方哲学的硕士,后来博士跟我读,已经是一个非常有潜质的人才。我们存在很多问题,教学管理体制比较僵化,学生自主学习空间过于狭窄。当时我搞学分制改革,要减少课时。课时太多了,从政治课加计算机差不多就够一年的,英国的本科为什么三年,他不需要学外语,也不需要政治课那么多。我记得最多的时候是四年3200个课时,那是很可怕的,学生没时间读书,没有学习空间。

另外相当一部分教学内容过于陈旧,而且对很多学生不加区别地强加了很多东西,我们的教学手段、教学方法、教学内容,应该都比较陈旧。北京大学的老校长蔡元培,第一次上任北大校长的时候有一个讲话,除了对青年学子有几点希望,道德品质学习以外,他说我刚来,不了解北大的情况,就想做两件事情:第一,还要买书,我到图书馆看,北大的书不少,但是新书不够,还要增加书;第二,我要改革一下我们的教案,很多老师的教案太详细了,从头到尾给学生灌输,建议那个东西简单一点,剩下的让学生读书去想。这真是大教育家。

实际上我们的教育创新不足,跟我们的文化过多地传授知识有关。现在很多院士都有这个想法,必须要精英教育,只有600分以上才能上大学。我持反对意见,谁规定只有600分以上的学生才可以培养。现在培养规格单一,缺乏个性和特色。黑龙江大学最强的是外语,像俄语、英语、日语、韩语、法语、德语、西班牙语、阿拉伯语,然后是哲学、文学、法律、经济,还有理工、化学也都拿到了国家博士点、教育部重点实验室等等,基本上是一个综合性大学。黑龙江大学作为教育部创业教育试点院校,要搞创业教育。我提了一个创业教育概念,不是狭义上的办小企业,只有理工科学生能搞计算机的搞机器人,这只是一种。我想要每一个人文社科的学生能做一个完整的社会调查、一个规划、一个设计,它也是一种创业教育。思想上的一场革命也是一个创业。创业教育不仅仅是课堂之外的事情,第一课堂也应该体现这种精神,怎么让学生更活跃地参与教学内容,等等。有一位教务处长,是搞教学的,他听了之后就说他试过一次,在应用数学考试的时候,采取灵活出题,怎么考试教师就怎么教,学生就怎么学,然后让学生自己出题,三个人一组。学生出的题,比如一堆煤,不用秤,有什么办法把它比较准确的重量拿出来。学生有十几种方法。又比如到车站去,每天看到火车进来多少,出去多少,怎么调度,整个程序是怎么设计的,学生马上就不一样了。有一位当副校长的化学老师,讲材料课的时候,事先布置给学生上网去查某种材料,让学生来讲,他说好多他没想到的办法学生都想到了。所以制度原因的背后一定是文化。

所以教育创新不足的深层原因,传统文化根深蒂固。中国传统文化不全是消极的,积极影响也很多,比如重视知识的积累和储备。连奥巴马都感觉到,美国的孩子太自由了,知识基础不行,所以他说要学中国和印度。如果这方面过度了,就忽视了创造力的开发。所以现在素质教育在高校很盛行。我说的校园文化、文化校园,大家慢慢都理解了。中小学有一个现象,给学生灌课,这周还剩两节素质教育课,去上上体育课、唱唱歌,那就是素质教育,剩下全部是素质教育,表面化。

我愿意讲故事,我当时搜集了很多故事。我记得当时买了几百本书给老师们,一个留美的叫黄全愈的博士,在2000年前后写了《素质教育在美国》。他很早就出去了,在美国搞教育学,看着自己的孩子成长,就发现了问题。比如说绘画,他的一位同事是一个画家,到了中国的一个地方,人家挺友好,让现场给小学生上绘画课,他出了个题目叫"快乐的节日"。中国孩子哗哗全画完了,全是一棵圣诞树,孩子们在游戏。怎么孩子画的全是一样的,一看墙上有一棵圣诞树的画。是不是因为他是美国人,对他表示友好。把那棵圣诞树盖掉,让孩子们自己想象快乐的节日是什么样,孩子们愁眉苦脸了。还有一个例子,中国孩子的画,画出来,比例最多的就是问老师画得像不像,不是画得好不好。美国孩子从来不问像不像,而是问好不好。黄全愈博士说,他的孩子在国内其实学绘画已经挺好了,带到美国去绘画班的时候,老师不让家长干扰。有一次他借机去看,是一个年轻教师,和一个研究生在那儿聊天,跷着二郎腿,一看孩子们,趴在地上画,满身都是土,他非常愤怒。后来才发现他们鼓励学生的想象力,不讲画得像不像,绘画是一个心灵的创造。比如他的孩子上一年级的时候,要考试,孩子要爸爸帮忙,说老师让做一个研究课题。一年级的孩子怎么搞研究呢?孩子说要求不高,做一个你喜欢的题目,然后找出要解决什么问题,读了哪些书,有什么样的知识积累,做一个报告就行了。他要了解蓝鲸,领着孩子到图书馆,到书店,买了几本书。没想到,一周下来,这孩子画了五六页纸,第一个上面画了一个大海,一个蓝鲸在那儿游,接着蓝鲸一天吃4吨虾。比如蓝鲸有多大,它上面可以同时停40辆车。他发现,原来他的关于蓝鲸的知识全是从这孩子得来的。等到孩子上初中的时候,老师让他研究白鼠、灰鼠到底有没有记忆力?他自己创造,用了整整一个学期,设计了很多设想,几个笼子,怎么样的笼子,迷宫,以什么样的方式走。最后报告出来了,说经过测试,到现在为止得到了一个结论,既不能证明有记忆力,也不能证明没有记忆力,只能研究到这儿。这就是研究性从小学开始,我们现在到大学还不会呢,很多孩子让做论文,到网上一粘就粘过来了。他还做了一个实验,龟兔赛跑,他利用假期在中国问了近百个孩子,答案基本上一样,兔子跑得快,因为兔子骄傲,最终乌龟先到终点了,全是一个答案。他问美国孩子,美国孩子的答案五花八门,当然兔子跑得快,这本身就是荒谬的问题,它俩不可能赛跑等。比如说皮球掉到树洞里,聪明人怎么办?答案是灌水。他问灌水就一定可以?树洞要是通到别处,水全流出去,能灌上来吗?有一个孩子答不要皮球了,回去再买一个,这是不是一个应该赞成的答案?

再举一个例子,一位老师为了不让学生喝酒,拿了高度酒精,给学生做个实验,拿一个昆虫,往里面一放,没多长时间昆虫就死了。问学生得出一个什么样的结论?一个学生说喝酒胃里肯定不会长虫子。老师本来想证明喝酒会把胃喝坏。这种另类答案,值得鼓励。如果一个民族,所有的东西最后都是一种答案,就可怕了。

这是一个真实的例子,《中国青年报》2002年5月31日,武汉曾经有一个教育观念大讨论,起因是一所学校让小学生以春天为题,做一篇作文,所有的孩子都说春天美好,外面草也绿了,花也开了,到处莺歌燕舞,我们心情很好。只有一个孩子写春天不好,春天来了,河沟里的虫子开始长了,有瘟疫。春天经常下雨,像个爱哭的小女孩,讨厌透了。老师批语是"胡说八道"。就为了这个,引发了一场大讨论,作文里为什么不能说真话?马上那个孩子就讲了一个例子,说不能讲真话。小学教材配套的有一个老师备课用书,那个东西不能说是万恶之源,也有很多负面影响。就是因为有这个备课用书,把每个自然怎么划分,老师只有一个答案。比如有一个孩子写作文,写你的思想转变,做一件好事情。这个孩子的妈妈是老师,就写了妈妈经常加班,邻居家孩子来了,我好好照顾他们。老师说不合格,没有按照教学要求,没达到标准。教学要求是一定要写遇到了一件事情,没有想通,自己是错误的,后来经过教育,经过激烈的思想斗争,终于想通了。于是这个孩子就照这样写一个,老师让过了。

有一位模范教师,岁数已经很大了,她回忆说最近几年讲素质教育,做了很多好事,但是也有扼杀想象力的问题。她本来是鼓励小学生想象的,记得有一次,她问学生想象你未来是什么样子?别人都说未来什么什么样,都是一个套路,一个小女孩说了一个,希望未来的世界苍蝇应该跟蜜蜂一样干净。这老师说胡说八道,苍蝇整天在粪堆里,怎么能像蜜蜂一样。小女孩的脸涨得通红,这件事情算过去了。后来她到国外,发现把苍蝇印在货币上。她问这么脏的东西怎么印到这儿,人家说不脏,因为卫生改革,它不在粪堆里。现在大家知道,按照生物,苍蝇是可以培育,今后是可以做食物的。这个老师良心发现,可能那一句话就扼杀了这个女孩子一辈子的想象力,一个班同学一辈子的想象力。

我在黑龙江大学的时候提出鼓励个性创新,叫多元质量关。多元质量关有两个含义,一是从绝对质量关到相对质量关,就是大众化的高等教育不应设立绝对不变的质量标准,要降低这个门槛,改变传统教学那种难、深、涩、旧的问题。应该以新的教育观来进行评价,只要进步就是一百分。今天的孩子,一年可以招生四五百万人,和二十万比,肯定不一样,不能说600分才有培养价值。黑龙江大学,与英国的大学联合培养,就是2＋3、3＋2、3＋1培养模式,招收的学生,都是比五六百分低,低到四百多分、三百多分的学生,到了英国,竟然有好多在班里是尖子学生。不是说中国孩子比英国孩子聪明,是因为我们的毛入学率太低了,我们好多孩子上不起学,上不了学。所以这个是应该考虑的,不应该有绝对的质量关。二是一元质量关到多元质量关。每一个人情况都不一样,有人适合抽象思维,有人特别适合数学、哲学,有人可能适合动手,有人就有领袖气质,能够管理,要都按照一个模式,不让学生有发挥是不可以的。所以说多元质量关,一定遵循个性化原则,在保证相对稳定的教学秩序前提下,一定允许个性化原则体现,可以通过学分制、选课,专业的弹性来体现。现在很多学校开始实行到大二的时候,学习比较好,可以再选择调整专业。所以真正的素质教育应该是自由的、愉快的。

我在黑龙江大学当校长的时候设立"阳光讲坛",我开讲第一讲,后来很多国外的著名的专家学者都去。我讲了四句话作为讲堂的宗旨,也是教育的真谛:"激活思想",教育一定是思想激活;

"放飞学习",我们不能让孩子们像现在这样,像大鸟给小鸟填食那样,一定要让他们自主学习;"张扬个性";"幻想生命"。我认为这是高等教育的本质,学校要想创新有文化,首先学生要有创新有文化,所以叫激活思想、放飞学习、张扬个性、幻想生命。

2. 文化模式对法制的影响

一个国家的法律,能够确立到什么程度,执行到什么程度,确实跟文化基因有一定的关系。不同的文化模式,不仅仅影响到法律体系,也影响人们对法的态度。比如讲实体法和刑事法的问题,西方可能很注重程序的问题、形式的问题,中国的文化更多注重实体,是实质的证明。我国法律认为,只要对与错,程序上简一点繁一点并不是根本。西方认为程序证明本身就是独立的,不是工具性的,因为西方人理性化上千年。我们也讲诉讼法、程序法,但这方面执行得不够。中国刚刚改革开放的时候,"文化大革命"破坏了法制,曾经有过一段时间无法可依。前不久人代会说中国特色社会主义法律体系已经建设完成。但是法制建设还有很多任务,说没有法是不可能的事情,我们的法已经很丰富了,但是我们面临的一个问题是有法不依。无法可依,可能是个文化、决策等的问题,也可能是其他的问题;但有法不依,如果说人们没有对法律的敬畏,这个问题就严重了。

我举两个例子,一个是赵作海案子,一个是美国的辛普森案。他们有特别相似的地方,但是结果完全不一样。辛普森是一个著名黑人橄榄球星,娶了一个白人妻子,这个白人妻子忍受不了他,离婚了,离婚了他也不死心。有一天他在门前发现妻子跟一个饭店的男子好。后来这俩人都被杀死了,杀得很残忍。警方认为是辛普森杀的,到现场看了血迹、手套,马上到辛普森的住宅,但警方没带拘捕证,摁门铃的时候也不开,关键问题就出在这儿,程序上出现了问题。一个警长平时就对黑人仇视,瞧不起黑人,就翻墙进去了,找到了另外一只血手套,血迹、血样都取了,把辛普森也传回来了。这有一个过程,第一,没拿拘捕证、搜查证;第二,他是一个人,地上的血迹、手套等东西,没有别人作证;第三,取了辛普森的血液,没有马上送鉴定室,又在这个警察手中拿了一两个小时。那时候是克林顿当总统,宣判那天,全美国都在关注,这是一个世纪大审判。宣布结果令人大吃一惊,宣布无罪。所有的证据都存在,但是这个律师辩护说你到他住宅,他走了,他有可能回头再把一个血手套扔到自己住宅里吗?另外那个警长说拿到那个血手套的时候是湿的,律师又说案子已经过了7个小时,谁都知道血迹是干的,你说的是湿的,怎么上去的?另外找到一只袜子,恰好是两边有同样的血迹。律师说一只袜子怎么可能别处没有血迹,穿过他的肉体到了另一边,肯定是你给粘上的。还有很多很多细节,最后没有办法定罪。定罪又可能涉及白人、黑人的问题,都知道是他杀的,只能无罪释放了。案子出在1995年,一直到2009年,才宣判他无罪,就是出在程序上不合法。

关于赵作海的案子。1998年,赵作海和赵振晌是一个村的人,两个人还是亲属,有点恩怨。赵振晌捅了赵作海一刀,害怕,跑了。跑了就失踪了,赵振晌的儿子报案说是赵作海杀的,就把他拘禁了,没有证据。可是在那地方一个废弃的井里挖出一个无头尸,断定就是赵振晌。后来听说比对的东西也都做了,都不符合,关键是遇到2002年严打,就把他抓起来了。令人意想不到的是去年赵振晌回来了,证明是一个冤案。为什么赵作海数次认罪?公安方面承认有严刑逼供,打得他最后承认杀人了,最后就这么判了。最滑稽的是后续报道,在证明赵作海不是凶手之后,警方集中警力30天,把那个无头尸案子破了,当时就栽到赵作海身上,连查也不查。这是我国国家赔偿最高一例,65万元,商丘说叫"司法耻辱日"。

这两个当然是极端的例子。西方为什么是这样？一是西方的理性文化精神催生、完善了法律体系。古希腊的时候就搞辩论、陪审团等，到了亚历山大，就特别喜欢希腊文化，在整个征战过程中，亚历山大帝国走到哪里，都把希腊文化带到哪里。罗马帝国跟希腊不完全一样，但罗马版图太大了，他想派军官、执政官去，人手不够，最后罗马帝国用法律治理，所以罗马法非常发达。二是理性文化塑造了自律的开放市民社会。市民社会相对来说，其本身强调一种理性的、契约的东西。三是理性文化精神培养了自由的、理性的、敬畏法律的公民和独立个体。卢梭讲，法律是公益，永远是公正的，人服从法律就是服从自己的意志，就是自由等，当然他也有片面的地方，起码他很相信这个规则。

理性也有它的局限性，比如这种社会契约到一定的时候，谁保证这个公益不走向反面？也可能走向反面，像法国大革命，本来很好的一个革命启蒙，到后期雅各宾专政，罗伯斯庇尔开始杀人了，所谓的公正、公益，又变成了少数人的意志。有人说以色列是被美国宠坏的孩子，因为美国的大财团基本上被犹太人控制，美国不敢强硬，也要受背后很多因素的制约。关于多数原则，按规律办事能不能保证决策的公正，正义的高效率、低效率问题，有时候效率低下，也可能带来问题。

中国的文化很复杂，中国传统文化肯定是经验文化，按照费孝通讲的，中国传统文化是无诉，不需要法律。但是现在我们已经跟世界接轨，开始市场经济了，我们的文化是多元的，既有经验文化的因素，也有理性文化的因素，又有人情干预的因素，是一种包容多样的文化。我们改革开放30年，法律的进步是很大的，但是又有一些负面的东西。我很担心两个方面：一个是个体层面；一个是群体层面。

关于个体层面。确实存在对公民的素质、法律意识培养问题。

不同的文化下的个体是不一样的。实际上法律就是规则,像酒驾,中国的酒驾治理起来这么费劲,关键是中国人遵守规则的问题。举个例子,有一个中国留学生,经历的就是文化冲突。他刚去美国时跟一个美国女孩谈恋爱,走到一个红灯前,一个车也没有,男孩径直跑过去。换了绿灯,女孩走过去,说你连规则都不遵守,怎么能跟你在一起,两人分手了。这个留学生回国后,找个中国女孩,遇到类似的情况,一个红灯,两边没车没人,女孩子跑过去,男孩子等绿灯过来。男孩子过来了,女孩子说你真没出息,两人也分手了。这背后实际上就是一种文化观念的冲突。

关于群体层面。在国家社会层面上,不同的文化模式,不同的法律、决策,法律模式是不一样的。像中国社会,可以有一套高效组织调动资源,比如抗震救灾。日本就过于繁琐了,什么都跟不上。中国大使还抱怨,矿泉水给你送去了,还得自己雇车给拉到灾区去。没办法,日本人就那样,按照他们的规则,很多程序还没走完。中国调动资源,加大法律整治力度,集中打黑整治,也确实能起到一定的作用。在案件多的时候,有时候运用人情经验文化,进行社会调解、行政调解、组织调解,组织做思想工作等。我们有我们的优势,但是有没有消极,可不可能消极?比如说重大决策,除了应急以外,重大决策程序都不完整的话,会不会有隐患?如果有隐患,特别是重大决策,怎么办?行政决策经验化,容易干预司法的独立性。如果说我们的法律条文弹性可以很大,严打和平时差别很大,法律本身的尊严怎么体现?人情网络化对于司法的渗透问题,比如社会调解,社会和谐很好,如果都这么调解了,人们还会不会敬畏法律?法律尊严怎么确立?

最后我要说一个结论,就是任何一种文化模式对社会的影响都是多重的,对法治的影响也是多重的,不存在绝对积极的、绝对消极的文化模式。在法制建设中,也不可能有一种文化可以包治百病。也要说,任何一种法律体系建设,不能是一个工具化的东西,一定要有一种精神。就中国而言,对法律的干预比较多还是因为经验文化影响大一些,可能更多地需要一种健康的、理性的文化。所以我们的法律建设对设计问题、制度安排问题,现代教育问题等等,都是这样。

最后说一句话,因为到高校,比较亲切,所以就比较放开了,讲得不对大家批评。我现在虽然到了中共中央编译局,其实跟教育还是关系密切。中共中央编译局是1949年建立的,原来叫俄文翻译局,第一个功能就是把马克思、恩格斯、列宁的著作翻译进来,现在的全集、选集、文集,多种版本都是编译局的专家一套一套翻译进来的。第二个功能是把中央文献,比如《毛泽东选集》、《朱德选集》、《刘少奇选集》、《周恩来选集》、《邓小平文选》、《江泽民文选》第二卷,用英、法、德、日、俄、西班牙6种文字向外翻译。还有当代马克思主义研究所、世界社会主义研究所,给中央做一些世界政党、世界发展的局势等等这些对策研究。我们这个机构,除了行政后勤,大部分是搞翻译、搞理论研究的,跟大家应该说有很多东西可以交流。我跟高校有千丝万缕的联系,今天能有机会给大家谈一谈自己的想法,感到很高兴,不管说得对错,还希望大家理解。

(以下是听众提问及回答)

提问1:今天听了衣教授的讲座,很受启发,想到一个很现实的问题,就是文化作为一种现象、一种模式,我就想到一种现象。我们过去搞了很多爱国主义教育,结果并不理想。但是我们的大使馆被炸、家乐福事件,又很容易激起我们学生、国民的爱国主义激情,这到底是一种现象,还是一种精神?我想提的问题就是从经验的角度,模式的角度怎么解释?如果从精神的角度应该怎么解释?比如中国的传统文化,从儒家的时候就讲仁义礼智信,最后辛亥革命的时候又提礼义廉耻，最核心的就两个字：忠、孝。我们现在的中国文化，总书记提出了八荣八耻，可从精神的层面、经验的层面，到底什么是我们中国的文化？概括起来能把它记住。

衣俊卿：实际上全球化、信息化时代，最好的一个现象就是我们已经不知不觉地开展了文化交流。如果一种文化，在传统社会相对封闭下，它会有自己的顽固性，一旦进入交流，就会有相互学习的过程。在改革开放的过程中，中西文化是交流的。有一段时间感觉西方的文化有很多优点，我们有弱点。现在我们经过了西方的发展，了解了西方社会所面临的问题，也知道我们的文化中还有很多优势，我们实际有一个古今对话，就是中国传统文化中有它负面的东西，束缚了人的个性，但是也强调和谐稳定。这些因素相互交融，慢慢就形成我们现在的一种文化，这种文化应该有更多的包容，包括现在 80 后、90 后的孩子，更多的是一种进步。如果我们到网络上看他们对于很多事情的判断力，表明他们越来越成熟，有一种务实精神，务实本身就是人很重要的一种精神，关键我们怎么样来引导。关于爱国，在你真正了解了世界的情况，人类所面临的问题，我们的优点、弱点，西方发展的优点、弱点等，在这个基础上，如果能建立一种包容的文化、精神，我们可能就会越来越健康。不是说用某一个概念、某一种东西就可以包打天下。

提问 2：因为我在加拿大做访问学者一年，对于西方文化，一到那个地方就感到了这种生机，三年来我一直在反思，但毕竟我不是研究文化的，所以总找不着一个头绪。今天听了这个讲座，觉得非常系统，对我来说受益匪浅。我们的教育很重视书本上的学习、经验上的学习，像您刚才讲的，我们可能不太重视的就是论证、动手的能力。我碰到这样一个问题，就是在我们教学目标里，比如说像金融，就要培养能够从事金融方面工作的高级知识分子，这一类的说法。但是我们现在培养出来的学生，比如说会计，或者金融，可能连最基本的资产价格都不会计算,就是一碰到计算的问题就不做了。教育的监督和管理这方面,怎么样能够把学生学习的书本知识和他自己应该具有的观察能力、思辨能力、动手能力、创新能力结合起来,放到教育目标里头,并且对这个教育目标来实行管理呢?我想您能不能谈谈您的经验,或者您给提一些建议。

衣俊卿:我的经验肯定不如你的经验多,但是我说一下这个问题。这个问题涉及很多方面,有学校的设置、教学要求包括教学过程,有的教育可能需要教室资源,如果课很大,一下子一二百人、二三百人大课,有些东西是实施不了的。如果在这个背景下,学校主动推行这个,还是可以做的。教师的水平是很关键的,无论你是讲抽象的理论,还是讲具体的实践,都要有一种本事,让学生有兴趣。

举一个最简单的例子,应该是零几年,我到英国去,专门去看我校那些联合培养的学生,一个小男孩给我说得特别好。那个小男孩学习很好,后来读到博士,他是学财经的,他说这儿的学习既有理论又有实践,关键这个实践是很真实的。怎么验证呢?怎么有兴趣呢?他为了生活就要打工,给一个企业老板打工,清扫办公室,下班以后在清扫办公室时,看见老板墙上所有的表格,与老师给他们讲的都一样,感觉这是真实的。中国的会计教育,很多老师本身就不会做账,讲的东西都是书本上的,比较远离实际。怎么样把案例、实验条件和书本有机结合起来,关键就是有一个宽松的空间,而且有一个灵活的、恰当的考试方式来引导,再加上老师的兴趣能引导培养学生兴趣,这是最重要的。

第四章　新世纪中国大学办学理念的思考

吉林大学原校长　刘中树

根据贵校的要求,我主要讲一讲高等教育、大学办学方面的问题。我曾经在学校工作过,也曾经思考过这样一些问题,所以今天所谈的题目是"新世纪中国大学办学理念的思考"。我讲三个方面内容:一是大学的使命问题;二是大学建设的根本;三是依法治校、以德立校问题。

一、关于大学的使命

21世纪是以经济全球化和知识经济为特征的新世纪,也是世界性的文化交流碰撞全面展开、文化成为综合国力竞争重要因素的新世纪。21世纪在这两点是比较突出的。

这个集最新的科技和人类知识精华,以知识为基础的知识经济时代,使西方的资本主义世界罹患了虚拟经济的危机。文化软实力显示了国力的强盛,也加剧了世界文化的冲突和竞争。

这些与高等教育到底有什么关系?处在这样的历史时代下,特别是建设中国特色社会主义的历程当中,高等教育所面临的挑战、时代的要求是什么?在建设中国特色社会主义的过程中,大学的地位和作用是怎么体现出来的?

这给我们提出这样一个问题:大学、大学教育如何发挥作用?如何应对这样一个新的历史时代所提出的挑战?如何应对我们建设中国特色社会主义对大学的要求？大学如何作出更大的贡献？这是进入新世纪中国大学教育不能不思考的问题。而大学的历史使命首先给我们提出的一个问题：大学的历史使命到底是什么？什么是大学？在不同的历史时代，随着不同的时代要求，大学有着不同的内涵和定义，有着不同时代的使命。

在21世纪建设中国特色社会主义的中国，主要关注三点：一是中国特色的社会主义；二是中国化的马克思主义；三是中国式的社会主义理论。这种情况下，中国大学的历史使命到底是什么？这是在大学工作，从事大学教育的每一个教师需要考虑的问题。

大学是什么？德国哲学家雅斯贝尔斯认为，大学也是一种学校，但是是一种特殊的学校，学生在大学里不仅要学习知识，而且要从教师的教诲中学习研究事物的态度，培养影响其一生的科学思维方式。美国教育家亨利·纽曼说，训练是大学的职责，这一训练过程就叫做博雅教育，所谓博雅，一般的解释就是渊博。这种教育不是为了某一特定的或表扬的目的，不是为了某种特定的职业或专业，也不是为了研究或科学，而是为了智力而训练智力，是使智力能够感知其合适的对象，是为了更高级的文化。这些都是对教育比较深刻的认识。

大家都熟悉我国著名的教育家、曾经任北京大学校长的蔡元培关于大学的理念：大学为囊括大典、包罗众家之学府，无论何种学派，实之有效，言之成理者，兼容并包，凭其自由发展。他认为，大学者研究高深学问。这样的大学者也是很有意思的，他提兼容并包，凭其自由发展，但他是从学问、思想这些角度来谈的。对学生闹事，他反对，有材料表明，北京大学收讲义费，找校长提意见，蔡元培要跟他决斗，这一点就不够自由，不够宽容了，是不是？这些关于大学的理念、大学的使命，他们有一个共同点：强调大学学术的底蕴、素质的教育、精神文化的熏陶，强调大学的精神育人。

所以,大学乃精神之大物。当然他们也有自己偏颇的地方、不全面的地方,但是他们这些说法是可以给我们深刻启示的。

21世纪中国的大学,要面对新世纪的挑战,在建设中国特色社会主义的历史进程当中,要承担起新的历史使命。在这样一个特殊历史条件下,它的历史使命是什么?今天的北京大学和蔡元培时代的北京大学是不一样的。传统是要继承的,也还是要发展的,要创新的。我们的聚焦点、出发点还必须从今天出发、考虑。我想到了两个人的讲话:一个是1998年江泽民同志在北京大学建校100周年大会上的讲话;一个是2011年胡锦涛同志在清华大学建校100周年大会上的讲话。他们怎么讲中国的大学呢?

江泽民同志提出:为实现现代化,我们要有若干所具有世界先进水平的一流大学,这样的大学应该是培养和造就高素质创造性人才的摇篮;应该是认知未知世界,探索客观真理,为人类解决面临的重大课题提供科学依据的前沿;应该是知识创新,推动科技成果向现实生产力转化的重要力量;应该是民族优秀文化与世界先进文明成果交流借鉴的桥梁。

胡锦涛同志在讲话中提出:不断提高质量是高等教育的生命线,必须始终贯穿高等学校人才培养、科学研究、社会服务、文化传承创新各项工作之中。

我觉得他们的讲话都是针对21世纪我国高等教育理念和高等教育任务而作出的新的理论概括和思想内涵的诠释。江泽民同志的几个应该,比较全面地提出了问题;胡锦涛同志从四个方面,就内涵的实质做了阐述。他们的讲话都为高等教育的改革创新,为新世纪中国大学的定位指明了方向,所以高等教育的使命是什么?到底要起什么作用?就很明确了。不管是"985"的学校、"211"的学校,还是一般的大学,大学的使命和承担的历史责任不应该有区别,但在自己具体目标的定位上,可以有不同。北京大学是这样,清华大学是这样,河南财经政法大学也是这样,没有什么区别,虽然从国家大学的建设来看,有"985"、"211"、"省部共建"、"省建"等等这样的区别,这是从国家现实的经济社会发展状况出发所采取的具体措施。实际上,大学的建设承担的使命应该是平等的、平衡的。各自都可以根据自己学校的不同在这几个方面发挥作用,这一点是没有什么异议的。

从两位总书记的讲话当中,从目前历史时代的现实当中,新世纪中国的大学应该是人才成长的摇篮;是科技创新的前沿;是引领社会进步的思想库;是优秀文化传承创新的源泉。我认为大学使命是这四点。中国大学迫切需要提高知识创新和人才培养的水平,特别需要加快科技成果转化为生产力的步伐,特别需要加强社会服务的功能。这样才能够把大学建设成一个推动和引导经济发展、社会进步和文化大发展、大繁荣的人才库、思想库。四个使命里面最关键的一点是人才库、思想库。

大家说我们中国的大学能够成为思想库吗?大学不仅能够成为思想库,而且必须是思想库,现在也在起着思想库的作用。大学的人文社会科学研究、自然科学研究所提出的所有思想应该是中国化的马克思主义建设重要的思想资源。这个思想资源可能是长期积累、潜移默化的,每发表上网一篇文章,每完成一个项目都是为思想建设在提供着资源。这个说法也可能是谬论,我在学校为了鼓励、激励他们,我说你们都是思想库啊,你们的思想都是很不简单的,要成为一个思想库的,我们大学要起这个作用的。

我听说河南财经政法大学关于伦理问题的研究,在国内还是很有影响的。政治伦理、国家伦理、家庭伦理各个方面,这个研究能说对中国化的马克思主义建设不起作用吗?肯定起巨大的作用。

所以,人才库、思想库是最根本的。

十七届六中全会关于中国的文化建设提出文化自觉、文化自信，说文化要提高人民的思想道德水平、水准，要提高民族凝聚力的作用，为什么能起这个作用？就是植根我们民族的血脉之中，才能起这个作用。大学里面我们是不是也得有这个自觉？有这个自信？在整个文化的建设当中，会弘扬我们民族文化血脉的根？对于我们今天的大学，就是要成为人才的摇篮，就是要成为科学创新的前沿，就是要成为引领社会进步的思想库，要起这个作用，就是要成为优秀文化传承创新的重要源泉。我们的高校，都要以这样新的理念推动学校的教学、科研、体制、管理等等的改革创新。要以这样的理念找准制定学校的建设目标、学校的定位和学校的办学方针。

二、关于大学建设的根本

大学建设的根本是什么？中国大学为实现新世纪大学的使命。我们长期在大学工作，谁不知道大学建设的根本呢？都知道，但是在这里面，我谈一下自己的想法。中国大学为实现新世纪大学的使命，我觉得五个方面是大学建设的根本：学生培养、学科建设、科学研究、师资队伍建设和管理队伍建设。

这五个方面，大家基本都是这个认识。正是这五个方面体现了大学的成就，标志着大学水平。这五个方面的建设也应该是大学的命脉。

1. 学生的培养

高等学校工作的应有之义最主要的是抓好教学工作。我在学校的时候总是这样强调，教书的工作非常重要，教学工作是学校工作的一个重要方面，是学校工作的命脉。要保证教学质量，要下大力气提高人才培养的质量，特别是本科教学人才培养的质量。现在我虽然不在学校工作了,我碰到有关方面的问题,还是强调要发展研究生的教育,但是最基本、最基础的东西,本科生的教学仍然是大学教育的核心工作、根本任务。

人才的培养要注重把知识教育、能力培养和素质提高统一起来,使学生、培养对象在基本知识、实践能力、创新能力以及个性发展之间寻求一个统一,寻求一个融合。我曾经讲,吉林大学学生的特点是什么?学生入学的时候,没有北京大学、清华大学、复旦大学入学的分数高,但是,我一直强调吉林大学培养学生要从四个"实"来培养。一是学业扎实;一定在业务上让学生有扎实的知识基础、学术基础;二是思想作风朴实;三是工作态度踏实;四是行为务实,不搞其他的东西。

学业扎实、作风朴实、工作踏实、行为务实,这就是吉林大学的学生应该具有的素质。四个"实"凝聚成一个词:厚实。培养出的人才很厚实,很厚重,这样就有了工作实践的能力,就有了继续发展的潜力,有了这几个"实",才能到工作岗位上和大家处得很好。我有时候也用这个炫耀我们吉林大学,吉林大学的学生有后劲,有竞争力。不输于北大的学生,也不服清华的学生,因为在这里咱们都是高校,我就瞎说了,北大的学生到哪里都挺胸说是北大的,只有这个也不行。吉林大学的学生就哈着腰,让我干就干好,就一定干好,有后劲,很快成长起来了。我觉得高校培养人才也应该强调这个。当然,这与政治素质的培养、政治方向的培养是不矛盾的。我个人一直这么觉得,不管哪个大学,培养学生都应该这样的,我在学校工作就是这么强调的,我对学生也是这么强调的,这可能是培养学生保守一点的想法。

有了创新的思维,就会有实践的能力、发展的潜力,这样的人是否应该算做高素质人才了?我觉得应该是高素质人才。

胡锦涛同志讲过,全面提高高等教育质量,必须大力推进文化传承创新。这是提升人才培养的一个大好机会,讲出素质教育的真谛,强调素质教育,教育部有素质教育委员会,各个省还有素质教育的基地。什么叫素质教育?素质教育很大一个问题是推进文化传承。文化教育,文化育人,对任何专业的学生,都是教育的应有之义,不管是哪个专业,重要的是让学生能够切实掌握人类的先进文化,其中一个重要方面应该是马克思主义理论和思想方法。我们今天的教学,特别是我从吉林大学教学中的感受,北京大学、清华大学、南开大学、复旦大学也是这样,我觉得现在的学生、青年教师有一个共同的问题:对马克思主义赞成也好,反对也好,都没有认真地读一点马克思主义的东西。对西方的东西,说西方的存在主义不太好,海德格尔也谈论不少。但是我问读了什么东西没有?这绝对不是考你,是向你请教,因为我文学还可以,英语根本不行,他们说海德格尔的东西都是听说的,说的对不对?翻译的对不对?讲不清楚。所以,我们今天应该是怎么样的?在学生学习,特别是学习人文社会科学时,教师要引导学生读几本马克思主义的原著。我50年代大学毕业,那个时候学的是苏联的版式,苏联的教科书、苏联的哲学、历史唯物主义、辩证唯物主义等这些东西,教条的,但是我们毕竟还读了《资本论》,毕竟读了《社会主义从空想到科学的发展》,读了《共产党宣言》,读了《经济学的批判导言》,读了《哥达纲领的批判》,读了《自然辩证法》等,毕竟我们还读了一点这些东西,尽管读得不怎么样。"文革"期间,别的东西都不学了,读《共产党宣言》。可能从那个时候过来的人都知道,当时强调《共产党宣言》要好好读,读《毛主席语录》、《毛主席著作》,毕竟读了这么多东西。现在呢?我们还是应该引导学生读一点这些东西,用历史证明马克思主义是现代人类最先进的一种科学。我觉得高校的教学当中,能否抓一抓这个东西,对学生培养是很重要的。作为文化育人,我特别强调这样一个想法。当然,我们要从正确的世界观、人生观、社会主义核心价值体系提升、分辨、吸取掌握人类古今中外优秀文化成果的能力。

胡锦涛同志讲:我们现在说大师,没有大师,总是呼唤大师。钱学森先生也在呼唤大师。我曾经给学生讲,不能说今天没有大师,我对这个是不大同意的,今天没有大师?为什么今天不出大师?我不是跟钱学森先生辩论,因为各自从不同的角度来谈的,呼唤大师也是对的。今天在座的老师们、同学们,谁敢说你不是未来10年、20年、100年后的大师?后来人们重新认识历史的时候,就有可能发现我们某一个是现在的大师。有很多大师也并不是当年被发现的大师,鲁迅是大师,但是被很多人在骂,现在还有人在骂,是不是?大师有一个很重要的潜力,潜力是什么?就是文化的传承创新。所以,无论是哪个专业的学生,文化育人是非常重要的。华罗庚是著名的数学家,他的古典诗词做得非常好。我们学校去世的一位院士,是个数学家,是我们国家计算数学的奠基人,所以,吉林大学的计算机系有幸能够成为我们国家第一的系,因为他是搞计算数学的。在70年代末、80年代初,他写了一本红楼梦研究的专著。那个时候他是人大代表,到北京开会,有一个红楼梦研究的专家就问我:"过去我们不知道还有这个人,过去红学界没有啊?他能够写出这个?他是干什么的?"电话里面我也没有跟他细说,我说他在北京开人大会呢。他就去找了,找到一看,70多岁了,大数学家、院士,吓得没有跟他谈。人家是院士、数学家,能写出红楼梦研究,这个就是文化育人。所以,我们在育人上,培养学生上,是不是也应该考虑文化育人的问题?这是关于学生培养的。

2. 学科建设与科学研究

学科建设是学校高等教育的重要方面,有人这样提:学科兴校。实际上一个学校的学科是学校实力建设的根本,主要体现在哪儿?培养学生的质量、科研的成就和教师的水平。这三个方面综合的实力,就形成了学科的水平和实力。所以,我觉得不管是哪个学校,学科全也好,不全也好,学科的建设都要强调基础学科功底坚实、应用学科推陈出新、优势学科要特色鲜明,特别是要注意利用学校的学科交叉、综合,建立一些国家特别需要的新学科。比如吉林大学现在是学科门类最全的大学,当年在国际问题研究上,原来有苏联研究所、朝鲜研究所、日本研究所等等,研究东南亚没有优势,研究美国也没有优势,但是吉林大学地处东北,是否可以抓东北亚的研究?当时我下决心,抓东北亚的研究,从这几个所入手,后来又把这几个所合在一起,成立一个东北亚研究院,发挥了学科综合交叉的优势,现在东北亚的研究基地、核心领先就在吉林大学,是我们国家第一个教育部人文社会科学基地。

前不久,学校来了新校长,新校长和刘延东同志谈话,她就问,你们东北亚研究可是领先的啊?日本问题研究所、朝鲜韩国研究所、俄罗斯研究所当年都是有特点的,是符合学校的优势和特点的,应该继续发展。所以,学科建设要有自己的学校特点,抓住这个主题,发挥学科建设的优势。

3. 师资队伍建设

一流的人才培养,一流的学科,一流的科学成果,一流的学术,最终都依赖于一流的教师队伍,要建立高素质的教师队伍。我在学校工作的时候,提出教师、学生是两个主体,无论什么时候这都是学校的两个主体,这两个主体教书育人、教学相长。

吉林大学的教师应该具有什么样的素质?我当时从这么几个方面来说的,只要是吉林大学的教师,就应该具有这样的素质,每年新进教师培训的时候,我就要去给他们讲一讲,关于人格、人品上,有这么几点:一是有正确的政治方向;二是有科学的理论思想;三是有高尚的道德风范;四是有崇高的人生信仰。关于学品上:一是要有高深的学术造诣;二是要有独立的思维力量;三是要有平凡的人格魅力；四是要有成熟的心理素养。每一个青年教师到学校来任教，就要从这几个方面磨炼自己、锻炼自己。要过教学观、现代信息技术观，这都是对现代教师的一些要求。

当然，就学校来说，要创造条件吸引人才、留住人才、培养人才，要加强教学和学术团队的建设，要鼓励优秀人才脱颖而出。所以，我们学校有院士，有人文社会科学的资深教授，有长江学者，新世纪人才，千人计划。在这些之外，自己又搞了"特聘教授"，比"千人计划"、"新世纪人才"要求都要高，给的津贴也比较高。自己学校定的，不比国家定的低，而且要求比国家的高。这样来鼓励优秀人才脱颖而出。有了脱颖而出的人才，才能够带出脱颖而出的学术团队，这种人才才是我们所呼唤的学术精英，博古通今学贯中西的学问大师和世界著名的学科领袖都要从这里出。我觉得现在的教师（年轻的教师，中年一代的教师）在今天这个时代有这个条件使自己成为具有大师潜质的教师。我们这一代不行了，我们是50年代初入的大学，搞这个运动什么的，有一点像夹生饭的人才。我们的老师一辈，比如中文的，是大学教授，学者，又是大作家、大翻译家，往往是综合一身的。胡适不是大学者、大作家、大翻译家吗？鲁迅不是大学者、大作家、大翻译家吗？鲁迅是中国新闻学的奠基人。包括我的老师费名，他是北京大学五四时期的作家，是属于恬淡自由派的作家，周作人的大弟子，鲁迅承认他文笔的特点，淡然、恬然、自然。但是，对他跟着周作人走，鲁迅并不太感兴趣，费名就是你的名，费什么名？但是，他给我们开什么课？鲁迅研究、艺术论、杜甫、陶渊明、毛泽东著作的语言。他就说，我最懂得莎士比亚的，中国谁懂？我是最懂得的。他是北京大学英语系毕业的，成为了作家。今天我就敢讲语言，也不敢讲古代文学。就是这样，我们今天年轻的教师有这个条件吗？是不是应该这样发展呢？有了这样脱颖而出的人才，就一定可以带出脱颖而出的团队。

就我们学校来说,创造这个条件,现在有这个条件,应该向这个方面努力。

4. 管理队伍建设

一个学校的管理体制、机制是学校建设的一大关键问题,学校要建立高效务实的管理系统,要建立切实有效的保障体系,要建立催人上进的激励机制。而就一个管理人员来说,应该具有21世纪中国大学的办学理念,应该具有现代的教育思想,应该掌握体现你所在的学校个性的办学理念。当然,我们要恪尽职守,要有这种工作精神,这是一个基本的要求,而就工作方式来说,我们的管理一定要寓管理于服务当中。要有这个理念,管理不是在管,而是在服务。以服务体现管理,寓管理于服务的理念,通过全面优质的服务提高管理的水平,实现学校管理的目标。

我们曾经搞过一个试验,在我当副校长的时候,分管文科的科研、教学,我就拿社科处做试点。大家都报项目,现在成为每一个老师的压力,也成为学校的压力,这也是体制应该改革的。社会科学发展基金来的项目不报就没有钱,怎么报?教师填这个表,现在出现了填表专家、填表高手,我们学校的科研秘书都是填表专家,不会填,就找他,告诉你怎么填,都锻炼出来了。学校也是这样,评价学校有国家重点项目,马克思主义工程项目等等,压力太大了,后来我们进行了改革,我们发布了申报项目通知,教师报上来的项目一个一个地帮助参谋、填写,教师答辩的时候,问他怎么上?是否需要我们代买票?当然,买票教师自己报销,回来问他,谁来接你?要不要接你?我们做了这个工作,教师反响特别好,申报项目的也多了,填表也更规范了,获得了教师的一片好评,提高了科研积极性,这不就是省得今天说填表不合格?马上要报了?怎么表还不拿上来了?是不是一改变管理就搞好了?抓了这么一点,一直都不错,一直到现在,我不做校长了,他们这一条抓得很好,他们又发展了,比如报国家重点项目,报上来了,社科处先请校内有关专家,跟你一起讨论,帮助怎么修改。修改完了,校内再问教师,这个学科哪些专家有权威、有希望评?报学科的时候谁谁谁,他们就去找人家了,给予帮助、关注,一直发展到现在,这个也不一定对,但是寓管理于服务当中是对的,我觉得管理也很重要。

所以,大学建设的这 5 个根本点,应该要抓好,这样我们的历史使命就有了根基。

三、依法治校、以德立校

依法治校、以德立校也不一定对,但这是我在学校工作的时候特别强调的一点。我觉得依法治校、以德立校是学校管理的两个手段,两者是相辅相成,相得益彰的。

首先,依法治校。就是要牢固树立法治观念,在学校要依法推进民主管理,依法维护师生员工的权益,依法深化学校内部的治理,依法推进党务公开和校务公开,完善民主管理的途径和程序。这是我的总结,我也是这样强调的。

法在学校,什么是法?学校有两个大法:

第一,学校根本的体制。这个是不能变的,党委领导下的校长负责制。校长是法定代表人,全权负责学校法律的执行和校务的实施。

党委领导下的校长负责制,最基本的是依据民主集中制的原则,坚持群众路线,从群众中来,再回到群众中去,坚持民主管理。凡是重大的问题,要按照集体领导、民主集中、个别酝酿、广泛听取意见,最后会议决定的程序来依据学校的章程、集体讨论做出的决定。然后,就要依法照章办事。这是党委领导下的校长负责制。民主决策、党委决定,是一个很重要的方面。

第二,学校的章程。这个是学校的基本法,有的学校有,有的学校没有。是不是都要搞这个呢?吉林大学是有学校章程的。最早的吉林大学是东北人民大学,那个时候就搞了学校的章程,后来经过修订、修改,形成了现在的吉林大学章程。

我简单介绍一下,吉林大学的章程分序言、正文两个部分。正文共8章:第一章是总则;第二章是学校功能和教育形式;第三章是组织与结构;第四章是教职员工;第五章是学生及校友;第六章是经费、资产、后勤;第七章是校规、校旗、校歌、校庆日、纪念日;第八章是附则。8章74条,这个章程就规定了这个大学的名称、地位、宗旨和目标,说明了大学的性质和地位,规定了大学的学科门类、教育形式,说明了大学的功能和任务,规定了大学的领导体制、组织架构和组织成员、财产经费,明确了大学为完成其基本使命所依存的组织体制和人、财、物的资源条件。

这些规定确定了大学的身份、地位、行为的基本准则,工作的基本依据,一切其他的规定,教学上的规定、学生的规定、人事上的规定都要依据大学的章程、基本的准则来做出规定。这是总的工作的基本依据,教改会、学术委员会以及工青部等团组织,要依据大学章程制定自己的章程,形成自己的咨询、审议、监督等等职权。

吉林大学章程里面规定,学者治教,教授治教。因此,吉林大学的行政领导一律不参加到学术委员会里面,都是不担任行政领导职责的教师参与到这里面来。那么,教师的职称评定、学术的水平评定都由学术委员会完成。但要在党委常委领导下进行工作,这个方针是不能动摇的,因为这都是按照章程做的。所以,依法治校应该说是保持学校和谐、一切运转有序的重要方面。我们应该树立这样一个观念。

其次,以德立校。以德立校讲的是一所大学精神灵魂的问题。人没有精神灵魂,常常说行尸走肉。大学没有自己的精神灵魂,就不能成为屹立于大学之林的高等学府。大学是培养人、教育人的摇篮,大学不仅是完成人力的教育,不是培养简单的劳动力,更要重视人的教育。要关注学生,关注教师,关注学术,关注学风、校风,要塑造大学的精神,以大学精神来熏陶培育一代人才,挺立大学的形象。我觉得这就是以德立校。

有人写文章说,大学精神主要有两个方面:第一,物质文化;第二,精神文化。精神问题里面,从形态上分为三种类型:1.观念型的文化,包括:世界观、人生观、价值观、道德观、审美观。2.制度型的文化,包括:课程文化、课外文化。3.素质型的文化,包括:心理素质、治学风格、教风、学风、学术风气、学校的传统和校风等等。这都是一个学校精神文化的表现。一个学校还有物质文化,物质文化某种程度上显示着精神文化的东西。物质文化从形态上可以分为两种类型:1.环境社会设施文化,包括校园布局、建设风格、校园绿化、美化、环境卫生、食宿环境、各种学校活动的设施。2.制度文化,包括学校的组织机构、管理体制、生活娱乐、活动方式、行为规范、规章制度等等。

精神文化是学校长期形成的一种特定的精神环境和文化氛围。物质文化是校园文化的载体,体现了精神文化的特质。正是精神文化和物质文化体现了学校的政治方向、学校的理想追求、办学理念以及由这种政治方向、理想追求和办学理念所形成的传统、办学特色、校园文化,经过历代学人的继承、吸收、积淀、创新,筑就了一个大学的大学精神。所以,大学精神是大学文化的灵魂,是大学的精神灵魂。

著名教育家蒋梦麟曾经把北京大学的精神归结为:大度、包容、思想自由的精神,更像是对蔡元培时代的北京大学而说的。在讨论吉林大学大学精神的时候,给我印象很深的是吉林大学一个老师,他说:如果说北大博深若贤者,复旦静雅若贤者,那么吉大是吉跃如侠士,独立在北,俨然一位孤傲的学术剑客。我觉得这个比喻很形象,很犀利,但是把吉林大学比作侠士、剑客,吉林大学不至于吧?所以,我把唐敖庆校长主持、坚持的一些办学理念总结了一下,吉大的精神应该是这样的:坚定正确的政治方向、办学方向;坚持两个中心(教学、科研)的办学思想。今天来看,还应该加一个社会服务。

匡亚明大家都知道,中国著名的教育家,1955年到吉林大学做校长,1983年到南京大学去,他在吉大做八年的校长,吉林大学的发展没有匡亚明应该说就没有今天。我记得1958年在学校礼堂开会,因为1959年要在北京举行高校的科研展览,匡亚明就动员大家要搞科研、要搞教学,把科研抓上去;要搞两个中心,如果科研搞不上去,他到北京去,就要哈腰低头,要是搞上去了,他就可以挺胸了。所以,一直坚持两个中心的办学思想,今天是三个。

尊重知识、珍惜人才。这一点也是匡亚明给我很深的印象。

当年,我们的一个老师在天津,是张学良的财政局长,很有钱,在最有钱的人里最有学问,在最有学问的人里最有钱。请他到学校来,他有两个条件:第一,不参加政治学习;第二,不参加政治活动。匡亚明说可以,只要来了把文字搞上去就行了,所以,现在的文字方面的专业除了北大就是吉大最强了。

他珍惜人才,当年他搞36个中青年个人重点培养对象,规定是不要承担社会工作,不参加劳动。我们那个时候大学一毕业参加劳动,每年必须参加多长时间的劳动。另外,不参加政治学习,大家要闷头把学科的学问搞上去。我也有幸是年轻教师中的36人之一,"文革"期间都批我们是修正主义苗子。后来,这36个人太少,就变成了72个人。在座的年轻的不知道,在上世纪五六十年代,提出教师培养就把学问搞上去,不参加劳动,不承担社会工作,不参加政治学习,反党啊!修正主义啊!他就是这么决定的,事实证明,实际上当时说是这么说,劳动得了便宜,没有参加,政治学习哪儿敢不参加啊？还是要参加的。"文革"以后,恢复职称,这72个人首先都上去了,这也是一个传统,尊重知识、珍惜人才。

再一个艰苦创业、奋发向上。吉林大学时刻都不会忘记艰苦创业、奋发向上的作风。

最后一个五湖四海、团结合作。吉林大学是1952年成立的真正的综合性大学,有来自五湖四海的人,他强调这一点,这也是吉林大学的精神。

这些精神某些方面还是有参考价值的,坚定的政治方向,两个中心、三个中心的办学思想,尊重知识、珍惜人才,艰苦创业、奋发向上,五湖四海、团结合作。所以,像吉林大学老校长唐敖庆倡导的勤奋求实、严谨创新的学风和吉林大学现在求实创新、立志图强的校训都体现这种精神。校园文化是大学精神的载体,加强大学的校园文化建设,以大学精神育人,以德立校,我强调以德立校。

最后,我想用两句话作为实现办学理念具体实践的一个思想动力,也介绍给大家,看看能否成为一个思想动力：一句话是我们刚才讲的校训:求实创新、立志图强；另一句话:人比山高,脚比路长。

首先,求实创新、立志图强。这是我当校长的时候,经过广泛地征求意见,由教代会审议通过,校常委会讨论决定的吉林大学的校训。这个校训出来以后,开始大家觉得太直白。看看清华的校训是什么？自强不息、厚德载物。看看复旦大学的校训是什么？博学而笃志,切问而近思。人家都志向高远啊？修身、齐家、治国、平天下,人家的文化内蕴多深厚！看吉林大学的校训,求实创新、立志图强,这么直白？这么不厚重？这不是我定的,全学校征集,最后我们选了这个。这是从吉林大学的现实状况提出的,10年以后,20年以后,吉林大学变化了、提升了、更强了,再改校训去。吉林大学的前身是我们党在东北根据解放战争的需要,在哈尔滨建立的培养干部的学校,东北行政学院。为适应国家建设的需要,先到长春,再由哈尔滨到沈阳,1950年从沈阳到长春时,改名为东北人民大学,成为中国人民大学的小兄弟,都是我们党建立的。那个时候东北人民大学的老师现在基本上都退了,都是我的老师辈的,90%甚至100%都是在中国人民大学培训、学习回来的。那个时候才成为"新兴正规化的大学",只有财经政法专业,财经政法是吉林大学最老的专业,最有底蕴的专业。1952年,趁着院系调整,党中央决定要在东北建立一所具有战略性意义的综合性大学,吉林大学得益于计划经济,得益于我们党的领导。由于这样的决定,当时从北京大学、清华大学、燕京大学,包括大连大学等等院校调动了一批著名的学者和从国外刚刚回来的一些年轻的学者、人才来到东北人民大学,这样1952年才有中文系、历史系、数学系、物理系、化学系,当然政法是保留下来的,是这么一个学校。比如像化学系的唐敖庆、蔡镏生等;像物理系的余瑞璜、朱光亚等;中文系的杨震生、费名等。正是这些人来了,他们又带了一批著名的作家、中青年教师,把吉林大学搞起来了,吉林大学某些学科一下子在全国处于一流,这个学科是由前沿的学者建立的一流学科,但是这个学校学术底蕴非常不足。1958年改成吉林大学,2000年五所学校合并在一起,过了两年,又把军需大学合进来,这个新的吉林大学规模最大,学科最齐全,也有了新的发展机遇。但是地处东北,多校合并,学术底蕴又不是那么厚实,也带来了新的困难。因此,我就总强调,清华、北大包括复旦等著名高校唾手可得的东西,吉林大学不花上十倍的努力就难以达到。人家坐在那里一张嘴,仙桃就掉嘴里了,我们蹦得很高,也不一定能摘下来,我们要认识自己。对我们这样的学校,就是要务实、求实、求真。要相信真理,追求真理,这样才能做出成绩。就像教育家陶行知说的:千教万教,教人求真;千学万学,学做真人。吉林大学就是要这样。求实,求实的灵魂是什么?创新,培养创新的人才,追求教育的创新、科学的创新、知识的创新,这个时候我们才能够超越。有了超越,我们才能够发展。因此我提出全校的师生员工都要有危机感、紧迫感、使命感,艰苦奋斗、自强不息,立志图强。这样才能够壮实自己,才能够立于强校之林啊,没有这个怎么能行呢?大家还是先委屈一点,求实创新、立志图强,要有这个精神。吉林大学每一个学生,每一个老师,整个学校都要立志图强,才能够立住脚,才能跟人家竞争,能够竞争上去。10年、20年、30年以后,强大了,再改去。这个是不是也可以借鉴做我们工作的一个思想动力?

第二句话:人比山高,脚比路长。这句话是我国著名的诗人、学者、解放军军歌的制作者公木写的,也是我的老师,他为吉林大学校歌写的歌词中的一句话。人比山高,脚比路长,这个气势、气壮山河,谁来配曲?我想到一个朋友,中国歌剧舞剧学院的院长,长江之歌的作曲者王世光。长江之歌大家都知道,气势磅礴啊!再请他配曲。所以,校歌从写词,到配曲,到做成碟、唱,一分钱没花。歌剧舞剧院有合唱队,我拿回来就是现成的。校歌气势非常好,人比山高,珠穆朗玛峰不是最高的吗?人不是可以征服它吗?登上它的峰顶了吗?登上它的峰顶不就比它高了吗?路很长,世界上有走不完的路,但是路是人开辟出来的,是人走出来的,鲁迅说,世上本没有路,走的人多了,便成了路。所以,脚还是比路长。这是告诉我们什么?我们要有信心,只要我们自信,自强,持之以恒,奋斗不息,我们就会达到目的,我们就会实现目标。这不也应该成为我们的思想动力吗?所以,完成我们的大学使命,进行大学根本的建设,有这两条是不是我们就有了力量、有了信心呢?在吉林大学,我这么强调的。

（以下是听众提问及回答）

提问：刘校长您好，您刚才在报告中提到教师学习的空间。最近胡锦涛总书记多次强调，要实现中华民族的复兴，弘扬中华民族精神，作为大学，对中国传统文化的弘扬方面，应该有什么作用？吉林大学在这方面怎么做的？您在提倡教师和学生多读马克思主义经典著作的同时，是否提倡老师和学生多读中华传统的东西？

刘校长：读中国传统文化的经典著作是没有问题的，是一定要认真读的。我刚才强调的意思是，就目前一个现象，大家在某种程度上有这么一种倾向，更注重传统文化，更注重现代的西方哲学的学习，忽视了对马克思主义的理论学习，我是针对这种现象提出来的。

传统文化经典的学习是非常必要的，大学是文化传承创新的源泉。为什么是一个源泉？在大学里面，传统文化的教育作为使命之一，不能分专业，不能分学科，从文化育人这个角度，各个学科的学生都应该读一些经典的东西。读了，了解了，不是教条的学习，总是要结合现实树立自己的人生观、价值观，提高自己对中外文化的分辨能力、认识能力，在这个过程当中有了新的认识，就发展、创新了。这是紧密结合、融合在一起的。所以，这是大学文化育人的主要任务，是应有之义，也是大学作为文化传承的源泉的使命。

我赞同你的说法，经典的传统文化的东西是需要学生去学习的，还是要强调的。现在有一种说法在批新儒学，说不应该看做一种文化守成主义、保守主义，新儒学是一种文化浪漫主义。这是他们在现在的文化交流碰撞的过程当中，一种回归过去的情感，一种浪漫的情感，就像英国浪漫主义对宗教回归到宗教改革以前的浪漫主义的一种情感。这个说法我也不完全赞同，我想我们还是像刚才你说的，从文化传承创新的角度，加强学校的文化育人，加强这方面的工作,我非常赞同这个。

提问:最近,教育部发出关于就业方面的一个通知,以后的专业如果就业率低于60%就要停招,引起了媒体的关注也比较多。如果这样,大学可能就有很大的变化,这一点刘校长有什么看法?

刘校长:我看到了这个,不知道你的观点怎么样,我是不同意这个观点的,我就说一说我的观点。

前面我讲了,大学这四个使命,不是清华、北大的使命,是所有大学的使命。完全用就业来给大学提出这样的要求是不对的,职业培训可以考虑这个问题,现在有一些职业培训的学院,或者是职业类的院校可以考虑,不这么提也要这么做,职业培训是靠这个赚钱的,招来的学生就业不好,就不来学习这个东西,招不来学生就停了。但是作为一个大学,我觉得不能这么做,不能够取消这个专业,可以有多招生、少招生的考虑。甚至像过去有隔年招生也可以考虑。但是,我接触到有的人,隔年招生也反对,什么隔年招生?有报考的就招嘛!是不是?过去大学一个专业就招两个、三个学生,今天为什么这么多框框呢?我是这么一个观点,时间关系不能展开阐述。

主持人:刘校长长期做我们国家重点大学的校长,经历了吉林大学6个学校的合并,也可能是中国大学合并史上最大的一次合并了,以及吉林大学历史发展的重要时期,在大学办学理念和管理上有许多独到的见解。刚才刘校长关于新世纪中国特色下大学使命的见解,尤其是关于人才库和思想库的概括,关于大学建设中学生培养、学科、科研、师资、管理的观念,尤其是人才培养中他强调四实:学业扎实、作风朴实、工作踏实、行为务实的理念;文化育人的见解,管理人员中要具有中国21世纪的办事理念,要恪尽职守,寓管理于服务之中等等见解,关于依法治校和以德立校,是中国高等教育步入国际化轨道两大驱动力的观点。这些观点是刘校长对高等教育管理实践的总结,也是他对大学办学理念和在全球化环境下的思考。这些总结和思考,对于我们来说,很有指导意义,很受启发,使我们大家对如何办好大学有了更深刻的认识,对我校学术兴校的战略有了更深层次的理解,对于我校办学特色的更为准确的定位有了进一步的启发,对于我校提高办学质量有了更坚定的信心。

第五章 大学的理念及治理

江西财经大学原党委书记 伍世安

来到河南财经政法大学,有一种回家的感觉。第一,我们两校都是财经类的院校,是同行;第二,我们两校同处于中部地区,面临同样的外部环境,承担着共同的发展使命;第三,我是多次到原河南财经学院来,这是第三次了。1998年和2008年,受教育部的委托,我参加了对河南财经学院本科教学工作合格评价和本科教学工作水平评估,亲眼目睹了河南财经学院的发展历程。这一次,两校合并,更名成河南财经政法大学,这是学校发展史上的一个重大事件,可以说是开辟了新的纪元。此时,学校党委、行政组织进行大学发展高层论坛,邀请一批专家来进行讲学,我觉得这是高瞻远瞩之举。

我自己算不上"高峰",只不过是在江西财经大学当了较长时间的学校领导,有那么一些体会。我自己也不是学教育学的,只是因为当学校的领导,对学校教育、办学理念这方面,迫使我要去学习一些东西,掌握一些东西。所以,我今天要给大家汇报的问题,不一定讲得对,我只是介绍自己工作中的一些想法和做法,与大家进行交流和共勉。

我汇报的题目是"大学的理念及治理"。主要给大家讲七个方面的问题:第一,大学的演进;第二,大学的理念;第三,大学的功能;第四,大学的特征;第五,大学的文化;第六,大学的治理;第七,大学的崛起。

一、关于大学的演进

我从三个方面来谈,即大学的起源、大学发展的阶段和大学发展的趋势。大学的起源在我们中国来说,往往把它看成一种血缘文化,最有名气的是岳麓书院,岳麓书院是国宝单位,是国家级文物保护单位,我到过湖南大学,岳麓书院就坐落在湖南大学里,它的整个的管理是委托湖南大学来进行的。湖南大学的师生员工凭工作证、学生证可以免费参观,外面的人凭门票进入。正因为如此,湖南大学在宣传学校形象的时候,说是千年学府。当然,真正具有现代意义上的世界第一所大学是意大利的波罗尼亚大学,它产生于 1088 年。

大学的发展,我把它归纳为三个阶段:最初的大学,它是为教会培养神职人员的,培养神父、培养牧师。2005 年,我到维也纳经济大学访问,他们陪同我访问了奥地利科学院。奥地利科学院就在一所教堂里,而这所教堂就是维也纳大学的前身,僧侣们住宿的地方就是维也纳大学的学生宿舍。在他们教堂里面,有奥地利科学院正在举办的一场国际学术研讨会,在教堂的穹顶之下,一群科学家们在进行着学术探讨,宗教和科学如此地融合在一起,令人遐想。我到过剑桥大学,根据学校方面给我作的介绍,他们在正式考试的时候,学生一定要穿上学士长袍,要显出来那种绅士的风味。在毕业典礼的时候,每个学生要发一把剑,就是说学生到社会上以后,如果违反了学校教学培养的宗旨,就用剑自裁吧。也就是说剑桥大学培养学生的目标是具有绅士风度的人才。总的来说,大学的初期,它非常重视对人的这种培养和教育。

大学的进一步发展是在工业革命之后。随着工业的细分,我们的专业学科也在不断地细分,由此,大学的教育更多地是一种专门知识的教育,人才也更多地是一种专门人才的培养,也就是说由传统的对人的教育,转化成对专业的教育。从上世纪90年代开始,一直到现在,我们通过反思工业革命时代下的高等学校的人才培养目标,提出要对人的教育的复归,也就是说要体现对人的教育的这种复归。所以,我们现在一再强调,要加强素质教育,要加强通识教育,要强调实践教育。说到底,就是按照马克思所讲的,是一种否定之否定,螺旋形上升,体现了发展的阶段性。

从未来来看,大学教育将呈现哪几种发展趋势呢?我归纳起来有这样几个方面:

第一个趋势是高等教育的大众化。美国学者马丁·特罗有一个划分,毛入学率在15%以下,属于精英教育;15%～50%之内,称之为大众化教育;50%以上,称之为普及教育。到现在为止,我国高校的毛入学率已经达到了25%,所以我国已经迈入了高等教育大众化阶段。而在美国,毛入学率已经达到了百分之七八十以上,他们已经进入了普及化的教育。这是一个发展的趋势。

那么为什么高等教育会出现这种大众化的趋势呢?究其原因,一个是经济社会的发展,一个是知识经济的发展。经济社会的发展和知识经济的发展,需要有更多的大学生。美国管理大师德鲁克指出,在泰德时代,每10名工人中,就有9人干体力活;到上世纪50年代,干体力活的人占多数;到90年代,干体力活的人占20%;到2010年,干体力活的人大约在10%左右。随着知识经济的发展,它要求更多的具有更多学识的大学生。从这个角度看,就使得高等教育出现大众化的趋势。

第二个趋势是产学研一体化。美国加州大学教授卡斯特斯指出,如果知识信息是知识经济的电流,那么大学就是产生这种电流的发电机之一。随着后工业化时代的到来,知识经济的推进,大学作为产生知识信息的发动机,它必然要求做到产学研的一体化。

以国内大学为例,中南大学,他们 17 个重点学科,其中 13 个就办了公司,无形资产达到 1.4 亿元,公司为学校提供的科研经费就达到了 6 个亿。就是说学校的重点学科,既是国家的重点学科,同时又是有影响的公司,从而通过这种学科和公司的结合,产学研的一体化,不断推进了学术的建设,同时也创造了经济效益。

我到德国维尔兹堡应用科技大学、多塞尔道夫应用科技大学去访问,与他们交流,其中谈到了师资培养的问题。这两所学校,他们对招聘老师的条件有两条:第一个是必须具有博士学位;第二个是必须要具有 5 年在企业工作的经历,而且他们要考察应聘人员来自的企业是不是著名的跨国企业。也就是说他们两校所聘请的老师,本身不仅具有高深的理论知识,同时,还具有丰富的企业阅历,从而培养的学生就能够更好地把理论知识与实践相结合。在英国、法国、荷兰等国家,他们将一所高校就业率的高低作为政府拨款的依据之一。也就是说我们办学,不能关起门来办学,必须要和社会紧密相结合,必须要满足社会的需求。

第三个趋势是高等教育的国际化。高等教育的国际化,主要表现在三个方面:第一是学生的来源国际化;第二是教师的来源国际化;第三是教学科研的国际化。我到国外的一些大学去参观,他们也是非常重视学生工作,基本上每一所大学都有一个大学生的活动中心,在大学生活动中心的厅堂里面,就插着各个国家的国旗,代表着这个学校有来自于多少个国家的留学生。插的国旗越多,就代表着这个学校的国际化的程度越高。英国的外国留学生占全英大学生人数的 12%,但是这些留学生所交纳的学费却相当于他们本国学生所交纳的全部学费。在澳大利亚,他们的教育产出收入位居于第三产业的首位。这就反映了这种国际化的交流,不仅是一种思想意识青年的交流,而且成为这些学校发展第三产业的一个非常重要的方面。在老师招聘方面,他们已经是一种全球性的招聘,当出现了一个教授空位的时候,他们在网上发布信息,面向全球来进行老师的招聘。至于在教学、科研方面的国际化的合作,这方面更是比比皆是。

国外的很多大学规定,学生在学习期间,必须至少有半年时间在国外大学学习,并取得学分,否则就不予毕业。目前我校和境外的70多所大学建立了交流关系,他们都有这方面的规定,学生在大学学习期间,至少半年必须在国外大学拿学分。这方面的要求都是体现了国际交流、国际化的发展趋势。

第四个趋势是高等教育的多元化。高等教育的多元化表现为投资主体的多元化,我们可以看一看,在欧洲发达国家,高校的资金来源是多个方面的。学杂费这一块只占他们总额经费的10%,政府拨款占23%,另外教育主管部门、其他部门、企业研发等等这些经费都构成了学校的经费来源。我们国内的大学可能比较多的来自于政府拨款,来自于学费收入。而来自于其他的这种专项拨款,可以说占的比重是很小的。至于来自社会的捐赠、校友的反馈,这方面占的比重就更小了。而在国外,这方面占的比重都是比较大的。这种多元化还表现在办学形式的多元化,比如,不仅有全日制教育,还有成人教育、自学考试、网络远程等多种办学的形式。

第五个趋势是创业教育广泛化。1947年,哈佛商学院教授赖斯·麦斯首先在MBA教育当中开始了创业企业管理这门课,后来在高校当中逐步地普遍开设这种创业教育、创业管理等这方面相关的课程。美国学者科林波尔也指出,未来的人应该有三本教育护照:一本是学术性的护照;一本是职业性的护照;一本是证明事业心和开拓精神的护照。也就是说,我们大学不能只培养学生的学术水平,学校发了毕业证书、学位证书,只是肯定了毕业生的学术水平,比如说学生达到了本科,达到了硕士,达到了博士这方面的水平。但是,在职业方面,他们能够从事什么样的职业,尤其是他们有没有事业心和开拓能力？这是非常重要的,事业心和开拓能力是要求有一种创新的精神。创业教育,1989年联合国教科文组织在北京召开的一次会议上,进一步提出了要进行事业心和开拓教育,强调教育要培养学生开拓事业的精神和能力,我们后来把它翻译成"创业教育"。这种创业教育已经出现广泛化的情况,现已在高校当中普遍开设。

1998年美国已经有1400多所高校开设了创业教育,而且自主创业的毕业生占美国大学毕业生的20%。中国自主创业的大学毕业生占毕业生总数有多少呢？有这么几个数字,有的说2%,也有的说是0.2%,反正是非常之少。这种创业教育,就包括美国、日本、以色列小学的早起会,法国中学的中学生怎样办企业,以及风靡全球的DIY(自己动手自己做)等等,从小时候开始就培养学生的创业精神。还有前段时间流行于网上的照片,它所讲的是美国俄勒冈州一个七岁的小女孩朱丽叶·莫菲的事情,她在街头摆摊子,卖柠檬水,结果被当地的卫生官员以她没有卫生执照为由,把她的摊子翻掉了,不准她卖。这个事情经过媒体披露了之后,引起了群众强烈反对。这几个事例是说对于创业教育,必须要从娃娃抓起。大家知道,国外的孩子年满18岁,必须离开家庭独立生活,家里面再不给他们一分钱了,那么他们怎么去挣钱？从小就要学挣钱的本领,卖柠檬水、摆小摊就是他们挣钱的一种机会。后来州官员就出来了,这个卫生官员这样做确实不对,他们在执法的时候必须兼顾这些孩子们的创业热情,对他们要进行保护。从这么一个例子我们可以看到,在国外创业教育是非常广泛的。

最后一个趋势是高等教育的现代化。这种现代化首先表现在教学理念的现代化。我个人认为,教学理念现代化要强调对人格的塑造,在前面我们已经谈到了由对人的教育到物的教育,现在又回归对人的教育。我们非常强调对大学生的培养,要对他们的素质、人格加以塑造。另外,还要非常强调团队精神的培育。在国外的大学,他们所布置的作业,所阅读的案例,是非常庞大的,一个人要独立完成这个案例,要完成这个大作业是绝对不可能的,他们必须要成立小组,分工负责,某人研究某一块,最后再进行集成,这样才能够把作业完成。这样做的目的是什么?就是一种团队精神的培育,他们非常强调团队精神的培育。

除了教学理念的现代化,还包括我们办学条件的现代化。在高校当中,校园网、网上教学、情景教学、多媒体教学、物理试验室、数字图书馆、办公自动化等等这些现代化的东西都是最先在高校当中实现,或者是应用,或者是推广,这也是体现了一种现代化的发展。

二、关于大学的理念

在这里我想谈两个方面,一个是大学理念的演进;一个是大学理念的哲学基础。从大学理念演进来说,有这么几个阶段:第一个阶段是洪堡思想。上世纪30年代,由德国柏林大学的校长洪堡提出来的。洪堡思想就是在大学不仅要进行教学,而且还要强调研究。洪堡指出,大学应该成为研究高深学问的机构和学术教学资质的中心,培养学生的创造性思维,使人的个性得到充分的发展。洪堡的这一思想在德国没有得到实现,但是在美国得到了实现。具体表现在美国的大学设立研究生院,专门开展研究生教育,就从事这方面的研究。第二个阶段是上世纪60年代美国威斯康星州立大学提出的大学教育理念,他们认为,大学教育应当为区域经济和社会发展服务。大学不只是要研究高深的学问,进行学术教学自治,作为一种区域性的大学,还应该为区域经济和社会发展服务。

我到美国卡罗里大学访问,其中谈到如何对老师进行考核的问题。美国的高校对老师同样要进行考核,那么他们是怎么进行考核的呢?第一,考核老师过去一年的教学科研情况,比如说上了多少课,发表多少文章、成果;第二,考核老师对学校所做的贡献;第三,考核老师为社会所做的贡献。关于第一项考核,我们很好理解,因为我们中国的高校都是如此来做的,第二项考核经过解释我也明白了它的道理。大家知道,在国外的大学,尤其在欧洲的大学,它是一种扁平式的管理,每个教授不仅只是上了几节课就行了,而且要承担一定的学校事务。比如说我们到某所高校去进行学术交流,他们的外办接待了我们,但是我们不是跟外办去谈,而是和负责中美高校交流的某某教授去谈。会谈的结果还要经过教授委员会讨论,通过了以后,外办照着办理就是了。就是说该校的教授具有很大的权力,这种权力不仅仅是学术权力,而且在学校的事务当中,教授也有权力。就好比我们的老师,要当辅导员,要当班主任,你这个职务干得怎么样,就是承担的学校事务干得怎么样。

关于社会服务怎么进行理解呢?我当时与他们交流,我说高校的老师,做好教学,做好科研,这就是对社会的贡献啊!他们给我解释,高校老师或高校培养出的毕业生是不是企业的董事,是不是企业的顾问?是不是有能力给企业出谋划策?这就是他们要考察社会服务的情况。所以威斯康星州立大学相对来讲,它就是强调大学应当为区域经济和社会发展服务。第三个阶段是在上世纪80年代出现的卡耐基思想。卡耐基基金会的主席,是原加州大学校长卡拉卡。他指出,大学教育应当国际化。第四个阶段就是上世纪90年代开始新兴起来的创业教育,大学教育应当培养学生开拓事业的精神和能力。这就是大学理念演进的情况,我个人把它归纳成四个发展阶段。

关于创业的问题,美国的大卫·比齐有一篇名为《创造美国工业机会》的文章。小企业是如何给大多数人提供工作的?他把各种各样的企业分成了几种类型:第一种是属于大象公司,这种大象公司是对经济环境的变化不能积极适应的大企业;第二种是耗子公司,是指的家庭作坊式的、没有发展前景的公司;第三种是基于创新型的高成长性的企业。这种企业规模不大,但是,具有高成长性,具有创新性,而大学的毕业生,非常应该创办这类企业,这类企业为美国创造了80%的就业机会。江泽民同志也谈到,我们要帮助受教育者培养创业意识和创业能力。如果我们能培养出更多的这种创业者,就可以为社会创造出更多的就业机会。

上述理念的演进归纳起来,它们的哲学基础是什么呢?第一个是认识论的基础,也就是大学的内在价值,它就是要以休闲的好奇,去探究高深的学问。因此,大学应当崇尚学术,追求真理,传承文化,不断创新。什么是大学?一群老师、一群学生聚合在一起,利用学校提供的各种手段、工具,在一起自由地、开放地探讨未来,探讨科学,探讨知识,探讨真理,这就是一所大学,这就叫做大学。美国斯坦福大学的校训"让自由之风永远吹拂"可以说是对这一个认识论基础的解说。大学的另一重解释,它是要以培养人才、发展科学、服务社会为己任。大学应以人为本,诚信敬业,深入社会,造福人类。这是大学理念演进的第二个哲学基础,即政治论的基础。美国哈佛大学的校训"为增长才干走进来,为服务社会走出去"可以说是一个政治论的典范和代表。

我前面所谈到的威斯康星思想,谈到的创业教育,可以说在很大程度上都体现了政治论的基础。关于这二者如何来看呢?我们可以把它定位于前者是大学的内在价值,后者是大学的外在价值,二者相互联系,相互依存,相互渗透,相辅相成。从这样对大学的理解出发,在当前市场经济条件下,我们办学往往容易出现两种倾向：一种办学倾向是把学校当做企业来办，学校就是谋利，谋利的对象就是学生。也就是说把办学的目标功利化，办学就是挣钱。这个就背离了大学的内在价值。另外一种倾向就是象牙塔里做道场，世界、时代已经发展到了现在，仍然是闭门造车，关门办学，不食人间烟火，不知道时代的跟进，年年拿起破烂陈旧的讲义、讲稿，不加以更新，不加以变化，不去调查了解社会的实践、形势的变化，远远地脱离社会、脱离实践。这就背离了大学的外在价值。在我们的办学倾向当中，可以说这两种倾向都存在，而这两种倾向都有悖于大学的理念。

三、关于大学的功能

在这里我谈两点：一是大学的本质；二是大学的功能。大学的本质是什么？通过对前面大学的内在价值和外在价值的分析和探讨，我个人认为，大学的本质是创造知识的自由人联合体。"自由人联合体"的提法是马克思提出来的。在1894年1月9日，有两位意大利记者向恩格斯写信，想请恩格斯为他们新创办的新纪元周刊题词。记者在信里面要求恩格斯用最简短的字句来表达未来的社会主义纪元的基本思想，以区别于当今曾经说过的一些人统治、另一些人受苦难的旧纪元。接到这封信之后，恩格斯给他们回了一封信，在信里面这样写道："要用不多的几个字来表述未来新时代的思想，同时又不坠入空想社会主义，又不流于空放执照，这个任务几乎是难以完成的。我打算从马克思的著作中给您寻找一行您所要求的题词，马克思是当代唯一能够和伟大的但丁相提并论的社会主义者，但是，除了从《共产党宣言》摘出下面一段话外，我再也找不出合适的来了。""代替了存在着阶级和阶级对立的资产阶级旧社会的将是这样一个联合体，在这里，每个人的自由发展是一切人的自由发展的条件。"这 54 个字,就用最简洁的语言勾画了马克思、恩格斯对未来的新纪元构想。他是希望要有一个联合体,这种联合体是由自由人的发展所构成的。

我们把这种自由人联合体放到高校来看的话,可能在一定意义上,这也是一种自由人的联合体。在新中国成立前,教师是自由职业者,大家知道,鲁迅到了多少大学去当教授,今天在这里,明天在那里,哪里聘他就到哪里去,流动性是很大的,是自由职业者。学生呢,也是多样的选择,我到这个学校,不行,我转学,转到另外一个学校去,都是很自由的。教,是很自由的;学,也是很自由的。大家聚合在一起探讨研究。所以在一定意义上,高校可能更多的,或者更靠近于马克思、恩格斯所设想、构想的这种自由人联合体。老师和学生自由地聚合在一起创造知识。我个人认为,大学和其他学校有根本性的区别,就在于其他学校也许是以传授知识为重,而大学必须要以创造知识为重。

从大学的本质是创造知识的自由人的联合体出发,我们由此可以得出大学的相关功能。可以把它归纳为四个方面的功能:第一是人才培养。大学是办学的,办学就要进行人才的培养,所以人才培养是高校的首要任务。山东大学校长徐显明同志指出:"基础教育是使人成其为人的教育,而高等教育,是使人成其为才的教育。"也就是说我们不仅培养人,而且要培养的是人才。第二是进行科学研究。第三是进行社会服务。第四是文明传承。对于高校的文化建设,徐显明同志把这种文化的传承定位为交流,把高等教育的国际化摆在全球的和谐、和平这个角度上来思考。为什么高等教育要国际化?大家进行交流、交换,就是要把不同的文化,放在大学这个平台上进行融合。以至于在美国流传这么一句话:"先有哈佛,后有美利坚。"就是说大学的文明传承,对于一个国家,以至于全球,都是起着深刻的影响的。

四、关于大学的特征

根据大学的本质,大学的功能,大学具有什么样的特征呢?我把它归纳为五个方面:

(一)四位一体。前面所讲的大学四项功能,是每一所高校都应该考虑的内容。我们看一看美国《新闻周刊》对全美大学排行的指标,考核的内容包括学术地位、毕业生的情况、教学资源、学生选择、获取经费、校友捐赠等内容。也就是说人才的培养、科学的研究表现为经费,社会的服务、文明的传承等,它就通过这些指标反映出来了。当然,具体的对于某一个学校来讲,我们强调四位一体,但不可能项项都是重点的,有的学校偏重于人才培养,我们把它称之为是教学型的高校;有的偏重于科学研究,我们就把它称之为研究型的高校。就是说根据不同的重点,就出现了不同的大学类型的划分,但是,四位一体这是对每一所高校的一种共同的评价。

(二)创造知识。就是要求学校的体制机制上保证个性能够充分的发展,同时应提供保证自由发展的时间和空间。为什么在大学要实行学分制?就在于要给学生的发展以充分的个性的发展空间。大学的课程要设置选修课,这就是在于个性的发展。为什么大一的时候安排的课程比较重,到大二、大三、大四,周课时逐步地减少,在硕士研究生阶段课时又减少,到博士研究生的时候,课时又更少,就在于学校要给学生自由的发展,给学生个性的发展提供空间。在国外,这种选修课程的比重、数量、门数是非常惊人的,哈佛大学达到了一个学生一门选修课程,比如说它有一万个学生,它就有一万门选修课程可以供学生进行选修。哈佛大学之所以这样做,就是要给学生、老师充分提供平台,使他们有充分的个性发展的时间和空间。

（三）科研兴校。既然大学的本质是创造知识，知识是要通过科研来创造的。我们要靠浓郁的学术氛围和环境，才能够不断地创造知识，不断地更新教学内容，不断地提高我们的教学质量。对于江西财经大学来说，科研是怎么样提都不过分，这就是在强调科研的重要性。

（四）教授治校。科研兴校，个性发展，主体是谁？是教授。因此，在大学要强调教授治学，教授就是大学，有好的教授就有好的大学；没有好的教授，就没有好的大学。教授治学是通过学术委员会、教授委员会来实现对学术的治理。正因为如此，在大学里要特别强调尊师重教、尊重知识、尊重人才、尊重创造。

（五）民主管理。因为大学的本质是一种自由人的联合体，所以，它的管理应该是一种民主的、自由的、宽松的、兼容的管理方式，无论是创造知识也好，还是尊重每一个人的个性发展也好，它都要求大学要有一种自由、宽松、民主的氛围。因此，大学不仅要盖大楼，有大师，而且还要养大气，博大爱。

五、关于大学的文化

什么是大学文化呢？从内涵上讲，大学文化是一种理念转化而形成的，是历届师生员工的创造、积累、传承的物质成果和精神成果的综合。它所体现的是一种追求真理、追求理想、追求人生抱负的一种文化，是一种崇尚学术，严谨求是，具有强烈批判精神和创新精神的一种文化。

大学文化的外延，从时间序列来看，就有大学文化发展的历史、现在和未来。从空间文化来看，有校园环境的文化、办公室文化、走廊文化、教室的文化、寝室的文化、图书馆的文化和文体、餐馆的文化等。可以说在校园里到处都可以来营造文化,或者是打造文化。如2007年,一个学校的国贸学院利用办公楼的走廊把历届毕业生的照片全部布置在墙上,一届接着一届,一个班接着一个班。回来的校友第一件事就去找自己当年入校的头像,很有意思。可以说这也是在营造一种校友文化,也是反映了学校的一段历史。

从层次上来讲,包括精神文化、制度文化和物质文化。精神文化是核心,制度文化是保障,物质文化是载体。我先谈一谈精神文化。精神文化又称学校精神,是全校师生员工认可的、共同的文化观念、价值观念、生活观念等意识形态,是大学文化的核心内容和最高的层次,是一个学校的本质、个性、精神风貌的集中反映,是学校区别于其他学校的根本标志,它代表着一个学校的核心竞争力。精神文化一是要反映这个学校的人文精神,二是要反映这个学校所倡导的科学精神。两者之和,我们可以称之为大学之道。哈佛大学首任女校长德鲁·吉尔平·福斯特谈到,高等教育的灵魂是照亮人心之美,追求真理,不管在当时还是现在,都是照亮人心之美之光。也就是说大学的灵魂是追求真理。

我们如何来认证大学精神?以清华大学的学校精神来说,是"爱国奉献,追求卓越","爱国奉献"体现的是人文精神,"追求卓越"体现的是科学精神。学校精神和校训有什么关系呢?教育学方面的专家解释是:学校精神和校训,两者都是大学精神文化的组成部分,甚至在一定意义上,校训就是学校的学校精神。但是,两者又存在着差异,学校精神更加强调的是大学之道,也就是说强调的是学校所倡导、所信奉的人文精神和科学精神。而校训,更多强调品行操守、行为规范。比如上海国家会计学院的校训是"不做假账",这是时任国家总理的朱镕基给上海国家会计学院提的校训。不做假账可能更多的是一种行为规范方面的要求,但把它上升到大学精神或学校精神,可能还要差一些。

关于学校精神和校训的一些区别。清华大学认为他们的学校精神是"爱国奉献,追求卓越",校训是"自强不息,厚德载物",也就是来自于"天行健,君子以自强不息;地是坤,君子以厚德载物",从这里面摘出来的。他们所定的校风是"行胜于言",学风就是"严谨勤奋,求是创新"。也就是说清华大学的文化建设,是由若干个部分、若干内容所组成的。

物质文化是精神文化的一种载体。比如在办公室、运动场馆、各个院系、寝室、教室等等,都存在着各种各样的景观文化。而且,保持学校的宁静非常重要。用中国人民大学校长纪宝成在《中国教育报》上面所发表的文章中的一段话来说,"进了大学校园,师生不谈股票,不说金钱,使我们极有可能被视为异类。在外界现实利益的诱惑下,大学的典范和崇高已经今非昔比,在许多情况下,大学里的话题与市井谈论有本质区别。在这样的校园氛围中,还会有多少关于人类命运、科学与真理的思考?大学,应该是探索高深学问,追求真理,关怀终极,关注人类命运的场所,是人类追求文明进步的精神殿堂。只有理解了这一点,才能深刻理解校园的宁静对大学生存和发展的意义。"在江西财大的校园里面,我当书记的时候也很注意保持校园的宁静,比如学校里面三天两头挂个商业横幅,摆个地摊、推销产品等等,像这些情况我就叫保卫处清查。这种方式已经把大学变成了商场和市场,它伤及大学的本质。这些都是值得引起我们深思的问题。

原中国科技大学的校长朱清时同志也悟到,大学可持续发展最基本的真理,就是学校一定要让师生们能静下心来读书、想问题,如果一所大学没有这种氛围,我们得到的东西可能都是虚的。学校的责任是什么?就要让老师和学生能够沉下心来,利用校园的各项图书资料、师资设备,好好地读点书,做点学问,然后进行一些探索。所以,校园是否宁静,表面上看起来是一种物质文化,实际上反映出一种精神文化。

关于制度文化。制度文化包含着大学的传统、大学的仪式、大学的规章制度,这是大学精神文化的保障机制。比如说开学典礼、毕业典礼、每日升国旗、"一二·九"大合唱等,诸如此类的,看起来它只是一种仪式,一种程序,但实际上代表着一种制度的文化。天长日久地坚持,就形成了一种文化的保障,就形成了文化的特色。

大学的精神转化为道德的规范,进而也需要进行制度的规范。通过制度的规范,建立起质量体系和荣誉体系。就质量体系来说,从中央到地方,到学校,到各个院系,大家都讲高校的任务是提高教育质量。教学质量的提高,首先必须建立起质量标准体系,明确了标准之后,就需要建立起质量的责任体系,主要看有没有按照这个标准去严格要求,没有做到,就要进行问责。质量体系又要和荣誉体系紧密挂起钩来。定了标准、建立了质量体系和问责体系,进而言之,就要讲惩罚了,对执行得好的要奖励,执行得不好的要惩罚,这就是我们基本的一种管理之道。所以,严密的制度文化培养出了一代一代的优秀学子,对他们形成了一种熏陶。

如美国弗吉尼亚大学,他们建立的荣誉体系强调学生必须要做到诚信,他们要求每一个学生在做每一次作业,参加每一次考试的时候,都要书面宣誓。宣誓内容是:这次作业、这次考试是我自己独立完成,我没有抄袭。就像我们现在的博士论文、硕士论文前面也有个诚信声明书。这种代代相传的做法,使得弗吉尼亚大学的学生诚信程度非常之高,这个学校有一位来自澳大利亚的女生,在举行期末考试的时候,正好接到了家里的电话,说她父亲去世了,她要赶回家里奔丧,但是又要进行期末考试。当然从我国高等学校来讲,可以申请缓考,到下一次再进行考试。但是她那个教授说,你回家去奔丧吧,这次考试的卷子你带着,你回家去做。这个女学生带着教授所给的卷子,在从美国飞回澳大利亚的航班上完成了考试,做好了这份卷子,密封以后,交给空姐,请空姐带回给教授。空姐在这个信封上面写着,"宁希布(音)小姐在旅途中用三个小时独立完成了这堂考试,美国国家联合航空公司第 1433 号民航客机的全体服务人员可以作证,我们可以以我们的名誉担保,并祝贺弗吉尼亚大学拥有如此卓有成效的荣誉体系和信誉卓著的学生。"教授非常放心地把卷子交给了学生,而学生也如此守信地来完成这份试卷,在没有人监督的情况下做的。当然这种制度文化需要几代,甚至十几代学子相传的非常漫长的过程才能形成。

六、关于大学的治理

(一)大学的办学定位。大学如何进行办学定位?我个人认为,一个学校是办什么样的大学?培养什么样的人?按照现在的分类,它分成研究型大学、教学研究型大学、教学型大学、社区型大学、技术型大学;学科有单科性、多科性、综合性;服务面向,有地区、行业、区域、全国、国际;办学层次,又有多个方面的层次。结合江西财大,我校原来是财政部部属院校,2000 年下放到地方进行管理。江西财经大学定位是办教学研究型大学。什么是教学研究型大学?教学研究型大学,研究生人数的比例可能要占在校学生总数的 30% 左右,如果比例达到了一半,可能就是研究型大学。江西财大研究生只占学生总数的 10%,相比较而言,我校还是有差距的。科研经费,应该要占学校的办学经费相当的比重,目前我校还没有达到相当的比重。教学研究型大学,还要有一定数量的留学生,大概要占学生总数的 5%~10%,而我校目前所拥有的留学生还不到 100 人,这种差距也非常之大。作为教学研究型大学,应该要有国家的重点学科,要有一级博士点,而江西财大目前还没有实现。作为教学研究型大学,应该要有一批学术大师和杰出的成果,这些条件我校目前还没有完全达到。所以,对于江西财大来讲,未来若干年的奋斗目标是要办好教学研究型大学。

从学科上来说,我校的定位是办多学科性。之所以如此,是因为转制到地方之后,有一个面向江西地方经济建设服务的问题,所以,需要多学科性来进行发展。从办学的水平上来讲,我校可能还是处于第二方阵,在全国财经类院校当中,我校要争取进入第一方阵。今年,江西财大拿到的国家社科基金项目是16个,在全省位居第一,在全国财经类院校位居第三。自然科学基金是17个,教育部质量工程是26个。所以,我校的办学定位是首先争取进入全国财经类院校的第一方阵,然后再考虑在全国的高校当中怎么样进入一流的问题。

大学的办学定位还有培养什么样的人的问题。各个学校的提法都不一样,比如有的学校是要培养学生的创新精神加实践能力;有的学校是要培养高素质、厚基础、宽口径、强能力的人;还有的学校是要培养研究型人才,或者复合型人才、外向型人才、应用型人才、创新型人才。我校通过反复讨论之后,确定是培养具有信敏廉毅素质的创业型人才。"信、敏、廉、毅"是我校的校训,这个校训是1927年的老校长罗静远先生提出来的,我校把它接受了,留下来了。之所以要提出培养创业型人才,是因为高等教育的发展趋势和阶段思想的发展,创业教育是需要加强的。

(二)关于大学的治理。大学的治理需要明确办学主体。办学主体是什么呢?第一,我主张两个理念,就是不要把校门当做衙门,不要把职员当做官员。在高校当官就是一种服务,就是一种牺牲,就是一种奉献,不要把当官当做自己的职业。第二,要强调两个主体,也就是教育要以学生为主体,办学要以教师为主体。第三,强调三个服务。整个学校是以学生为主体,老师是为学生服务的,是要教书育人的。那么教学单位,就是各个院系的行政管理人员,要为老师服务,为老师教学生提供好的环境、条件、背景。而学校领导和机关各个单位部门,又要为教学单位来服务,就是为各个院系来进行服务。

由此,在我校形成了一系列的相关的保障体制。这些理念,这些主体,这些服务都需要保障机制来予以贯彻落实。如我校提出了学生评教、"五留人"(事业留人、感情留人、待遇留人、学校用人环境留人、领导形象留人)等政策予以保障。我也常用"二八原则"、重置成本来宣传我校的教师为主体、学生为主体的问题。拿我本人来比较,就做江西财经大学的书记来说,江西也许可以找出500个人来担任江西财经大学的书记,也许比我干得更好。但是作为全国在价格学界有影响的学科带头人、博导来说,可能江西找不到第二个,这就是我所说的替换成本、重置成本。同理,我校引进一个博士生,所需要支付的代价是40万到60万,这就说明了学校为什么必须要尊师重教。

讲到感情留人,学校教师博士毕业进行博士论文答辩的时候,我要求所在学院的书记必须要参加博士论文答辩会,答辩论文通过之后,要给他送上一束鲜花,代表学校和学院表示祝福,晚上要由学校做东,来宴请导师,感谢他对我校人才的培养。通过真情,使我校在外学习的博士百分之百地回到学校里面来。记得我校的一个老师,在复旦大学读博士,毕业以后不想回来了,在上海一个证券公司找了一份职务,年薪是20万。有一次我去开会的时候,正好看到他在南昌市的公交站旁候车,我把车子停下说,"你要回学校吗?"他说,"是啊。"我说,"上我的车吧。"就把他捎回来了。我当时这么一个很不经意的行为,就把这个老师留下来了。中国的知识分子有一个"士为知己者死"的情操,所以说感情留人、领导形象留人是非常重要的。

关于待遇留人。学校设立了首席教授制度,因为每一个员工在学校都希望有一个很好的发展前景,一旦他认为在这里没有发展前景之后,他就想走。我校一直强调尊师重教,首席教授所拿的年津贴是10万元,而校长、书记的年津贴是5万元,首席教授的年津贴是校长、书记的年津贴的两倍。这样就使得很多老师专心致志地钻研学术。关于首席教授的评定,我校有非常严格的条件,而且首席教授不准担任行政职务。这样就使学校整个的导向基本上打破了"官本位",体现了教师为主体,体现了学术的重要地位。

大学的治理需要有一个大学的治理结构,《国家中长期教育改革和发展规划纲要(2010—2020年)》也提出,要建立大学的现代治理制度。具体到江西财大,治理结构分成了"四个权":一个领导权,一个行政权,一个学术权,一个监督权。按照《高等教育法》的规定,领导权,党委领导通过党委会行使对学校的领导权;行政权是校长治校,通过校长办公会行使行政权;学术权是由教授通过学术委员会行使的权力,包括学术决策权、学术评议权、学术仲裁权和职称评审权;监督权,我校强调的是群众监督,群众通过教代会行使监督权。所以学校的治理结构是通过这"四个权"来进行构建的。

在学院层面,行政决策权实行院长负责制,决策机制是通过院务会行使的,党组织委员会起着保证作用;学术决策权,强调的是专家治学,通过在学院建立学术委员会行使这种权力;管理监督权是通过民主管理,在学院建立二级教代会,学院的重大事项必须要经过二级教代会审议通过。

具体来说,江西财大在学校治理上还形成了自身的特点:第一是党政分开与成员合议;第二是坚持政学分开。同时,在干部使用上,我校探索了主官推荐制,一把手选出来之后,关于副手,主官有优先推荐权。因为一个领导班子需要协调,主官和副手之间的关系如果协调不好,就容易在内部产生矛盾。而且是任期制,规定在同一岗位干满了6年,就必须和别的单位进行交流。

在治理机制上,我校提出了"质量立校、特色兴校、人才强校、法德治校"的理念。既要考虑规矩、规范,又要强调感情、道德。非常重要的一点是在于学校应该为每个教职员工、每个师生创造平台、创造机会、创造环境。这也是我校领导班子时刻需要思考的问题。

在大学的文化建设方面,我们把江西财大的精神定义为"敬业乐群、臻于至善"。"敬业乐群"我校把它看做是一种人文精神,"臻于至善"我校把它看做是一种科学精神。

我校所定的校训是"信敏廉毅",这是1927年罗静远校长提出来的。在新世纪,我校对它的内涵进行了深化。"信",就是经常讲的诚信,对于人才培养,还要达理,还要上升到信仰、理想的高度;"敏",学校不仅要培养学生敏捷的思维,同时还要让他们好学,学会自学;"廉",我校培养的学生主要从事财务、财经方面的工作,不仅要求不贪、不占、廉洁,而且要有荣辱观,要分辨是非;"毅",我校培养的学生不仅要刚毅、坚强,而且是一辈子坚持。这些内容在我校的校歌里都有体现。

在校园文化的构建方面,总体上要凸显创业文化,因为我校强调的是要培养具有"信敏廉毅"素质的创业型人才。这种文化包括滕王阁文化,"穷且益坚,不坠青云之志。"学校的道路、景点名称很多是从《滕王阁序》里面引用的,主要是为了体现一个地区的特色。校园里面很多的景观建设,是由校友和企业捐资、捐建的。各个学院在服从学校整体文化建设的同时,又打造了具有自己本身的学院文化。在我校的新校区麦庐园,我们引进了儒家文化,用"仁义礼智信"、"大学之道,在明明德,在亲民"等名句中的某些词语来命名我校的一些地方。所以总体上来讲,校园文化综合起来就是体现一种创意性的文化。

2007年,我们在教代会上审议并通过了学校的《章程》。学校的办学理念、办学主体、学校体制机制都通过《章程》的形式把它固化下来。这样,整个《章程》就形成了一个比较完整的有关学校文化建设的理论体系。

七、关于大学的崛起

在这里面,我主要从五个方面来谈谈中部地区大学崛起的问题。

第一,正确判断形势。判断形势的能力,是领导班子能力中一个非常重要的能力。就我校来说,当时处在体制转换的关键时期,人心不稳。如何稳定局面、开创未来?当时我校组织了一个调研,在调研的基础上,形成了一个"目前的形势与我们的任务"的主题报告,对面临的机遇和挑战进行了分析,根据世纪之交、体制转换时期的实际情况,我校究竟有哪些机遇?又面临哪些挑战?在这个基础上我校提出了"三个立足,二次创业"的基本思路,提出了"保方向,留人心,促发展"的江西财大的党建工作思路。确保社会主义的办学方向和学校的发展方向,促进学校的稳定发展。也就是通过党员的稳定,骨干的稳定,保证学校的稳定,慢慢再逐步地发展起来。

对于每个学校来说,都有它的优势和劣势问题。对于我们这些地处中部地区的高校来说,同样也有优势和劣势。有的同志这样进行归纳:区位决定地位。我校地处中西部,经济欠发达,相对比较落后,这就决定了我校地位可能比其他学校相比要矮一截。名字决定名声,体制决定机制。我们中西部地区,往往思想不够解放,比较封闭,传统的东西,计划经济的东西,官本位的东西可能会比较多,由此决定着它的机制相应地比较僵化、比较保守、比较落后。区位的问题、校名的问题、体制的问题,这些都会构成我们的一些劣势,但是要解决这些问题,我个人认为最重要的是思路决定出路。比如有半杯水,对于悲观者来说,就认为完了,只有半杯水了;对于乐观者来说,好啊,还有半杯水。同样一个事物,我们是从悲观的角度,还是从乐观的角度来看,所得出的结果和结论是完全不一样的。这就是思路决定出路。

在形势的判断这个方面,我们需要进行纵向的比较,但同时还很需要进行横向的比较。对于我们地处中部的高校来说,我曾经说过,我们缺乏天时,也就是说,我们不是"985",我们不是"211"。我们又缺乏地利,我们不是在富庶之省,不是在沿海地区。那么唯有人和,只有靠人和来克服我们天时、地利所存在的弱势和不足。

第二,树立共同愿景。首先,在我校非常强调这种星星之火、可以燎原的必胜信念。第二,我校反复灌输的是一种不甘落后,争创一流的拼搏精神。凡事不做则已,要做就要做到一流,就要名列前茅,就要敢于拼搏。第三,脚踏实地,苦练内功的务实精神。我校非常强调积小胜为大胜,脚踏实地,一步一步往上攀登的精神。别人只花一分的努力能够做到的事情,我校教育学生要争取花十分、百分的努力去做好这件事情。

同时,学校形成了开明、开放、宽容、大气的校园氛围。从上世纪80年代起,学校领导班子思想就很开明、很开放,我校只要能够承接到全国的学术会议,学校就尽量召开,而且学校老师能够参加的会议尽可能参加;只要老师参加外面的学术会议,差旅费报销。相比较而言,我校老师的对外学术交流还是比较频繁的,形成了一种开放、开明、宽容、大气的氛围。

最后,全校教工要形成一种风雨同舟、共克时艰的凝聚能力。这是需要一代一代的领导班子和教职工的共同努力。江西财大的教工有两个特点:第一个特点是在外非常重视学校的形象,不说学校的坏话。也许有些人对学校有这样那样的不满意,但是他们在外面不说学校的坏话。第二个特点,在学校党委行政没有决策之前,议论纷纷,一旦党委行政决策决定了之后,坚决执行,一致对外。

第三,科学制定战略。学校的发展是需要制定战略的。我们把江西财大的发展设计为三步:做大阶段、做强阶段、做优阶段。用5~7年的时间来做大,用20年的时间来做强,用50~100年的时间来考虑做优。学校有三大任务:教学、科研、社会服务,在每一个阶段,它的重点是不一样的。做大阶段要突出教学,做强阶段要突出科研,做优阶段要强调社会服务。从发展方式来说,做大阶段要"盖大楼",所谓"盖大楼",说到底是打基础,这包括硬件和软件。做强就必须着力培养大师,我校之所以推出首席教授的制度,在一定意义上讲,就是想从首席教授当中培育出大师。做优阶段着重于养大气,是一种校园文化进一步的建设。在具体成效方面,做大阶段要培养出杰出的校友,做强阶段要有杰出的成果,做优阶段要形成江财流派。当然这是一个非常长远的目标。

第四,灵活运用策略。战略明确了,但是策略的运用很重要,尤其是对我们地处中部的高校来讲,处于弱势的时候,策略是求胜的关键。我们所熟知的田忌赛马,田忌"上"、"中"、"下"的马全部劣于齐魏王"上"、"中"、"下"的马,但是,他采取了一个"改变排列组合"的方式,结果2:1取胜。我们中部地区肯定存在着劣势,但是劣势当中能不能找到优势?按照比较优势的理论,是有可能产生优势的。所以当我们处于劣势的时候,我们更应该非常积极地考虑能够胜利的策略。

这里有几个问题需要思考。第一,大学非常讲究规范,要整章建制,这些都非常对。但是我个人认为,这种规范它是一种管理上的尽责和可行的行为,我们不应该把这种规范延伸到思想,延伸到学术,延伸到学科。我发现有的学校事先划定,学校就只能办这么几个学科,其他学科就不能办。财经类院校只能办财经类的专业,不能办非财经类的专业。也就是说人为地把办学思想禁锢起来了,这不一定是好事。第二,学科应该是比较优势发展,而不是以卵击石。比如像我们江西财大,办的专业相对是比较多的,甚至在外面看来,说江西财大不务正业,但是就是这些不务正业的学科拿到了国家社科基金项目,拿到了国家自然科学项目。其中一个国家社科重大项目——中国体育产业政策研究,就是由体育学院拿到的。第三,从特色这个角度来讲,要剑走偏锋,而不是亦步亦趋。我们可以用湖南师范大学尹世杰教授搞的消费经济学为例来说明这这一点。销售经济这一块不在北京,不在沿海,反而落在了中部地区,落在了湖南,原来在香港大学,现在在湖南师范大学。他所搞的消费经济学,先成立了研究所,进而成立了协会,后来办刊,他就成了消费经济学方面的一个祖师爷,大家都去朝圣他,所以我们要找准自己的特色,重点突击,不能人云亦云。第四,引进优秀的人才。老实说,对于我们这样的学校,想要挽留一流的人才,是非常困难的,海归人才更是难得,要花大代价。在这种情况下,我们对人才更为重要的是要看到他确有一技之长,而不要对他去求全责备。对于中部学校的人才引进来讲,这种观念和意识更为重要。

从创新角度来讲,对于我们中部地区的学校更为重要。首先要利用我们地处地方经济,靠近基层,贴近实际,我们把实践中的问题能够上升到理论高度来进行分析,能够把理论落实到实践当中去,我们的创新可能更多是从这个角度上来进行突破的。第二是利用多学科的交叉点来突破,像咱们李校长所搞的公司地理学、农户地理学,都是体现一个地理学和经济学微观主体的一种复合、一种交叉。因此,在国内的研究当中就可以独树一帜。我在学校里面当领导的时候,就非常强调"歪门邪道",要找我们自己的比较优势。

最后一个是发展要有项目带动,波浪式推进,而不是散兵游勇,单打独斗。地处中部的高校发展,要通过项目来带发展,推动发展,引领发展。一个一个项目地做,一个一个项目地争,一个一个项目地创,就可以推动学校的发展。通过项目可以整合资源,通过项目可以举全校之力,通过项目可以形成凝聚力,通过项目有利于积小胜为大胜。

第五,加强领导班子建设。地处中部的高校要想实现崛起,关键在于我们的各级领导班子。我们需要更加宽广的视野,需要更加博大的胸襟,需要更加敬业的精神,需要有更加周密的谋划。

第六章 财经政法类高校教育管理及发展

中南财经政法大学党委书记 徐敦楷

今天我来到郑州,来到河南财经政法大学,确实是非常高兴。一个方面来讲我校发端于河南。中南财经政法大学是1948年在河南宝丰县肖旗乡大白庄村成立的,当时是小平同志担任中原局第一书记。他远见卓识,考虑到中国的形势,要为即将接管的解放区培养大量的干部,于是报经中共中央批准就成立了当时的中原大学。中原大学的成立是刘伯承司令员亲自宣布的,时任中原局的第二书记、中原司令部的副司令员陈毅同志担任学校的筹委会主任。

学校后来迁到宝丰县城,在宝丰的时间不是很长。现在宝丰县城的文庙里还设了一个碑——中原大学的旧址纪念碑。过了不久就迁到了开封,就是现在的河南大学这个地方。因为当时的河南大学的主体部分受到国民党政府的一些恶意宣传的影响,迁到南方去了。于是学校就空下来了,中原大学就进入了河南大学。我曾经见过一张照片,照片上是河南大学旁边挂着一个中原大学的牌子,河南大学迁走了,中原大学借用了这个地方,并没有鸠占鹊巢。河南大学还保留着,只是加上了中原大学。

我前两年曾经带我校的党委委员和主要的中层负责人到河南来寻根,到过平顶山市的宝丰县,也到过开封,在河南大学的校史馆里依然保留着这段历史。1949年迁到开封一年多之后,中原大学来到了武汉。经过61年的发展,现在已经成为国家"211工程"

重点建设的一所大学。这个学校在河南一年多的时间里,虽然时间非常短,但是它是一个根。所以我们来寻根的时候,很多同志第一次到了肖旗乡大白庄,那个地方正好是我们校部宜阳,是一个关帝庙,后迁到孔庙,也就是文庙。在关帝庙诞生,在孔庙发展,发展到现在的现代化的大学——中南财经政法大学。

第二个很高兴是我们两校是当今中国仅有的两所财经政法大学之一,而且两校之间相差仅仅一个字,你们叫河南财经政法大学,我们叫中南财经政法大学,只差一个字,两家关系非常亲密。

第三个很高兴是我们中南财经政法大学,中南片作为我校主要的招生地。所以我校有很多河南校友,有很多河南的同学在中南财大学习,在学校任教的老师中间,有相当一部分是河南人,如原来搞党史的三驾马车之一的毛磊教授,一直还活跃在学术舞台上。我校的学生也有很多在河南发展得不错,贵校原副院长李鸿昌同志,就是我校的校友。

无论从哪个方面来讲,中南财经政法大学和河南财经政法大学两校的渊源,历史上看是非常的深厚。所以今天来到郑州,和各位同仁见面也是希望加强两校的友好关系,加强我们两校的合作,互相学习、互相帮助、共同进步。

今天,我分三个方面来讲。第一个方面简单介绍一下我校办学的基本情况和办学的基本理念,第二个方面想介绍一下当前财经包括政法高等教育面临的形势,第三个方面想谈一点我校在办学历史中、办学过程中有什么样的体会。

一、中南财经政法大学的基本情况和办学理念

中南财经政法大学从中原大学时期开始,当时是一所革命大学,办学的基本方式和当时的华北大学,也就是现在的中国人民大

学比较接近,主要是为新中国培养干部。最早的学生是没有什么年级专业之称的,就是队,一队二队六十队七十队这样编队的。

中原办学,早期的是以培训为主,到了武汉之后就进入了正规化办学,归属中原局管,中原局当时的宣传部负责人叫熊富,他对学校办学提了很多要求。学校的第一任校长是范文澜先生。范文澜先生也曾是辽宁华北大学的副校长,在辽宁做了几任校长。当时主持工作的是潘基恩先生,潘先生是著名的哲学家、社会学家、政治学家,后来由于党内的思想情况比较左一些,受了一些挫折。这两位老先生都是新中国成立以后的中国科学院的学部委员,都是大政治家、大学问家、大教育家,对我校的办学历史既是一个光彩,同时也给我校指明了方向。范先生当时指出学校应该是学以致用,活学创新。也就是说特定条件下的学校不是一个完全学术式的学校,而应该是一个学了东西之后能够为社会做贡献的学校。同时在学习过程中间还应该创新各种各样的形式。

1952年进行院系调整的时候,学校已经形成了四个学院的规模,当时有财经学院、政法学院、教育学院、文艺学院,另外在开封时期还曾经有过医学院,后来医学院也分离开了。这四个学院迁到武汉后,逐步就成为了武汉的四所高等学校的源头。第一所是当时的中南财经学院,归当时的教育部(高等教育部)管辖。第二所是中南政法学院,当时归司法部管辖。第三所是当时的教育学院,后并到了华中高等师范学校,这个高师就是现在的华中师范大学,它有三个源头,主体部分就是当时我校的教育学院。第四个部分是当时的文艺学院进入了中南文艺学院,中南文艺学院是现在的武汉音乐学院、广州音乐学院和湖北美术院的前身,后来分开了。

按照原地办学的就是财经、政法两个学校。这两个学院到了1958年,当时不仅经济、工业、农业"大跃进",而且高等教育也大跃进。当时的湖北省希望办一个地方的综合性大学,于是就以当时的中南财经学院、中南政法学院,武汉大学的法律系和湖北省的政法干校,联合组建了当时的湖北大学。这个学校存在的时间也不是很长,不到10年的时间就碰到了"文化大革命"。"文化大革命"期间被迫撤销,按照毛主席的思想,毛主席说大学还是要办的,但说的是理工类大学。文科要以社会为课堂,所以当时全国的文科大学分拆的比较多,但我校还保留了一部分——湖北财经专科学校,这是当时全国财经类院校中仅存的两所之一。

1977年小平同志复出,他对高等教育事业作出了很大的贡献。他在高等教育早期发展历史上,一个重要贡献就是恢复高考。这样一来我校是最早恢复招收本科生的高校之一,不仅有经济学的本科生,而且当时我校还是招法学类本科生的三所学校之一。后来学校又改名叫湖北财政学院,归财政部管辖,1984年学校的法律系又分出去恢复组建了中南政法学院。2000年,随着国家高等教育改革发展的需要,两所学校又重新合并成立了今天的中南财经政法大学。所以我们两校同根同源,历史是一样的。2005年我校第二批进入了"211工程"高校,现在我们的"985创业平台奖"已经初步入围,如果顺利的话我们想尽快进入"985平台"。

目前,在学科建设方面,学校现在的经济学、法学、管理学、哲学都取得博士学位授予权,经、法、管有五个一级学科获博士学位授予权。另外在理工、文史学科都有硕士学位授予权。学校现在有27000个全日制的学生,其中本科生是19000多人,研究生今年招的是2300多人,博士生招了200多人,留学生有250多人,函授夜大有4800人,加起来至少有40000人。在武汉有三个类型的联合办学,一个类型是教育部直属的七所高校联合办学,如武汉大学、华中科技大学、武汉理工大学、中国地质大学、华中师范大学、华中农业大学和我校。这七校都拿出一部分的专业,相互之间选课选修;第二个是湖北要求我们这些学校帮助和带动地方高校,所以我校分了两个任务,一个是帮助湖北经济学院,一个是帮助湖北警官学院,财经政法正好帮对;第三个就是我校的南湖片,这里有十所学校联合办学,包括中南民族大学和其他一些地方高校,很多学生在我们那里读书,所以接受我校教育资源的人应该说数量至少在4万到5万,人数非常多。

从办学情况来看,我校对一般本科生强调他们的应用性,同时讲打通。学法律的学生,必须要学经济学和管理学通论;学经济学、管理学的学生必须要学法学的通论。法、经、管三类以外的学生必须选择其中一门进行学习。所以我校培养的学生是希望他们借助财经政法这个大平台,既懂经济,通管理,还读法律。

再一个是开放性,学校强调学院开展对外交流,我校和俄罗斯、日本、欧美、大洋洲的一些国家建立了很多的学术往来与交流关系。所以我校每年都有学生到这些地方做交换生去学习。

我校在办学过程中,在注重打通的前提之下还特别注重长远的发展。学校的融合总体来说还是比较好的,这得益于教育部以及财政部、司法部的支持,也得益于各兄弟院校的大力支持。在今后的发展过程中,希望和大家加强合作,携手共进,共同发展。

二、当前高等财经、政法教育的基本形势

中国高等学校这几年发展是比较快的,全国高等院校已经有2300多所。据不完全统计,其中财经类的院校有50多所,政法类院校有20多所,财经政法类院校在整个高等院校中占了相当的比重。从中国的高等教育史上来看,中国的高等财经政法院校早在民国时期就已经开始产生了。早期的商学院、法学院已经不少了,或早期叫法商学院的也不少。那么最重要的发展是在1952年、

1953年,当时中国的高等财经教育和高等政法教育在学习苏联的体制的时候,进行了院系调整。当时按中央的基本精神,把全国划分六个大区,把每一个大区的财经政法系科集中起来,分别建设财经学院、政法学院,东北财经大学、西南财经大学、西北政法大学、西南政法大学、华东政法大学以及中南财经政法大学都是典型的例子。

当时的中央精神就是要集中力量办好几所财经类的院校和政法类的院校,所以在当时财经政法院校还是比较兴盛的。后来,由于国家对文科的重视不太够,"文革"期间都被撤销。改革开放之后,财经院校受到了青睐,各地的财经类院校纷纷成立,速度非常之快,很受家长、考生们的欢迎。特别是上世纪90年代前半期,财经类院校在全国的高校中间招生的分数是居高不下。

随着经济的不断发展,政治体制改革也是必然的趋势,而且国家强调要依法治国,对法制人才的需求量也逐步加大。到了上世纪末和本世纪初,法学学科的建设有了长足的发展。所以说经济学、管理学和法学三大学科门类,在国内发展的态势非常好,这对河南财经政法大学、对我们这些财经政法类高校发展是一个很好的机遇。现在一些地方还在继续成立财经大学,最近山东经济学院和山东财经学院也准备成立山东财经大学,全国的每一个省除了个别的像西藏、宁夏、青海这些地方,基本上都有财经类高校。这是我们一个非常好的方面。

但是,财经政法类高校也面临着很多的挑战,或者说竞争非常激烈。一个方面,国内高等财经政法类院校面临的竞争,首先来自于综合性大学。因为综合大学一般情况下都有经济类、管理类学科。在上个世纪90年代以前,中国高等教育是只有经济类,没有管理类,管理涵盖在经济类里面。很多综合大学的经济学都有很深厚的基础,理论基础比较深厚,综合实力比较强,所以对财经类高校不是十分有利。其次是很多的理工院校,特别是著名的理工大学,开始发展经济类学科、管理学科,而且利用理工科院校较好的数理化基础,管理学科发展得比较快。所以现在全国排名比较靠前的管理学科的高校相当一部分是来自于理工科的院校。

除了著名的综合大学、理工类院校之外,还有很多其他类型的院校,包括工程类、纺织类、机械类的院校等都在办财经、办政法。现在财经政法类学科在全国的高等院校中的比例已经越来越大。据相关统计,财经类学科最高的时候占到全国高校学科的1/7,而加上政法类学科已经差不多是1/5到1/6,竞争激烈程度在逐步加剧。甚至有的学校举办的财经政法类专业的学生已经出现了就业困难,所以我们说高等财经教育、高等政法教育的发展过程中,遇到的难点还是比较多的,这是一个方面,我们面临的国内竞争。

第二个方面的竞争来自于国外。加入WTO之后,WTO有贸易协定。贸易有商品贸易、服务贸易,服务贸易中还包括教育。中国目前对高等教育的国外项目方面控制得还比较严,所以现在国外的高等学校都愿意和中国合作,希望把中国的学生吸引出去。在办学的方式方面,一旦国外的高校到中国来办学,将对中国的高等教育特别是高等学校以很大的冲击。现在国家已经批准了几所学校和中国国内的高校合作。随着改革开放的进一步加深加快,不排除将来有国外的大学到中国来办分校。这样一来,国外大学的分校就有可能和国内的高校发生竞争,这种竞争对我们高等教育事业发展将有一定的促进作用。

第三个方面的竞争来自于境外。主要来自港澳台,香港澳门高等教育有其自身体系,台湾也是一样。现在港澳台的高等教育发展速度比较快,像香港大学、香港中文大学、香港科技大学,台湾大学、成功大学、兴华大学等等。其中有很多学科,是和我们国家大陆一些顶尖的大学并列。这些学校目前也面临着要进入中国大陆,要和大陆地区的高校产生竞争。香港的一些知名高校像港大、中大、科大等,已经开始花大的气力在国内招收顶尖的学生。澳门有几所大学,最近澳门在珠海的横琴岛划了一片土地,准备建大的澳门大学,面向内地招生。

总之,从国内来看,我们面临着综合大学、高水平理工大学和其他院校的竞争。随着WTO的进一步深入,我们面临着国外大学的竞争。同时我们还面临着港澳台的大学竞争。台湾只有2300万人,却有165所大学,河南有1亿人口,大概不到100所吧。台湾大学的生存空间已经很小了。大家可想而知,我们面临的竞争态势其实是非常强烈的。所以我希望大家在今后的教育发展中,一定要加强自身建设,在竞争中才不至于落败。

面临竞争,首先将要淘汰的是三本院校而不是我们这类院校,但是我们必须未雨绸缪,一旦等态势发展到那个程度,我们也没有办法了。所以从面临的态势来看,竞争态势是非常强的。另外一方面国家对高等教育事业要求也是非常之高,中国目前是一个教育大国,高等教育事业经过这十年来的大扩招,发展非常迅速。1998年我国的高等教育毛入学率大概是9%,也就是说当年的高等教育还是一个精英教育。关于教育的类型,一个美国人叫马丁·特罗提出了两条线,一个是15%,一个50%。也就是说如果适龄人口入学率在15%以内,我们称之为精英教育,15%~50%是大众化教育,50%以上为普及教育。这个适龄人口就是18~22岁的学生有多少人在读大学。但到去年我国的高等教育毛入学率已经达到了24.2%,也就是说我们已经进入了大众化教育。进入大众化教育,国立高校不但没有增加,有的还减少了。像武汉大学是四所著名大学合并的,其中3所是211大学,像华中科技大学是三所普通高校加一所干部学校合并的,像武汉理工大学也是三所本科院校合并的,中南财大是两所学校合并的。另外还有一大批高专、专科院校升为本科院校。

最后就是独立学院，发展得很快。合并的高校一般情况还好一些，升格本科的学校和新成立的独立学院却面临着一个很大的质量问题，所以中央一再强调要提高教育质量。我们是教育大国，我国的高等学校在校生人数已经高居世界第一，超过美国了。人数是第一了，但是高等学校在质量方面目前还存在着一定的问题，所以国家对这方面要求比较高。

现在世界大学排名在100位以内的，我国的高校基本上进入不了。排在200名以内的，清华、北大可以勉勉强强能进入，在亚洲前10名的高校没有中国内地的高校。当然评判标准是不一样的。但是尽管如此，我国高校目前数量大、发展也很快，但是质量还有待提高。

高等教育在不断地发展。目前我国高等教育毛入学率是24.2%，按照《国家中长期教育改革和发展规划纲要（2010—2020年）》的规定，到2020年毛入学率要达到40%，这个任务还很艰巨。因为10年要增加将近16个百分点还很难，但这个数不是绝对数，是个相对数，算算账并不是很难实现。而这个相对数里面是由两个因素构成的，一个是我国适龄人口的增长率，一个是我们高校招生人数的增长率。而从这两个增长率来看，适龄人口的增长率不是增加而是减少，因为多年以来我国实行独生子女政策，很多家庭只有一个孩子，而且目前在城市还有很多丁克家庭，所以这样一来高等教育毛入学率的完成就不是那么困难了。

由于人口减少的因素，到2020年按现在的招生人数不增加，照现在规模发展下去差不多就可以达到35%、36%，所以这10年间只要增加4~5个百分点就可以完成40%的毛入学率，所以数量的增加和质量的提高都是我们这10年需要完成的重要的任务。

《国家中长期改革教育和发展规划纲要（2010—2020年）》对

我国教育事业提出了远大的目标。第一是基本建立现代化的大学教育，那么也就是说我们现在的现代化的大学教育还没有完成，还达不到世界的现代化水平。第二是要基本建设全民学习型社会。建设全民学习型社会不只是我们高校的任务，还是全社会的任务。但高等院校在这个任务中占据了很重要的组成部分，我们不仅要培养大学生、培养研究生，还要办好培训教育，培训教育在我国将具有非常远大的前景。据我了解贵校有三个校区，有两个校区在市内，将来考虑功能划分时要思考培训教育这个问题。这个全新的社会建设是全社会的事情，我们高等学校不能袖手旁观。所以应该为全新社会的全面形成作出我们应有的贡献。

第三是要建立人力资源强国。我国是个人口大国，现在达到13亿人，目前正在第六次人口普查。这次人口普查后，也许14亿，也许14亿多。那么作为人口大国要逐渐地通过改革开放变成人力资源大国，当前中国之所以在全世界经济中GDP的总量超过日本，占据总量的第二位，很大程度上是源于我们是人力资源大国。我们依靠的是人力资源的投入，依靠的是自然资源的投入才形成今天的GDP总量。所以我们不能只靠人力资源大国来发展我们中国。那么中央就提出来，要让人力资源大国变成人力资源强国，就必须要培养优秀的创新型人才。所以建设人力资源强国需要大力发展高等教育。

在强有力的竞争形势面前，我们该如何去面对这个问题？当前高等财经政法教育进入门槛比较低，所以很多学校都在办财经政法类专业，它引进几个老师就组建一个系，引进十几个老师就组建一个院。而现在呢，各省都有些地方保护主义，这类学科专业批准很容易。所以这就要求我们在供不应求的情况下提高门槛，提高我们的教育质量，提高学生的标准，提高学生的素质。中南财大这一年来在培养学生的规格方面，已经逐渐在想办法提高。比如着力提高学生的语言水平、计算机应用的能力、对外交往的能力等,我校通过请一些国外的名师、诺贝尔奖的获得者来讲学,或通过与国外联合办学,"2+2"、"3+1"等模式,现在"2+2"项目教育部控制得比较严,所以"3+1"模式还是比较可行的。"3+1"模式同样可以把国外的教师请进来。我们在学生培养上一定要考虑长远的竞争力,不能简单地考虑能够就业就行了。重要的是要提高我们的学生质量标准。

还有就是差异化的竞争,也叫优质化竞争。什么是差异化的竞争?也就是说在培养学生的时候,如果简单地和一些名校去竞争,有些方面我们不一定竞争得过,但是如果我们能够找到一个合适的突破点,也不一定比他们差。10月份,我校的会计学院组织一个辩论队到台湾,参加海峡两岸的会计学知识的辩论大赛,这个辩论赛已经进行了五年,中南财大获得了一个冠军,几个二、三名。这次去辩论我校碰到了一个强劲的对手。前面几个对手都比较弱,初赛是三个评委,复赛是五个评委,初赛时我校辩论队分别以3∶0、5∶0、4∶1战胜。到了决赛阶段碰到台湾大学,台湾大学是台湾最好的大学。在处于不利的情况下,为什么不利呢?这个辩论比赛的特点是俄勒冈式,俄勒冈式是以当时当地、现时现地,在哪儿辩论就以哪个地方的情况作为辩论的内容。我校辩论队到台湾去辩论,毫无疑问以台湾本地的情况作为辩论内容,这样台湾大学的学生毫无疑问占优势。而我校的学生从来没去过台湾。最后我校险胜,13个评委,我们7∶6险胜。后来很多专家评论,分析了我校获胜的原因。台湾大学有13个学院,会计学是在管理学院里面,是一个系。我们学校有14个学院,会计学院在我校是一个学院,我校以一个学院的力量去对付台湾大学一个系。当然也说明我们的教学水平能力不一定比他们差。其次,我校是财经政法大学,我校会计专业的学生全部都学了会计、法学通论,懂法学,他们会计学专业的学生没有学法学。而这次辩题目是什么呢？是关于是否要征收环境税，而环境税里面既与会计学有关，又与财税有关，还与法律有关，所以这次我校占了另外一个优势。在辩论的过程中，我校的学生视野非常开阔，虽然辩论的是台湾方面的问题，但我校学生的视野是全球，一会儿把丹麦的例子举一下，一会儿把美国的例子再举一下。而台湾大学生呢，他们主要是就台湾的事情论台湾的事情。

通过这次辩论赛可以看出，就是台大的学生和我校的学生是差异化的竞争，在这一方面我校的学生比他们的学生强，虽然从我校学生的综合素质来看不一定比他们强，但是我校的专业方面比他们强。所以财经政法类的大学来战胜其他类别的学校，包括著名的大学，包括理工类的院校和一般院校，我们要强化专业优势。就是我们和他们相比，我们有差异，他们在某些基础理论方面有优势，但我们在专业知识方面有优势。这就是一个关于差异化方面的问题。

最后一个是关于专业化的问题。专业化的问题就是我们的专业划分得比较细，这是高等财经政法类院校的一个比较普遍的方式、方法。我国高等学校的专业设置在第一次专业目录上大概有800多个专业，第二次专业目录调整为504个专业，第三次专业目录调整为249个专业。最近教育部正在组织专家进行讨论，准备对专业目录进行重新调整。这次调整有两个方向，一个方向是把过去本科生、研究生的专业目录分别设置改为统一设置，就是研究生专业目录和本科的专业目录是垂直的。第二个大的方向是很可能在学科门类上有所增加。我了解的有可能是艺术类，专业设置将要大幅度缩减，所以我们的专业化建设一定要加强。这就是我们强调的财经院校和综合类院校、理工类院校之间竞争的一个基本的情况及应该采取的对策。

财经类高校不仅面对国内的一些竞争，同时还面临国际的竞争。我们的高等教育源于西方，现在的高等教育有的学校还用西方概念的名字，比如说阿福德米（音），阿福德米是柏拉图建立的，他是古希腊最伟大的哲学家之一。最伟大、最好的哲学家应该是苏格拉底了，大家都比较熟悉。苏格拉底和我国的孔子基本是同一个时代的人，苏格拉底被称之为"欧洲的孔子"。苏格拉底一辈子和孔子一样教了很多的学生，他自己又没什么直接的赘述，孔子叫述而不作，他也是一样，也是让学生把他的谈话给记下来，最后形成的一个谈话录，那么他最伟大的一个弟子就是柏拉图。我们可以这样说，柏拉图实际上是对于教育事业最早设置制度的人，他建立一个阿福德米。现在我们国内好多艺术类的学校还用这个概念。他就把我们早先大学的制度设立了，那么真正的大学是源于中世纪。从中世纪的神学体系中分离出来的现在大学，最早的是意大利博洛尼亚大学，到后来英国的牛津大学、剑桥大学，法国的巴黎大学这一类的大学。再往后是柏林大学，柏林的洪堡大学，再往后就是美国的大学，就这样慢慢发展过来的。我们现在能够真正称之为中国现代化大学的学校就只有100年左右。所以我们的高等教育发展要学习借鉴西方高等教育的优秀内容。

因此，我们发展的战略不仅有经济发展战略、社会发展战略，还有文化发展战略。所以在高等教育的发展过程中，以及国际化的过程中，要防止简单化的美国化倾向。我们既要学习借鉴美国高等教育事业中的优点、长处，同时也要注意防范西方的文化入侵。我们不仅要接受西方文化的优秀成分，同时在国际化的过程中还要传播中国的文化。一方面，中国的文化历史非常悠久，另外一方面，我国这些年来经济发展水平越来越高，经济实力越来越雄厚，所以中西文化相互交融过程中，要相互借鉴优秀的文明成果。

我国在传统教育中财经教育方面比较欠缺。孔子的弟子三千,贤人七十。在孔子弟子中,真正搞经营管理、搞政法的人并不是太多。孔子的子弟中只有子贡是懂经济的。孔子本人对财经政法类教育不是特别重视,孔子学生学的是六艺,即诗书礼乐射御。一直到民国时期商务学堂才开始出现。晚清时期派出的留学生,主要学的是自然科学,很少人学人文社会类科学。在学人文社会科学的人中间,学经济管理的学生也是比较少的。所以从这个意义上来讲,我们当前要把中国的经济管理和法学学科树立起来,也是一项十分重要的任务。建立我国自己独立的学派,建立我们自己独立的学科,这方面的任务还是非常艰巨的。我国在上个世纪90年代末,挽救了整个东南亚金融危机,最近两年我们又挽救了由于美国的次贷危机引起的金融危机导致全球的经济恐慌。从这个角度讲,我们的经济管理教育是有成就的。这是我们讲的关于国际化的一些问题。

三、关于大学办学理念问题

一个大学应该怎么办?有些专家认为,首先,大学要有战略定位,就是战略上我们这个学校应该办成个什么样的学校。我国的高等教育近年的发展基本上是中专升大专、大专升本科,有了本科就要申报硕士授权单位,有了硕士就要申请博士授权单位,这是一个冲动型的发展,不是最科学的发展。今后对一个高校而言,必须要找准自己的战略定位。第二种是板块型的发展,通过合并高校,合并工院校就办工科,合并医学院就办医科。第三种是根据自身的实力和本地区国家对高等教育事业的需求来进行定位。这种定位既符合国家的需求,符合人民群众对高等教育的要求,也符合自身的实际的要求。我曾经就中国高等学校发表过一篇文章,叫做以topdown的方式来定位,topdown的方式是源于西方的工程设计,意思就是由上往下。

办大学就要进行顶层设计。Topdown,翻译成中文就叫顶层设计,由上往下,从顶层往下设计。进行顶层设计,就必须把办学的定位做好。河南财经政法大学怎么定位?我想我们的李校长、你们肯定有自己的一套理念,我介绍一下中南财经政法大学的情况。中南财大在定位的时候,最早定位是比较低,我校的定位是一个研究教学型大学。那么后来教育部规定的没有研究教学型大学。周济同志当部长的时候提出,"985工程"的这类大学在全国只占百分之几的比重,办教学型大学是不够的,必须是办高水平的研究型大学。现在教育部也提出,一方面要办世界一流大学,一方面办高水平大学。那我校的目标是什么?显然办世界一流大学,我校没有这个能力,世界一流大学应该属于北大、清华等。

那我校办什么样的大学呢?我校的定位是要办高水平人文社科类的研究型大学。为什么提出这样的定位?一个是形势逼迫人,学校进入了"211工程",就要面临一个激烈的竞争,必须站在前面。在这种情况下,要把学校的标准定位得很低的话,那其他学校就会说这个学校不像个二类的大学。所以我校必须定位得相对高一些。为什么说是办一个人文社科类的大学呢?我们也曾想过,当年的中南大学实际上有过一个医学院,我校是不是也办个医学院?因为岚清同志说过一句名言,就是说最好的大学都应该有医学院,最好的医学院都在综合大学里面。后来仔细分析我校的理工专业基础很薄弱,机械工业学科、生物工程方面也没有什么基础。这两样基础都没有怎么办医学?办不了,所以不办,我校还是办人文社科类的大学。

那么我们讲研究型大学,一方面是教育部有这个要求,另外一方面我们对研究型大学必须有一个正确的认识。办研究型大学不等于说我们不培养人才,研究型大学并不是研究院、研究所。研究型大学是指这个学校能为国家承担重大的科研项目,包括自然科学和社会科学的项目。比如说国家的战略部署、经济发展战略、社会发展战略、人力资源发展战略等等,这些战略学校能提出一些重大设想,能够为国家领导人提供决策参考,影响到我们国家的发展战略,那就是我们的成果,这就是研究型大学。在形成创新性成果的过程中,老师要带学生,带研究生,甚至要带高年级的本科生参与这个研究,在研究的过程中也培养了人才。所以研究型大学不等于不搞教学型大学,而是说学校在培养人才的同时要出重大的科研成果,为国家包括为地方政府出谋划策。这是从顶层设计的战略角度来讲的。

第二个方面,我们要培养学生。要培养什么样的学生?我们的本科教学具有应用型、笼统型、开放式。对于笼统型,我前面已经介绍过了,作为财经政法大学,我校要求学生除了学习本专业知识之外,还要读一些其他专业的一些思想。比如说搞经济类的、管理类的要学法学,法学类的该懂得一些经济管理知识,这样对学生是有好处的。争议最大的,是应用型,应用型这个概念是相对于我们财经政法类的高校而言的。财经政法类高校的学生所学专业,绝大多数是应用文科,我们把文科分开的话是基础文科、应用文科。什么叫基础文科?中文、历史、哲学都是基础文科。什么叫应用文科?会计学、金融学、财政学、一般的法律都是应用文科。因为本科生的培养绝大多数是应用文科。如中南财大每年招5000多本科生、2000多研究生,假如都是学基础理论,都是以基础理论为主,那么应用型人才谁去培养?这不符合国家经济社会的发展要求。

因此,学校既要培养具有一定基础理论知识的人才,还要培养直接为国家经济社会建设服务的人才,就是我们要强调的应用型人才。同理,强调培养应用型人才不等于说我们不培养理论型的人才。我校是教育部经济理论和法学理论创新人才培养的实验区,但人比较少,在我校接受的研究生里面在学的只有几百人,相对于几千研究生来讲,大部分还是应用型人才。现在国家不是在扩大招收专业学位硕士生吗?我校准备在几年之内专业硕士要达到三分之一,5~8年之内达到一半,到2020年左右我校的专业硕士要占到三分之二,而这一方面恰恰是中南财大的优势。假如说培养一个会计,应该说我校培养的会计专业的学生比北大、复旦、武大等大学培养的会计专业的学生要优秀得多。假如说培养一个理论家,培养一个经济学家,一个基础理论法学家,我校不一定超过这类大学。所以我校在学生的培养上强调的是应用型。

第三个理念是关于规模问题。大学是不是越大越好?大学并不是越大越好,全世界凡是知名大学一般情况下都是在一两万人左右,像我国的一些著名大学四万人、五万人,在国外这样的大学是很少见的。我看过一个资料,说全世界大学哪一所最大,是泰国的一所大学,有30多万学生,它一点名气都没有,它唯一的出名就是因为有30多万学生。而哈佛大学、耶鲁大学、牛津大学、剑桥大学都是2万人左右。那么我校规模2万多学生,没有过度发展。中南财大大概连续10年左右,本科生就没有怎么增加,保持在2万人左右。我校"十一五"5年间本科生只增加了300人,而研究生翻了一番,我校现在初步计划是本科生维持在2万人左右,研究生7000人左右,将来发展到1万人左右,就不再发展了,人数太多了对学校的发展没有好处,不能无限膨胀。

从管理学角度讲,传统的管理学领导体制有科层制,一层一层地往下管。我校一般现在是校、院、系、教研室四级机构。其实校和院是实的,系是一个教学组织机构,相对虚一些。有的学校规模太大了,不好管理,又加了一层,加了一个学部。学校、学部、学院、系、教研室等五个层次。管理层次越多,管理成本越高,管理效益越低。学校规模太大对学校发展是没有好处的。将来我校要在质量上提高,这是我校办学规模的理念。

第四在后勤服务和校园管理方面,我校现在正在改进管理理念。过去我校对管理人员不太重视,我校的管理人员主要来自于家属。管理人员的水平高低和教师的水平高低虽然是不同性质,但是道理是完全相同的。一个学校的管理水平太低,教师的教学效果是发挥不出来的,有些管理人员服务教学的意识低,所以现在我校特别注重管理人的素质。从5年前开始,除了转业干部之外,我校就不再进一般管理人员了。国家政策规定不进行政干部,这几年我校的所有干部都是从辅导员队伍来进行补充的。辅导员全部是从硕士研究生学历以上选入进来的,先做几年辅导员再来做管理干部,素质相对比较高,第一他们受过硕士研究生以上的教育,文化水准、管理知识、管理能力还是比较强的。第二,他们做过辅导员,对学生感情比较深厚,自然对学生、对老师态度也会比较好。对原有的管理人员我校采取了一些措施,严格管理,不断提高服务人员的素质。

另外一个就是后勤服务。后勤社会化是我们当今社会一个很大的问题。后勤社会化,现在出现了很多甲方和乙方扯皮的情况。我校现在正准备酝酿改革,叫真正适应社会化。学校尽量少出钱,不出钱,让外面来做。那我校原来的后勤怎么办呢?一个方面学校只出后勤职工基本的生活费,他们需要另外去赚一笔钱,这样学校也可以省下一笔钱,这笔钱可以给学生发高额的奖学金,发了高奖学金之后,哪怕菜稍微贵一点,学生也会选择。所以我校的后勤也是准备要商品化、货币化,学校花钱买服务。保卫部门所聘用的保安也是一样,我校刚刚和地方的保安公司签了协议,把学校的校卫工作卖给了公安局办的一个区的保安服务公司,学校每年给保安公司288万元钱。这样比自己办保卫有利,校内的保卫干部犯了什么事学校还不能开除他们,保安公司的保安犯了事学校就可以提出赔偿。所以管理方面使后勤走向社会化,不但服务水准提高了,而且学校的领导也能集中精力搞好教学,搞好科研,这是我校最终的一个基本的目的。

中南财经政法大学通过60多年的办学,虽然也积累了一些经验,但整个来看是在不断摸索的过程中,而且摸索付出的代价也是非常沉重的。我可以这样说,中南财经政法大学的历史就是我们中华人民共和国高等教育史的一个缩影。中国高等教育发展的时候,我校也在发展;中国高等教育遇到困难的时候,我校也是最困难的时候,许多重大的活动我校都赶上了。比如说解放初期接收教会学校、接收私立学校我校赶上了;1952年、1953年院系调整我校赶上了;1958年大跃进全民办大学我校赶上了;"文革"期间大学受到巨大的冲击,特别是文科类大学萎缩我校遇到了;恢复高考制度,第一届本科招生我校赶上了,第一届硕士招生、第二届博士生招生我校赶上了,2000年大调整我校又赶上了。所以这些话都是经验之谈,经验里面也包括教训。

我想经验也好,教训也好,我们两校都可以共同分享,分享经验、共享成果;分享教训,取得前车之鉴。我校希望在今后的教学发展历史过程中,两校的老师要多来往,两校的领导要互相走访,相互学习,相互借鉴,共同提高。本人虽然有些管理经验,但实际水平并不是很高。所以有很多不到之处希望大家多提宝贵意见。

(以下是听众提问及回答)

李小建:我想问一个问题。中南财经政法大学是老大哥学校,原来是国内唯一一所财经政法类学校,现在有个小弟弟(河南财经政法大学)跟上去了,跟上去要不断地向你们学习。我校遇到一些问题,也要不断地向你们请教。请问你们学校在合并以后怎么处理好财经与政法的关系？因为现在国家就一个法学专业，你们学校现在的规模怎么样？就业怎么样？法律专业就业时面临的对象主要是公共部门，公共部门是逢进必考，所以学生就业可能受到一些限制。这方面有什么经验给我校传授一下。

徐敦楷：李校长很谦虚，我可以把这个情况给大家简单地汇报一下。中南财经政法大学两校合并是2000年的事情，现在已经合了10年半了。我校是教育部党组曾经表扬过的两所合并得最好的学校之一。我校合并的这两所学校，一方面是因为我们同根同源，历史上没什么纠葛。很多学校合并以后最大一个问题首先是历史，历史很麻烦。其次，合校之初我校的领导班子成员相互之间比较团结，合校的时候9个领导班子成员，其中有8个是77年、78年、79年的本科生和79级的研究生，也就是说我们8个人同时在学校里面上学，都是同学，是先后同学而已，只有一位是华中科技大学调过来的。同时，合校以后学科相互之间的支撑也非常明显。

刚才李校长问到法学专业就业的问题，这确实是个很大的问题。这些年来从整个教育来看，就业情况比较好的还是财经的应用性型学科，就业最好的就是会计学科。那么其他有一些学科就业也不错，像人力资源、市场营销等专业。法学从整个学校来看基本是在倒数二三名。这样一来我校采取什么样办法呢？第一个办法是适当缩小规模，早期中南政法大学是个独立的学校，它的主力全部是法学，招的学生数量非常多，后来我校就逐渐减少，开始招到1400人、1500人，后来减少至1200人、1300人、1000人，再后来是900人、800人，现在只招700人，人数减少了。第二个办法是改善结构，增加研究生，法学从学科来讲它是个高层次的学科。在很多国家法学是没有本科生的，只有研究生。读本科出去的学生就做不了律师、做不了法官，它是个比较高层次的学科。所以我校把本科生缩小，把研究生加大，现在我校法学的研究生也招到

700多人。当然最近又增加了一些,有西部计划。就是把地处西部的具有大专或者本科毕业的法官、检察官和警官送到学校来进行培训,是周永康同志抓的,叫西部实验计划,不用接受考试直接来读,就是大专的来读本科,本科的来读研究生。增加的这一部分同志问题不大,他们本来有职业,所以不存在就业问题。另外每年这700多法学研究生怎么办呢?第一个就是我校加强培训,选修第二学位,选学辅修专业,所以法学专业的学生同时可以学财经类专业,同样可以到经济管理类的专业去就业,我校现在法学专业毕业的学生当银行行长,当企业总经理的也不在少数。

第二个是刚才李校长说的逢进必考的问题。我校加强两个考试的培训,一个是司法考试,一个是公务员考试,把这两个考试的培训进行加强。因为法学专业就业的部门主要是公务部门,它和财经类不一样。财经类专业既可以对公,也可以对私。法学专业主要针对公,而且法学有些专业它还不那么对私。比如侦查学专业、私探学专业,对私就麻烦了,他们出去做得不好就会成为我们公安部门的对手。他们的技术水平都比较高,比如说反侦查的能力有可能不在一些警官之下,他们犯了罪还不大容易发现。所以必须要把这两个考试做好。

第三个是学生在就业的过程中,学校除了举办各种各样的招聘会之外,还有一个重要的办法就是学长学姐带学弟学妹,学校每年把前几年毕业的学生请回来,要他们把学弟学妹带出去,这个效果也是不错的。特别是我校EMBA的学员很多都是老板,他们过来招聘职员,所招的这些学弟学妹,会有亲近感,是吧?虽然不能搞什么宗派体系,学弟学妹至少对他们忠诚度要高一些。在外面招个人来,说不定跑了他们都不知道他是谁。招个学弟学妹来,他们可以找他(她)的老师,找他(她)的同学,学弟学妹万一出了什么事,他们在哪个地方都能找到这些学弟学妹。

第四个办法是我校采取了就业导师制。所谓就业导师制就是学校的每一位老师包1到4个学生，这1到4个学生平常老师要帮助他们。比如有的学生普通话不标准，就要告诉学生要加强普通话了。有的学生修饰打扮不足或者过余，也要让他（她）改正。另外一方面呢，老师帮学生介绍工作。这样一来，我校法学的学生一般在后期基本上能够赶上学校的平均水平，达到90％以上。到12月底平均就业率大概是93％左右，这个是实实在在的就业率，都是有工作的。那么其他的学生有的自谋职业，有的出国留学，有的准备考研究生。总之，我校这几年来没有哪一个学生就不了业，赖在学校不走，没有发生过这类情况。所以我想只要学校培养的学生质量高，再加上有学校的教师、校友的共同帮助，我想学生就业问题应该是基本可以解决的。

第七章　高等财经政法教育改革与发展：
　　　　时代背景与战略选择

西南财经大学校长　　赵德武

今天我很高兴来到河南财经政法大学，与各位交流一些问题。其实我今天来这里主要是向大家学习，原河南财经学院，是西南财经大学长期的友好院校，李校长也是我多年的好朋友，可以说李校长对西南财经大学在很多方面，给予了很多的支持和帮助。所以来到这里，我感觉到特别的亲切。

原河南财经学院和原河南省政法管理干部学院，可以说都是有着重要影响和良好声誉的财经和政法院校。在长期的办学过程当中，为我国经济建设和法制建设作出了重要贡献，培养了一大批优秀人才。今年3月，我们很高兴地听到消息，两校强强联合，合并组建河南财经政法大学。作为兄弟院校，西南财经大学表示诚挚祝贺！衷心祝愿合并后的河南财经政法大学在新的更高起点上，打造新品牌，续写新辉煌。我相信我们两校之间的交流和联系，一定会得到更进一步的加强，两校之间的深情厚谊也将进一步强化。这是我先表达对合并后的河南财经政法大学的一种美好的祝愿。

今天，利用这样一个机会，与在座的各位同仁交流一些问题。说句老实话，我看了一下资料，河南财经政法大学同西南财经大学在很多方面情况都基本上是相同的，或者是相似的。比如说我们校区的情况，我们学生规模和教师规模的情况，我们学科格局的情况,大体上都差不多。因此,河南财经政法大学面临的问题跟我校面临的问题,实际上是我们共同面临的问题。河南财经政法大学现在面临的问题,实际上也是中国高等财经政法教育共同面临的问题。因此,利用这样一个机会,我们既是个交流,更重要的是向大家学习来了。

下面我围绕"高等财经政法教育改革与发展:时代背景与战略选择"这样一个题目,讲三个问题:第一个问题是时代背景;第二个问题是战略主题与发展主线;第三个问题是战略选择。

在讲的时候,我更多的是结合西南财经大学的情况来讲,谈一些自己对高等财经政法教育,尤其是高等财经教育的看法,说老实话,政法教育这一块,我本人不是太熟悉,缺乏更深的认识。那么前面两个问题,我简要地讲一下,重点讲第三个问题。在讲这三个问题之前,我先简要地向各位汇报一下西南财经大学的基本情况。

西南财经大学的办学历史最早可追溯到1915年孙中山先生扶持创立的中国公学大学部和1925年圣约翰大学的数百名师生创立的上海光华大学。1938年抗日战争爆发后,上海光华大学内迁成都,就在我校那个地方开始办学。所以我们现在那个地方叫做光华村。抗战结束以后,上海籍的老师就回到了上海,那么其余的教师继续在那个地方办学。但是我们现在的校庆时间是从1952年计算的,在1952年、1953年,全国高等学校院系调整的时候,由西南地区17所财经院校、综合大学的部分系科合并组建成四川财经学院。1980年,学校从四川省主管划转到中国人民银行总行主管,一直到2000年,20年时间都由中国人民银行总行主管。当时中国人民银行总行主管的有湖南财经学院、陕西财经学院,后来湖南财经学院合并到湖南大学,陕西财经学院合并到西安交通大学,但我校以独立编制划给教育部。1985年学校更名为西南财经大学,1995年,进入国家211工程建设,所以目前学校是教育部直属,国家211工程建设的一所全国重点大学。这是西南财经大学历史的基本情况。

下面把我校规模情况给大家做个介绍。我校现有全日制在校学生接近23000人。其中本科生16000人,每年招4100人,研究生6千人,留学生300人,留学生规模比较小,这也是我们心中的一个痛,所以现在正在加快扩大留学生规模。教职工我们是1600多人,其中教师1100人,河南财经政法大学是1200人,我觉得我们都差不多。教师当中全职海归博士103人。现在学校已有4万多毕业生在金融系统工作,其中包括一些行长,金融机构的老总。从1980年到2000年,形成了学校的金融特色,金融专业是我校重点打造的一个学科。学科格局是以经济学、管理学为主体,以金融学为重点,工学、理学、文学、法学等多学科协调发展。法学是我校今年拿下的一级学科博士点,还有一个是管理工程的一级学科博士点,刚刚取得,还没有正式发通知,但国务院评议已经结束了。国家重点学科有4个,分别为金融学、政治经济学(前两个省批)、会计学、统计学。但非常遗憾的是我校现在还没有一级国家重点学科。博士一级学科6个,硕士一级学科6个,博士点36个,硕士点67个,本科专业35个,专业学位有15个。我校是国家经济学基础人才培养基地和国家大学生文化素质教育基地,另外西南财经大学中国金融研究中心是教育部人文社科重点研究基地。

我校的资源状况是这样,有一个西南财经大学出版社,明天上午举行挂牌仪式。出版社已经很多年了,但是明天的挂牌是改制,正式改制为成都西南财大出版有限责任公司。有两个杂志,一个是《经济学家》,一个是《财经科学》。我校还准备在未来几年时间创办一个金融类的国际性英文期刊,这个正在筹划。有一个文献中心,我校生均图书馆的面积,在教育部直属高校里面排名第一。我校有两个校区,加在一起占地2300亩,柳林校区1530亩,光华校区 758 亩。这是西南财经大学的基本情况。

一、中国高等财经政法教育面临的时代背景

下面我简要地罗列一下就行了。中国高等财经政法教育,我想应该从以下几个视角思考:第一个视角是经济社会发展;第二个视角,比如我们政法这一块,依法治国,法制社会、法制国家建设;第三个视角是高等教育改革。

我主要讲两个视角:一个视角是经济社会视角。我认为目前中国的高等教育从经济社会视角来看,面临着一个最大的时代背景,是加快转变经济发展方式。党的十七届五中全会审议通过了国家"十二五"规划建议,明确把科学发展作为未来经济社会发展的主题,把加快转变经济发展方式作为经济社会发展的一条主线,而且认为加快转变经济发展方式是未来经济社会的一场深刻变革。我们都是学财经的,加快经济发展方式的转变,我是感受很深的,可以说这是从国家经济安全这个战略的高度来考虑的。

国际金融危机以来,全球性经济结构和金融制度已经或正在进行重大调整。我国金融体制改革不断深化,现代金融服务业快速发展,在加快经济发展方式转变这样的背景下,需要我们财经政法高校思考的问题很多很多。比如如何通过优化人才培养目标,创新我们的人才培养模式,培养出能够更好地适应经济发展方式转变所需要的人才;比如现在的战略新兴产业,这些产业对人才有什么样的要求?大学的人才培养目标应该怎样确定?人才培养模式应该怎样进行?比如如何适应经济发展方式转变和经济结构调整的新要求,在大学建立起动态的学科调整机制,把握未来学科发展的主动权。哪些学科要重点发展?哪些学科要扶持?哪些学科要通过市场淘汰掉?西南财大的有些专业,说句老实话,对学校学

科没有支撑,学生又非常反感,每年招生的时候都是调剂进入的。我经常讲,如果我是学生,我报考西南财经大学,我是冲着学校的金融去的,冲着学校的会计去的,结果我很高的一个分数,被调剂到一个根本想都没想到的专业,这个给学生、给学生的家长所带来的影响是很大的。对于这种对学科发展没有支撑、市场又不需要的专业,就要把它淘汰掉,叫市场淘汰机制,这是一种动态的机制。大学如何充分发挥自身的学科和人才优势,主动融入经济社会发展,在服务和贡献当中开辟新的发展空间? 这些问题都需要我们思考。

第二个视角是高等教育视角。今年7月份党中央国务院召开了"全国教育工作会议",颁布实施了《国家中长期教育改革和发展规划纲要(2010—2020年)》,对于中国未来10年、中国高等教育的发展做出了全面部署。关于高等教育最主要的精神有三点:第一点,提高质量是高等教育改革发展的核心任务。未来10年,中国高等教育改革发展的核心任务是什么? 是提高质量。体制机制改革与创新是未来高等教育改革发展的关键,体制机制改革创新主要包括人才培养体制、考试招生制度、学校办学体制、管理体制、中国特色现代大学制度等等。《国家纲要》指出,教育要发展,关键靠改革。第二点,显著提高人才培养、科学研究和社会服务的水平,是高等教育改革发展的出发点和落脚点。是未来5年中国的高等教育,包括高等财经政法教学所面临的几个比较关键的问题。这也是高等财经政法教育的第二个时代背景。

第三点,从把握高等教育视角来审视的时候,还需要把握和关注一个趋势,即大学管制正在放开。中国的大学受管制的程度很高,管理得比较紧。昨天和李校长、杨书记聊天,我们同样感觉中国的大学受管制的程度很高。比如说国家规定产量,招生指标、招生计划就是产量;规定品种,学科专业的审批权就是把品种规定好;规定生产过程,教育部要组织对本科院校进行本科教学工作水平评估,用同一个标准来评估;规定价格,比如说学费收入,不能超过多少;规定经费,审批拨款,我们四川审批不到5000元,教育部直属高校,是7750元,同时教育部要求,在2011年省属以上的学校人均拨款要达到12000元,现在正在朝这个方向努力。这就是管制的程度很高。

中国的大学承担了过多的义务,负重前行。比如说学生就业问题,学生就业是考察一个大学的重要指标。我校过去动员老师给学生找工作,我认为作为老师,只要能够找到,肯定是要给学生找工作的。但是,在办学理念上、意识上不能这样考虑问题,我的观点是在人才培养的各个环节当中,努力通过改革,增强学生在未来就业和工作当中的竞争力,这是要特别做的事情。要鼓励学生勇敢面向社会,接受市场选择,接受社会评价,这个很重要。我这个观点有点不一样,比如说现在鼓励学生到基层就业,到偏远的地方就业,成都本来就在西部嘛!如果西南财经大学的学生全部都到西藏去工作,那只能说这个学校太差了。所以我校还是想给学生打造十大最重要的就业领域。

中国的大学社会关注度很高,容忍度很低。比如说贷款的问题,大学都在贷款,我校也在贷款,去年教育部给我校划免了1.97亿银行贷款,现在还有4个多亿银行贷款。说句老实话,大学贷款建新校区,是为中国高等教育积累了很大一笔财富啊!如果没有这样一次新校区的建设,中国的高等教育在世界上还会落后很多年,而这个建设的效果会逐步显现出来。我就不怕贷款!容忍度很低,比如说贷款的问题,社会说了很多,像国有企业就有那么多烂账,高等教育都是优质资源,学生收费的问题,社会关注度很高,容忍度很低。

但是这种情况正在改变,中国高等教育受管制的程度放开是必然趋势,已经在放开。有两个标志:第一个是境外优质教育资源的进入,现在香港的大学、美国的大学,与中国的大学抢夺生源。我在学校讲,我们现在主体在新校区,搞不好哪一天,那个老校区就是美国的某一个学校在那个地方办学啊!完全有这种可能的,这是境外优质教育资源的进入。民办学院的发展,比如长江商学院,长江商学院没有进入教育部的轨道,但是它进入了国际化和市场化的轨道,发展得非常好。在长江商学院学习一个月,学费大概是40万,但是去听课的人认为值。这个不是打广告,我经常讲,为什么长江商学院不在西南财经大学?为什么新东方不在北京外国语大学?新东方是品牌嘛,为什么这个品牌没有在北京外国语大学啊?长江商学院这个品牌为什么没有在西南财经大学啊?为什么没有在河南财经政法大学啊?它实际上就是这个道理,就是说现在民办学院的竞争力是很大的。未来理性的购买者,在购买教育的时候,不会再在乎是国立还是民办,是"985"还是"211",不会再考虑这个问题了,逐步逐步地会淡化。

我们现在到商店里面去买东西,买衣服,衣服可能还要考虑一下,比如买茶杯,谁会考虑这个茶杯是国有企业生产的,还是民营企业生产的?同样的道理,未来理性的教育购买者,不会在乎是国立还是民办。教育管制放开以后,教育部直属的高校也好,省属的学校也好,"985"也好,"211"也好,最终将由市场选择,由社会评价。这是我们在思考未来教育的时候,需要考虑的一个问题。

再一个视角是区域经济发展的视角,区域经济发展为高等教育的发展提供了宝贵机遇。就我校来说,新一轮西部大开发,新一轮十年已经启动。最近成渝经济区建设马上就要批准,国家发改委已经批准了,被称为是中国经济增长的第四增长极。现在到处都是增长区,到处都纳入国家规划。上世纪80年代邓小平同志在南方画个圈,现在是到处画圈,圈也比较多。成渝也是一个经济增长区,这是我校发展的一个很重要的机遇。

中国高等财经政法教育未来应该面临着这样几个挑战:经济社会深刻变革,提出了新的更高要求,就是加快转变经济发展方式,这对高等教育也提出了新的更高要求。在《国家中长期教育改革和发展规划纲要(2010—2020年)》当中,关于教育观念对中国教育存在的问题,罗列了这样一些方面,比如说教育观念相对落后,学生适应社会就业、创业能力不强;创新型、实用型、复合型人才紧缺;教育体制机制不完善;学校办学活力不足等等。这些问题在西南财经大学身上,都有非常明显的体现。因此在上个星期召开的全校教职工代表大会上,我作了一个学校工作报告,适应加快转变经济发展方式的要求,首先要转变我们自己的发展方式。我们过去是怎么发展?我们过去的发展理念是什么?我们新的发展理念应该是什么?过去的发展方式是什么?现在的发展方式又应该是什么?我们在思考这个问题。

其次是高等教育大发展,加剧了高等教育的分化,大学的核心能力建设面临着更大的挑战。大学的核心能力,主要是以学科为龙头的人才培养、科学研究、社会服务,学界、教育界也基本上是这样认识的。为什么说是以学科为龙头呢?人才培养、科学研究和服务社会都要在学科这样一个视野和框架下来进行。比如说科研,如果没有学科的这样一个视野和框架,我们的科研可能就是各自为政,东方不亮西方亮,黑了北方有南方;我们可能就是单打独斗,凝练不出学科方向。人才培养、课程体系建设、专业的设置等都要与学校的学科相适应。比如我校,不搞纯粹的数学,我们强调数理金融学,这个就是我们喜欢的东西了。

我校目前最大的挑战有两个:第一,人才培养模式没有根本突破。我校本科生源质量好,研究生生源质量不好,这是我校教师的一个共同看法。现在我校采取了一些措施,比如说举办暑期夏令营,吸引优秀生源。第二,师资队伍建设没有根本突破。这几年我校取得了重大突破,但是没有根本突破,无论是教师总量和国际化程度,无论是学科分布,还是领军人才,还是创新团队,现在都不够。在"十二五"期间,我校重点是夯实发展基础,实现重点突破。未来5年,西南财经大学要为建设高水平、有特色、国际化的研究型财经大学打下具有决定性意义的基础。这是在基础上实现重点突破,在更长时间跨度、更广空间范围和更高的层次上,来谋划未来的发展。

大学之间的竞争日趋激烈,未来大学的竞争是全方位的。全方位首先是区域内高校的竞争,比如说成都几所高校的竞争。然后是同类型高校的竞争,比如说财经大学的竞争。还有就是国外高校的竞争,民办高校的竞争等等。这些都是全方位的竞争。比如说北京大学、清华大学、北京理工大学,三大自主招生联盟,跑马圈地,争夺生源。本来今年我们部属的财经高校,原打算也搞一个第四个自主招生联盟,最后因为各个学校进度不一样而搁浅,但是不排除明年我们可能也会搞这种自主招生联盟。我们现在的指标是5%,每年可以有200多人自主招生。从竞争的角度看,与国内外一流大学相比,与建设高水平、有特色、国际化、研究型财经大学相比,我们面临的任务还很重。这是我讲的第一个问题。

二、战略主体与发展主线

未来5年对我校来说,究竟怎样把握?战略主体是什么?发展的主线是什么?我们是这样认识的,战略主体是质量优先、内涵发展。我校"十二五"规划基本上完成了,最后还要征求意见,"质量优先,内涵发展"是我校未来的发展主线,战略主体。质量是高等教育的生命线,也是每一所大学的生命线,是西南财经大学的今天,也是西南财经大学的明天,我们是这样理解的。从我国高等财经政法教育的实际情况来看,可以这样说,外延式的发展已经基本完成,现在已经进入到了由大变强的新阶段,整个中国高等教育都是这样,从人力资源大国到人力资源强国,从高等教育大国到高等教育强国,都非常清楚地说明了这个问题。

对于我校来说,主要有三个标志:第一,招生规模已经稳定,现在是22000名学生,不会再扩大规模,而且是逐步缩减,要缩减到两万人以内。两万人说起来就多了,但是中国的教育就这样,学生人数少了,经费就少,它两者是相互牵扯的。第二,校区建设基本完成,办学条件已经得到根本改善。以后还有一些建设项目,但都不是主要的。第三,一个学科格局已经形成,以经济学、管理学为主体,金融学为重点,多学科协调发展,这个格局已经形成了。我校不会再搞其他更多的学科,除非是经济发展方式转变过程当中,确实对整个学校未来发展有重要战略支撑,而且市场有需要,我们又能够吃得下的这种学科专业,我们才做,否则的话,不会再增加。所以现在学科点的申报,能够申报的学科我们尽量申报,积极争取,实在评不上也没关系,因为大的学科布局已经结束。

在这种情况下,学校从过去的由小到大进入到一个由大变强的新的阶段。由小到大不容易,由大到强会更难。由大到强难在哪个地方呢?难在发展理念和发展方式上。发展理念决定发展方式,发展方式决定发展质量。所以,有什么样的发展理念,就有什么样的发展方式,从而有什么样的发展质量。由大变强的发展理念和发展方式,与由小到大的发展理念和发展方式是完全不一样的,这个是我上周在教职工代表大会上讲的一个观点。比如说过去由小到大,更多地去考虑怎么扩大规模,学生招进来以后,就面临校区问题,而且干的事情都是能够看得见的,是欣欣向荣的一片景象,但是未来的发展不是这样了,所做的事情是看不见的一些事情,要有思想准备。由大变强的发展是质量优先的内涵式发展,这种发展是更加彰显特色的发展,更高水平的发展,也是更加可持续的发展。这就是质量优先,内涵发展。

基于这样的认识,我校要建立一套体系,这个体系要全面转移学校工作重心,把学校工作重心全面转移到质量优先、内涵发展上面。学校的每一个环节、每一个部门、每一个单位,随时都要考虑质量和内涵的问题。整个学校工作重心全面转移到质量优先、内涵发展上面来。学校资源的配置,集中到质量优先、内涵发展上面来,凡是有利于质量优先、内涵发展的事情,学校就给配置资源;否则,学校就不配置资源。同时要建立有利于质量优先,内涵发展的工作机制,要形成科学发展的评价体系。在今后评价学院的时候,指标就是符合质量优先、内涵发展的要求,比如说科研,就不重数量,要讲质量。说句老实话,甚至可以这样讲,你在《四川会计》上发表100篇文章,抵不上《会计研究》或者更高杂志上发表1篇文章。那种比较低的,发表了也没有用处,有些时候反而会影响你的声誉。因此,科研的评价机制就要往这个方向转向。

我校现在认定的五类科研成果,第一类成果是论文,专著没有在里面,除非确实是大部头的、名家的那种我们鼓励,其他的都不鼓励。论文国内的主要是《经济研究》、《中国社会科学》、《中国科学》、《法学研究》、《管理》这一类的,每个学科有一本,这个是一类。再一个就是国外的杂志,国外杂志我们有个划分标准。《经济研究》发表1篇论文奖励5万元,《中国社会科学》发表1篇论文奖励5万元。《会计研究》过去我们还奖励,现在学校不奖励了。第二类成果是国家社科、国家自然科学、人文社科重大项目。第三类是获奖成果,主要是奖励省部级二等奖以上的成果,虽然每年只有几项,但是这几项成果很重要,因为申报国家重点学科的时候,必须有三项二等奖以上的科研成果奖,才能够进入申报资格。第四类是重大政策建议,像胡锦涛等中央政治局常委签字批示的这种重大决策建议。抗震救灾中我校有几项温家宝、李克强、周永康等批示的重大决策建议,奖励5万元。这与在《经济研究》上发表1篇文章是一样的。第五类成果是横向课题,经费在200万以上的横向课题,我校把它作为A类成果奖励。

把质量优先、内涵发展作为大学组织成员的共同信念,成为大学文化的一个组成部分。这是我汇报的第一个问题,战略主体是质量优先、内涵发展。因为《国家中长期教育改革和发展规划纲要(2010—2020年)》明确指出,未来5年最核心的任务就是质量优先,就是提高质量。

第二个问题,发展主线。我校是把体制机制改革创新作为发展主线。所谓主线,至少意味着第一,体制机制改革创新,这个问题很重要。体制机制改革创新要贯穿大学的各个方面,贯穿才能够称为是主线。所以我校提出西南财大要发展,关键靠改革,只有改革创新,才能破除思想上的禁锢、体制上的束缚、行动上的羁绊。这几年学校发展的实践也证明了这一点。因为学校发展如果不通过改革创新,是根本不行的,而改革创新的动力又来自忧患意识、危机感。我们学校地处成都,现在重点发展的是金融学科,但是金融的政策中心在北京,实践中心在上海,成都算什么?成都只是西部地区的中心,这对我校的学科发展是一种挑战。所以我们在考虑未来的时候,要在北京搭建一个平台。比如说西南财经大学北京研究院,把我校的一些人才、一些资源聚集到那个平台上,通过他们与中国人民银行、中国银监会、证监会、保监会等保持联系,参与政策制定,争取资源。

地理位置不是问题。在经济全球化、网络化的今天,我们完全可以在中国西部(四川成都)与世界同步,产生顶天立地的成果。2007年1月我到美国招聘海归的时候,在留美举行的年会上做了一个演讲,其中我讲了一句话,不要以为中国远,不要以为成都远,从我们这个会场到西南财经大学,只需要十几个小时,不算什么。

今年我校获得了四项国家教育体制改革试点项目,最近正在抓紧准备。一项是高水平行业特色型大学办学体制机制改革和创新;第二项是经济与管理类人才培养机制改革与创新;第三项是改革大学内部治理结构;第四项是构建新型中外合作办学机制,提升西部高校国际化水平。《国家中长期教育改革和发展规划纲要(2010—2020年)》是通过实施试点项目这样一种形式来推进,我校争取到了四项。现在还没有说钱的问题,估计没有多少吧,不管有没有钱,我校都要做。因为通过体制机制的改革,才能推动学校的发展。所以我校在未来5年里,主要是围绕战略主体,着力改革体制机制,构建起适应现代高等财经教育发展需要的、充满活力的、富有效率的、更加开放的体制机制,充分激发西南财大的活力与动力。

三、战略选择的一些思考和实践

主要是结合我校谈一些思考与实践。这里面讲四点:第一,关于特色发展;第二,关于人才强校;第三,关于改革创新;第四,关于国际化。

第一,关于特色发展。特色发展是我校的主攻方向。建造特色是世界大学的通行做法,大学的发展最关键的是要形成自己的核心竞争力,核心竞争力就是特色,特色就是品牌。从世界知名大学发展的历史来看,无不彰显特色。比如说牛津、剑桥,绅士式的博雅教育,欧洲武士的职业教育,德国洪堡式的英才教育,斯坦福大学的实用教育等等,我在斯坦福大学待有半个月时间,感受很深,斯坦福大学是民办学校,创立者是一个企业家,他最知道企业需要什么样的人才,这个大学创办之初就坚持实用教育的理念。在办学过程当中,把校园面积划了一个部分出去,就形成了后来的硅谷,而且大学与产业互动。在上个世纪50年代开始,抓住机会,很快成为世界知名的大学,强调实用教育和学术尖端。可以这样讲,走特色化、个性化、创新型的发展道路,不仅是大学基础层面的生存战略,更是理性层面的发展战略。大学要生存,要发展,就要走特色化、个性化、创新型的发展道路,一定要彰显自己的特色。

下面谈一下特色在学科上的体现。战略选择的本质和本质选择是排序和组合,任何大学不可能在所有学科领域里面都领先。我们要以重点突破带动整体发展,要有所为,有所不为,有所先为,有所后为,为所当为。一个大学只有把自己的优势、强势、特色,把优势的学科、专业、课程做强做透,才能以特制胜,以强制胜,这个很重要。实际上无论是企业还是大学,甚至每个人都是这样,要把自己的特色彰显出来,从而形成独到的人才培养模式,出色的学科专业,独特的办学治校风格和科学人文优势。包括大学管理,每个学校也要体现自己的风格。

学科发展规划谁来做呢?学科的取舍,主要有两个因素来决定:第一个是市场是不是需要?市场需要的学科就去做,市场不需要的学科,还要看整个学校发展战略需要不需要这个学科,需要就要做,两个方面都不需要了,肯定不做。现在我们都在强调教授治学,教授治学很重要,中国的大学也要走这样一条路。但是教授治学关键是选对教授,我这个观念不一定对啊,主要有两点:一个是教授的水平,教授的水平高,交给他去治,他治出来的效果就好;如果他的水平不是很高,交给他来治,治出来的效果可能就不会好。第二个是教授往往容易站在自己学科的角度来考虑问题。比如说2008年我做校长以后,就提出学校在学科上要进行一个战略转移,要构成大金融学科群,这个想法提出来以后,一些学科马上意见就来了,上次教职工代表大会还在提意见。我就给大家提了几个问题,那你们说一下,谁又能够代替金融?有哪个学科的影响有金融学的影响大?金融,无论是本科还是研究生,报考都是非常火的。这就是学校的一个重大战略选择。所以教授治学的关键是选对教授。

我校现在在进行"211工程"的建设,就是这样做的,把决定权交给院长,这些院长代表都是由学界和业界、政界的精英共同组成的一个战略咨询委员会。比如说我校工商管理学院的战略咨询委员会,很多事情都在这个会议上讨论,决定权交给它。我刚才讲到教授治学这个问题,我想谈一谈对大学的基本认识。第一,大学是一个复杂的组织系统,成员众多,分工精细,结构复杂。第二,大学具有显著的学术属性。大学一定要把学术植入大学的中心,不然就不是大学了。我在学校中层干部会议上讲,大学不是官场,大学的书记校长都不是官,要当官就不要到大学来。大学不是衙门,尤其是大学管理部门,就是要为教师服务,要为学生服务。第三,要把教师和学生植入大学组织的核心。

从特色到品牌,大学都说品牌很重要,但是都忽略了品牌的建设。比如说北京大学这个金字招牌,它一样经不起泡沫。我前面提到一个问题,新东方为什么不在北京外国语大学?长江商学院为什么没有在西南财大?这实际上就是一个品牌的问题。我们有一个误解,认为教学、科研上去了,品牌自然就会有了。实际上品牌战略凝聚人心、引领发展,谁先建品牌,谁就抢占先机。所以在大学发展过程当中,品牌意识是很重要的。我校启动一项行动计划,叫做品牌建设行动计划。这个我校是讲得多,但是落实在行动上还比较少。我校确实在思考一些问题,比如说作为一个大学,它的特殊属性是什么?它的精神气质是什么?基于大众化教育,基于学校的地位,基于历史传统和学校的定位、特色,怎样开展品牌战略建设,让学校这个品牌更具竞争力。

讲到对大学排名的问题,排名这个问题总是让人为难,有些学校就很关注排名,甚至要去找排名机构来勾兑一下,我校从来没有勾兑。部属高校里面有一个校长就跟我说:"老赵啊,你还是去勾兑一下,这个排名很重要,几年以后,学校排名靠前了,你这个校长就有成绩了。"所以排名这个问题,究竟怎么看?怎么应对?这就是要注意培养师生的品牌意识,要考虑大学功能的实现与品牌战略。人才培养、科学研究、社会服务,这几个品牌与品牌战略如何结合在一起呢?通过科研提升品牌,通过服务社会提升品牌,通过提高人才培养质量提升品牌。大学文化与品牌建设,品牌的管理宣传与策划,大学排名与品牌建设,这些问题都是值得思考的。我校是希望在两个方面形成特色:第一是大金融学科群。提到西南财经大学,能够想到大金融学科群。第二是战略目标,我校的定位就是建设高水平、有特色、国际化的研究型财经大学,落脚点是研究型财经大学。

我校的学科格局以经济学、管理学为主体,金融学为重点,多学科协调发展。那么就有了几个问题:第一,经济学、管理学这个主体怎么体现?第二,金融学这个重点怎样突出?第三,多学科怎样协调发展?比如河南财经政法大学,我们是经济学、管理学、法学为主干,我注意到网上这个描述,那同样也有这样几个问题。我校是重点选择构建大金融学科群,就是以银行、保险、证券、期货为主体,多学科相互交叉、渗透、支撑的一个学科群。我校现在大金融学科群有三个学院、两个研究机构。三个学院分别为金融学院、保险学院、证券期货学院,我们自己感觉分得太细了,但整合起来又比较麻烦,一整合的话,院长又少了,左右为难。两个研究中心分别是中国金融研究中心和西南财大金融研究院。现在我校打算组建金融学部,甚至不排除我来做金融学部的主任、主席、学部委员。总之要构建大金融学科群。

大金融学科群多学科交叉,我校鼓励其他学科在各自的领域去实现突破,同时也要切入到大金融学科群当中。例如,统计学,是国家重点学科,为什么能够获得重点学科,因为它的特色是金融。所以我校希望统计能够重点搞金融统计,金融数量分析;会计学,希望在自身发展的同时能够重点关注一下金融会计和公司财务;数学,希望在数理金融方面能够多做一些事情;计算机科学与技术,希望在金融资本与金融工程方面多做一些事情,形成这样一种格局。之所以要构建大金融学科群,主要是考虑金融是现代经济的核心,主导着现代经济的发展,金融学是产业性科学的制高点。另外一个主要原因是学校与金融行业的独特联系。所以怎样构建大金融学科群呢?一个是整理金融学部,整合资源;再一个是考虑与银行、商会,与教育部共建。难度很大,我校正在积极争取共建。还有一个是金融发展与金融学进入国家"985工程"这个创新平台。最后一个是成立北京研究院,把金融这一块政策平台拿到北京来。

同时我校提出了构建学科生态体系。构建学科生态体系是:重点学科要突破,优势学科要跨越,支撑学科要崛起,新兴学科、交叉学科要培育。重点学科突破,即四个国家重点学科要突破,要发挥重点学科的引领作用和带头作用,按照国家重点学科建设要求,在国内一流,在国际上要有影响力。优势学科要跨越,跨越是要成为国家重点学科。支撑学科要培育,我校有一些学科,如法学这几年发展得还是可以的,是为数不多的发展比较好的几个学科,学校都是给予支持的。

学科生态体系还要在比较优势的基础上,形成竞争优势。过去我们喜欢讲,要发挥学科的比较优势,只有比较优势不够,还必须有竞争优势。同时我校还强调三大创新学科建设机制:第一,是新兴的学科建设机制,主要是组建学科特色。第二,是动态的学科调整优化机制;第三,是有效的学科资源整合机制。其实每个大学,学科资源是很多的,但关键是要把它整合起来,这是一个比较麻烦的事情,我不说其他,老师之间的开放度就不够。其实老师之间有多少交流? 有多少人联合起来组成一个团队,在写文章? 我校真的还不多。如果这样一种资源不能整合的话,整个就谈不上什么创新团队,谈不上学科的发展。

我校希望打造的第二个品牌是西部财经智库,进一步增强学校服务经济社会发展的能力,这是我校希望形成的第二个特色。服务社会问题是很重要的一个问题,也是大学的三大功能之一,我们理解服务社会是大学的价值所在、责任使然、发展所需,学校要发展,必须服务社会。

第二,关于人才强校。人才强校是学校发展的重要支撑,把特色发展作为主攻方向。人才强校我谈几个问题:(一)人才认识。我校对人才的认识有六句话:第一句话,没有高水平的人才就没有高水平的大学。这句话是讲人才的重要性。大学这个地方,没有高水平人才,肯定是建不成高水平的大学;只要有高水平的人才,我相信就一定能够建高水平的大学,就是这个关系。昨天我和张校长在车上交流的时候,谈到科研问题,就觉得只是号召、动员大家写文章,是解决不了问题的。第一个,首先要有能够写出、并可以在《经济研究》上发表的人。第二,有好的机制让他去写。这两个方面如果都解决了,根本就不需要说,文章就一批一批地出来了。没有高水平的人才就没有高水平的大学,这句话讲人才的重要性。

第二句话,教师是第一人力资源,青年教师决定未来。大学要把教师和学生植入大学组织的中心,学术植入核心,管理者就是为教师、学生服务的,这个意识在大学里面一点都不能含糊。当然管理队伍也要加强建设,这个后面我也会讲到。没有学生哪来老师啊!老师和学生都没有,哪来校长啊,哪来大学啊!就像有一首歌,"没有天哪有地,没有地哪有你,没有你哪有我。"同样大学也是这样,今年在开学典礼的时候,我给学生讲的题目是"你们就是大学"。大学的精彩成就学生的精彩,学生的精彩同样成就大学的精彩,大学因学生而在,因学生而变。不然的话,我们这些人拿来做什么,连饭碗都没有。青年教师决定未来,这句话讲教师和青年教师的重要性。青年教师,高校人才成长的周期为十年,十年以后教师面临着两大挑战:第一大挑战是学生的要求更高了;第二是同行的竞争力更大了。因此,不愿意学习的老师几年以后就被边缘化了,大学里面的情况就是这个规律。

第三句话,普天之下是我的领地,世界学者是我的资源。讲学校对待人才应该有的胸怀。

第四句话,每个教师要有胸怀,有引进比自己更优秀的教师的这样一种胸怀,尤其是院长,院长只要用功了,引进人才没有问题。我校这几年师资队伍建设可以说取得了重大的突破,这个还是比较自豪的,我就感觉是这些院长发挥了重要作用。

第五句话,海内海外一视同仁,新老体制同台竞技。讲的是人才机制的问题,要有好的人才机制,无论是老体制还是新体制,无论是本土还是海归,都要一视同仁,同台竞技。

第六句话,注重人文关怀,促进全面发展,讲的是整个学校人才的氛围。

这是我校对人才的几点认识,从2005年开始,我校面向全球招揽人才,目前的情况是这样,实际上真正引进人才是从2006年开始,一直到2009这几年时间,引进海内外博士313人,其中长江学者有5人,特聘海外院长有7人。根据最新统计数据,全职海归博士有103人。上周我校搞了一个每年一次的圣诞派对,所有的海归博士,所有校领导全部参加,每年我都要支持、都参加,但是今年感觉不一样,有两个不一样:第一,参加今天派对的人数多了;第二我校的氛围好了。现在学校的103名全职海归博士,主要来自美国,而且好多是名校的。其中有3位非华裔的教师,全职、真正的老外,不是那种教语言的外籍教师,而且这个比例还要增大。我校有一个经济与管理研究院,全部由海归组成,工作语言逐步使用英语,论文全部是用英语。现在我和他们交流起来就比较麻烦,我的英语比较差,又没有国外教育的背景,但是我支持。再一个就是外聘的讲座教授和课程教授有100多人。不在上面这个数字,主要是初步形成了群聚效益。

2005年开始,每年组团到美国招聘,校领导带队,在一个酒店里面找几个房间,现场面试,面试完了马上就发录用通知书,提前发工资。现在是103人,实际上是有105人,因为海归博士完全是新体制,当中有两个达不到标准就要走人的。

(二)人才管理的机制。第一个就是"特聘海外院长加执行院长"这种模式,我校现在有6个学院加上一个研究院,一共聘了7位海外院长,年薪给得不多,要求海外院长在校内只待三个月时间。但是我校采取特聘海外院长加执行院长这个模式,与上海财大不一样,上海财大是把整个一个学院全部交给特聘海外院长,我校的特聘海外院长的任务是非常明确的,执行院长就是我们的院长,整个日常管理都是由执行院长安排,交给海外院长管理他也搞不懂,海外院长做四件事情,非常清楚。第一,海外人才引进,他(她)所在的学科,到海外给我校引进人才,就把这个任务交给他(她)了。第二,国际合作交流,为我校所在的学科打开通道,搭建平台。比如会计学院聘请海外院长,他与美国城市大学联合成立了一个研究中心,今年在我们学校,明年在他们学校,开展交流和举办一些研讨会,我校的博士生都送到他们学校,就在那个地方培养,每年有好几个。没有海外院长就达不到这个效果,其实花多少钱?给海外院长只给30万,钱是比较少的,但是这几位海外院长都是长江学者,他还有另外的钱,加在一起应该还是可以的。第三件事情,学科建设的战略指导。用国际通行的学科建设的前沿来把握我校的学科建设,给予指导。

前三年三件事情已经满了,今年增加了一件事情,第四项,培养青年教师。因为这几年我校引进了很多博士,实际上我更担心的一个问题不是这些引进的博士现在能够出多少成果,我校看重的是引进的这一批人能不能够真正地成长起来,这才是关键。如果引进的这帮人成长不起来,学校花了那么多钱,就是浪费,就完全失败了。所以我校把青年教师培养作为重中之重,希望通过他们找到更好的培养方式。青年教师的培养不能用传统的办法,过去的办法就是老带新,老同志带新同志,这种办法现在是有问题的,因为现在的海归博士文化理念、学科基础、研究范式都不一样,你让这个老同志去带某一个海归博士,那是肯定不行的。所以青年教师培养要用新的办法,我校是与国外教授联合研究,在联合研究当中来培养人才,要找到新的培养办法。

第二个我谈一下学校的海外人才引进。海外人才引进我校是实行"年薪制和合同管理"的这样机动制度。三年一个聘期,一个海归博士进校以后,首先是谈价钱,我校有一个基本的薪酬标准,在这个基本的薪酬标准之上,如果他(她)毕业于名牌学校,加5万元;如果他(她)有比较好的科研成果,再加5万元或者10万元,这是前三年的一个薪酬标准。然后再谈在三年当中,他(她)要在国外发表多少文章(如果文章是在国内发表,那么几篇文章算一篇文章),他(她)要指导多少学生,上多少课程等等,这些标准全部是写清楚了的。同时,在这三年当中,学校给他们提供条件,要求海归博士每年必须参加一次国际学术会议,还要把他们过去的导师请到学校一次,经费全部由学校出。比如他(她)在国外某个大学就读,我校希望把他(她)的导师请到我校一次。目的主要是希望他和导师搞好关系,希望他的导师把他(她)带到学术的圈子里面去,希望他们联合发表文章。我校相对把海归集中在一起,开始引进海归的时候,我校希望他们尽快融入到学校的环境当中去,融入到老体制当中去。最后发现,不能这样提,新体制真还不能融入老体制,成都人喜欢打麻将,新体制海归融入到老体制当中去,他们很快就被同化了。所以我校现在把这些海归博士"隔离"在一块,完全给他们创造一个比较好的条件,然后希望老体制的年轻教师加入进去,不是新体制融入老体制,而是老体制融入新体制。

三年以后进行一个考核,达到标准的海龟都要加薪,进入第二个三年的聘期。如果是超额完成任务,也可以谈条件,可以再加薪水。如果没有达到标准,对不起!要降薪水;如果成果确实比较差,我校要求走人,现在已经走了两个了。如果这时学院院长站出来说话,他认为这个人不能走,这个人以后有发展前途,现在不能让他(她)走,三年看不出什么。学校这时就会说,按规定学校应该让他走的,如果你认为他(她)不能走,那这样吧,他的工资一人出一半,学院出一半,学校出一半,我校现在就采取这种办法。有两个海归博士的工资就是院长出了一半,学校出了一半,如果学院认为他有发展潜力,那么学院就把他留下来。

六年以后呢?我校就建立了一种长期教职制度,相当于美国的终身教授制度。海归博士进来以后,只要院长批准,我校就特聘他为博士生导师,只要有科研,这个通道我校是打开的。那么老体制教师呢?就要进行遴选。其实老教师有些不太适合指导博士研究生,因为站不到学科前沿,怎么去指导博士呢?博士生定位是培养高层次创造性人才啊。那么这些老教师做什么?给本科生上课,对本科生的影响会比较大一些。所以我主张在学校里面,老教师多为本科生上课,让学生感受到教授的风采。

第三个是打通两个转换。海外人才进来以后,老体制的教师就有意见了,为什么"新体制"比"老体制"拿的钱要多一些。新体制海外人才现在有市价了,市场价格就摆在那儿,不是说学校给多少,学校给少了他们就是不来啊!我校最早2005年到美国招聘人才的时候,参加留美学员年会,当时国内只有北京大学、上海财大和我校三所学校,现在是越来越多,有个市价摆在那儿。鉴于新老体制,我校进行了两个打通:第一个是新老体制打通,"老体制"如果认为"新体制"拿得钱多,"老体制"可以转为"新体制",签三年协议,达不到标准就走人。到目前为止,有两位年轻教师从老体制转到了新体制,按照新体制规定的标准执行,其他的人就没有话说了。第二个是本土与海归打通。我校是做了海归博士和本土博士的区分,海归博士薪酬要高,本土博士薪酬要低一些。本土的博士,如果能达到海归博士的考核要求,一样可以享受海归博士的待遇。这样一来,这种情况一下子就好多了。

第四个是职称评定。我校进行的职称评定,用了不到一个小时全部评完。我校副教授是由学院评定,教授是由学科评定,然后建立了快速通道。对教学当中确实很优秀的教师,我校给他们打开一个通道,即建立了教学型教授的通道。同时也要尊重历史贡献,构建和谐校园,对于55岁以上和55岁以下,我校适当做了区分。55岁以上教师的要求要低一点,55岁以下的,所有人都是按同一个标准来执行,这是人才管理机制。

第五个是学校实行了四项人才计划。第一项是青年教师成长计划。从去年开始,青年教师成长计划每年有100项,钱不多,3到5万块钱,交给青年教师。39岁以下拥有博士学位的青年教师,都可以申请这个项目。这个项目有几种情况可以直接进入,第一种,有国家社科、国家自科项目的青年教师直接自动进入这个计划。第二,在《经济研究》这类杂志上发表文章的青年教师可以自动进入计划。这两种情况直接自动进入就行了。而且这个青年教师成长计划项目在评审的时候,不看重前期成果,一项前期成果没有都可以申报。今年还调整了一点,不是博士的也打开了一点,有个缺口,因为非博士有些确实很优秀,只要是人才,都要给他们提供机会。这个项目经费的用途尽量简化,就是说交给你拿去用,拿去吃饭都可以,拿去喝茶也可以,没有更加严格的限制你必须做什么,但是有个要求,申报项目的时候必须要提交一个国家社科和国家自科的论证报告。至于你申不申报,那是你自己的事情,我校要求提出这个论证。这样有一个好处,明年申报国家社科和国家自科的时候,他们就要去申报了。实施这个项目完全是基于我本人的一个深切感受。在20世纪90年代,我当时在会计学院做普通老师,那个时候中国财务成本研究和中青年财务成本研究会在我校召开,普通教师没有行政资源,没有学术资源,因此也没有财务资源。那个时候我去接我的一些朋友,就是乘公共汽车去机场接他们到学校。我就发现,年轻教师,我们真是要给他们创造好的条件,至少要让他手里面有一点钱,能够应对一些场面。基于这样一个考虑,实施了这样一项行动计划。

第二项是领军人才成长计划。这项计划重点放在中青年教师当中。怎样让这批人成长起来,这个计划重点是在"十二五"期间考虑的。第三项是实行教师持续储备计划。师资队伍建设不仅要立足当前,更要考虑长远,要考虑未来十年二十年后西南财大有哪些人才,才能够在未来的学术舞台上竞争。鉴于我校有几个学科,如金融学、会计学等等,引进人才的难度很大,尤其是会计学。金融学现在有十几位海归,会计学到目前为止,一位海归都没有。为什么呢?因为整个美国每年毕业的会计学博士只有100多人,本来就少,引进很困难。鉴于这种情况,我校实行了一项计划,在优秀硕士或博士当中,选了7名同学出来,学校花了200万,送他们到美国的大学攻读博士学位,与学校签合同,希望他们毕业以后回到学校工作。其实就是与他们建立一种感情嘛,学校拿了200万交给你们,你们7个人当中至少应该有5个人回来。但是学校真正要花200万去引进会计学的博士,引进5位,那是不可能的事情。

第四项是我校实行了一项管理干部外部培训计划。现在已经是第五期,第六期马上开始。学校中层干部一共有170多名。这些中层干部在三年内全部送到美国进行一次培训。现在已经进行到一百多人了,而且这项计划是一轮培训完了以后,是要一直进行下去的。每期学员在去培训之前,书记、校长要给他们讲话。回来以后,书记、校长等所有校领导要听他们的汇报,从中汲取经验,为我所用。学校这样做的目的有两个:第一,开阔眼界;第二,学以致用。从前五期的中层干部培训情况来看,这项计划的效果还是不错的。

在"十二五"时期,我校在师资队伍建设中有三个更加注重。第一个,更加注重引进人才的质量和影响力。人才质量是学科发展的关键和保证,建设高水平的学科必须有一支高质量的学术队伍。第二个,更加注重均衡学科分布和突出重点学科。有部分学科,现在海外人才引进已经停止,不能再进了,因为学科发展在学校格局当中的地位。第三个,更加注重引进学术领军人才和创新团队。海外人才引进有些时候不在数量,我校愿意花引进两个、三个海归博士的钱加在一起,去引进一个更高水平的人,这样对学校带来的影响会更大。注重教师队伍的长远储备,注重人才的培养。人才培养是很重要的事情,要采用新的方式,不能用过去的老方式来培养。新方式就是联合培养,联合研究中培养。同时还有境外访学、团队攻关、学术交流、社会实践等等这些新的培养方式。这是我汇报的第三个部分的第二个问题。

第三,改革创新。改革创新是学校发展的动力。我讲的时候主要是结合我校的一些情况,有些是我校已经做过的改革,有些还在思考当中。人才培养改革,我首先讲一个困惑,人才究竟怎样培养?不仅是中国难题,也是世界性的难题。中国的教育有两根指挥棒,一根指挥棒是高考,这是基础教育的指挥棒;另一根指挥棒是就业,这是大学的高等教育的指挥棒。就业导向是非常现实而强大的力量,影响着学生、家长和大学的各种选择,导致大学的功利主义,甚至改变学生与大学的传统关系。说句老实话,现在的大学生在学习当中功利化是比较明显的,他们都要考虑未来就业怎么办,当然这个完全是可以理解的。

就业导向的存在,导致了功利主义,从两个方面看:一个方面,学生是在购买大学的教学,看重考分,功利性比较强,对于奖励、评奖这些很感兴趣。研究生比较浮躁,进校就想到毕业。另一方面,学校也很浮躁,基于现实利害考虑在不断调整,有些大学调整人才培养目标和教学计划,为了学生今后更好地就业,课程开设完全是从就业的角度考虑,应对就业,而不是从学生未来可持续发展的角度考虑。对于就业导向这个问题有两种回答:第一种回答,这是大学为适应时代特征而必须做出的选择;第二种回答,就是大学太功利化了。这就给我们提出了一个问题,也是一直在困惑我的问题。这儿有老师、同学,我把这个问题提给大家:怎样认识大学与时代的关系?究竟是大学引领时代,还是时代牵引大学?什么样的大学引领时代,什么样的大学被时代牵引?另外有一个基本的事实,就是任何大学的教学计划,不可能包办一个人终身的知识结构,在座的各位老师,你们回过头去想一下,大学期间学的那些东西,现在对你们最有用的是什么?也就是说无论你是哈佛大学毕业还是北京大学毕业,任何大学教学计划都不可能包办一个人终身所需要的知识结构。那么教师在课堂上究竟教什么？怎样教？学生究竟学什么？怎样学？大学里教学改革究竟改什么？怎样改？这是我们的一个困惑。

下面我讲一下以学生为中心的观点。开始已经谈到了，育人是大学之本，大学的精彩成就学生的精彩，学生的精彩也成就大学的精彩，学生是天，教师是地，管理者要顶天立地，而不能遮天盖地。这是前不久我对学校学生工作干部队伍讲的一句话。以学生为中心的理念最关键的有三条：第一，要把学生的需要作为关心的重点。第二，要把学生视为教育改革的参与者，学生关心什么要作为重点。第三，让学生拥有充分的学习自主权、自由度和选择性，这个问题我校正在重点考虑。如何给予学生更多的自主权、自由度和选择性？不能因为学校制度的限制，给学生造成一些影响。但是，今天在座的有同学，我有些话又要把它讲回来，有些事情没有那么容易。比如说大家都要到最好的专业去，没有那么多教师，没有那么多资源，这也是一个限制。所以在学校这样一个条件下，如何创造更好的条件，尽可能地满足同学的需要，这是以学生为中心理念的一个重要体现。

2007年，我校实施了本科通识教育改革。我校成立了通识教育学院，一年级的学生进校以后，不分专业，全部进入通识教育学院，接受通识教育和管理。这类模式国内比较多，但是财经高校不是很多，实际上我校也在探索。最近我校提出一个更大胆的想法，本科生在四年当中，全部集中在本科生学院，学院只设总支书记、总支副书记和辅导员，学生管理工作全部进入本科生学院。现在还只是有这个想法，但还没想到它更多的好处。所以从二年级开始，通识教育的学生还是回到专业学院学习。

2008年，我校实施了研究生分类培养改革。我校现在的研究生主要有两种：一种是科学学位，一种是专业学位，这是国家的划分。中国的研究生教育正在实施战略转移，2015年我国专业学位的比例将达到50%，科学学位要减少。我校从2008年开始做了一项改革，把科学学位的研究生分为两种类型：一是学术型；二是应用型。学术型硕士研究生与博士研究生培养直接打通培养，硕博连读。分阶段考核分流，注重国际视野和学术创新，资助参加高水平学术会议和国外访学。这是对于学术型的硕士研究生的培养方法，是少量的。更多的部分是应用型的研究生，与专业学位直接打通，强化高端应用。我校经常在讲应用，双道之治，一个校内的，一个校外的，他们的论文主要是以调研报告、案例分析为主，同时，学校还设立700万创业基金，鼓励学生把他们的商业计划书变成公司。如果一个学生有一个好的商业计划书，需要启动资金，学校就给他（她）投注一笔资金，他（她）马上就可以把它变成一个公司了。今年我校的学生就开设了三家公司。我校的研究生实行以学分制为基础的弹性学制，学校规定是三年为基本学制，但可以提前到两年半。

博士研究生的教育改革重点是从严管理。说句老实话，我校在以前的博士生招生中，当官的、当老板的学生比较多。现在，我校严格控制，官员或老板根本就不应该读博士。所以我校现在博士生招生指标主要用在硕博连读为主，面向优秀应届毕业生或高校教师招生。

深刻转变课程教学范式，这是我校今年实行的一项改革。这项改革现在推进起来难度很大。在上周的教职工代表大会上，我专门讲到这个问题，这个改革不是赵德武要搞的，西南财大不搞这项改革，学生的教学质量根本就谈不上。据此我校提出了一项3到5年的行动计划，就是要深刻转变课程教学范式，是教学范式，不是教学方式，也不是教学方法。我认为大学有三大范式：第一大范式是科研范式。从过去规范研究转向实证研究。第二大范式是教学范式。从过去的以知识传递为重点,以教材为中心,以教师为主体,以各行为阵地的教学范式转向体现学术性、民主性和协作性,强调教学共同体的教学范式。第三大范式是学生管理范式。从保姆式转向引导式。我校现在的科研范式转变已经尝到甜头,现在正在进行课程教学范式的改革。课程教学范式的转变主要是彰显现代课程教学的学术性、民主性和协作性。学术性是教师既是研究者,也是教学者,他们从事的是研究型教学;学生是学习者,也是研究者,他们从事的是研究型学习。民主性是要消除教师在课堂上的话语霸权,给学生以充分的表达权。现在一堂课50分钟,教师讲的多,学生讲的少,学生有没有表达权,学生表达权都没有,他们怎么能学习知识,怎样来创新,怎样来彰显他们的个性,怎样有他们的批判精神!协作性就是协作性学习。我最不喜欢听到我校的同学说,"你到哪里去啊?""哎,我到教室里面去看书。"一个人背上书包,到教室里面去看书,这是个体学习。我们要强调协作学习,几个同学一起,组成一个团队,去搞一个调研,或者收集一批资料来进行讨论,或者模拟召开一个上市公司股东大会等等。这种协作性的学习现在正在转变当中,难度比较大,老师们抵触很大。我到学院调研的时候,老师们总是认为协作性学习就把他们这几十年的教学给否了,他们容易站在自身的角度考虑问题,每一个人都认为自己的教学是最好的,而实际上不是这样,因为他们不知道还有最好的教学。所以在教职工代表大会上,我专门讲到这个问题。

我校准备用3到5年,一门课程一门课程地进行改革。今年启动了32门课程,上这门课的老师全部坐到一起,首先总结、反思他们这几年、十几年、几十年的教学,究竟教得怎么样?是不是符合现代课程教学这样一种理念?然后再按照现代教学范式,应该怎样来教学?其实学校有一套标准化的实施方案,课堂50分钟,教师讲多少,学生讲多少,都有一个很好的设计。比如几个案例,几次上机的时间,几次到社会实践的时间,都要做到标准化的设计。

2006到2010年,我校实施了学科建设的改革,主要是组建学科特区。为什么要组建学科特区呢?一个是学科交叉融合的原因;另一个是用新体制解决老体制不能解决的问题。学科特区"特"在哪些地方呢?第一,要体现学校的重大战略意图,比如说国际化;第二,金融特色;第三,财经智库;第四,基础理论创新。学科特区的成员由首席专家加创新团队组成。首席专家,由国内外著名学者担任。学科特区拥有充分的自主权,有充足的经费保障及特殊的管理与评价机制,实行开放合作。

从2006年开始,我校组建了四大学科特区。第一个是金融研究院。金融研究院战略意图是彰显金融特色,我校聘请世界著名学者、美国华盛顿大学一个教授老外做院长。这个人很厉害,上海有所大学用50万美金年薪挖他过去,但他最后还是选择了我校。第二个就是经济与管理研究院,现在由接近50名海归组成。主要任务是国际化创新人才培养,我校希望这是个产生优秀博士论文的平台,而且现在确实有这种趋势。第三个是发展研究院,这是一个财经智库,我校聘请北京师范大学李晓奇教授担任院长。第四个是政治经济学研究院,是我校一位副校长,也是著名经济学家刘诗白教授的女儿刘灿教授担任院长。

我校准备的下一项改革是学生管理,学校正在酝酿,还没有实施。我在这里谈一些认识。中国大学目前的教育,无论是什么样的教育,财经也好,政法也好,理学也好,工学也好,首先要认识"90后"到底是什么一批人?我校现在对"90后"的认识还不够。我认为大学的管理者都要去研究"90后"这个群体的生长特点。关于"90后",媒体一般认为他们是娇惯自私、难以接触、不可理喻、独性十足的一个群体,实际上不是的。"90后"容易接受新事物,信息海量,他们是摸着计算机长大的,不能把他们的知识水准和我们处的时代相比。他们思想早熟,张扬自信,充满激情,有社会责任感。但是他们蔑视形式,不信口号,尤其是对形式主义非常反感,对组织听报告,听学术讲座比较反感。但是他们的经济独立性比较差,心理抗挫能力比较弱。他们学习外语的时间超过中文学习的时间,所以外语水平很高,中文水平总体很好,但是个别的要差一点。人机交流的时间多于人际交流的时间,所以计算机很好,但人与人之间的沟通能力比较弱。其实我们在座各位老师想想自己的小孩也都会清楚,像我们读书的时候,给父母都是写信,一个月至少有几封,现在我们有多少人在写信啊?你的小孩给你写过信吗?都比较少了,他们交流的方式发生了变化。所以我认为,"90后"在走向社会之前,一定要具有独立的人格、独立的灵魂,这个很重要。

现在大学学生工作有一些新的变化,从班级到社团,班级的作用在弱化,社团的作用在扩大。班级的作用为什么在弱化?因为选课制度和分级教学制度,学生多元化的需求,同一个班的同学没有在一起了。从学生就业上来看,过早的关注社会,当家教,找工作,实习,学生提前介入社会。学生从单位学生转向社会学生,学生的社会化趋势越来越明显。同时学生也追求多元化,这些都是学校需要了解、需要把握的新特征。

我们要摒弃两个观念:第一个观念,把青年学生当做社会的附属物,把孩子当成家庭的私有财产,就是要听话。而且缺乏纠错机制,中国这个社会本来就缺乏纠错机制,领导一般比较少地给部下承认错误,家长也是比较少地给孩子承认错误。第二个观念,认为学校就是管学生的,学校要求稳怕乱。这样做家长倒是很高兴,可学生不高兴。

学生管理要实现三个转变。第一个,学生活动的参与面要从精英式转向大众式。大学的学生活动很多,但是这些活动往往就是能够唱歌的,能够跳舞的,精英的人才才能参加,绝大多数的同学都不能参加,这是不行的。第二个,学生的管理要从保姆式转向自主式。要相信"90后",要给他们更多的选择,让他们自我管理。第三个,学生活动要从考核式转向激励式。学生活动,我校也是,参与一次加5分,运动会不参加的不加分。学术讲座也要组织学生去听。形势政策报告该组织还是要组织的,那是必需的。但是一些学术讲座,我的观点是不要组织学生去听,有学生听就讲,没有学生听,就不要讲了。同时,学生活动的内容要从形式主义到实实在在,比如说搞启动仪式,到处悬挂标语,这种形式主义是没有必要的。我觉得河南财经政法大学做得很不错,就是一个牌子。你到美国的大学,是绝对看不到哪个地方有横幅标语的,除了法轮功有标语,一般的看不见标语。

　　一个大学里面要高度重视社团,社团是学生与社会之间的一个平台,很多学生的能力在这里可以得到锻炼,比如说奉献、大局意识,合作、战胜困难、人际交流等等,这些能力都可以在社团这个组织中得到锻炼。社团是透视学生素质的窗口,校园文化的风景,素质教育的阵地。大学的历史离不开社团的历史,大学的文化离不开社团的文化,一所有品位的大学,一定有高品位的社团组织。所以对学生社团,我觉得学校应该多给创造条件,我校这个方面做得很不够。我是主张学校应该有各种各样的社团,每一门课程都可以设一个社团。比如说会计学原理,学习这门课的学生就可以组织一个社团。每一个实验室就是一个社团。比如说会计电算化实验室,它就是一个社团,老师指点一下,让学生去指导学生,学生很多能力就得到锻炼了。对"90后"我们一定不要包办,尤其是作为家长,不要把自己的观点强加给孩子。比如说毕业以后一定要出国，有些家长就是这种思想，这个是不行的。对于社团学校要大力支持，积极指导，规范管理。我主张学生社团要专业化、精品化、品牌化，要强调学术导向。大学的活动除了唱歌、跳舞、运动这一类的之外，搞一些社团学业导向也很重要。

下面再讲一讲内部管理体制改革。我先讲两个观点：第一个观点，大学创造力来自所有成员。大学的每个人都是变革的重要力量。管理者、校领导、院领导、老师、学生、家长等等都是变革的重要力量，所以学校要赋予其成员以领导的力量。如果一个大学，教职工只是按照学校的指令去行动，那么这所大学的创造性是不够的。但是，一个大学也要有行政力量，不然有些东西是不能落实下去的。

第二个观点是我关于大学内部管理体制的一点思考。大学内部管理体制同大学的基本事务有关，大学的基本事务有两种：一种是学术事务，一种是管理事务。学术事务，比如教学、科研、人才、社会服务这一类的事务；管理事务，比如学生方面的一些管理和职能部门为主的一些管理。学术事务主要由学院完成，管理事务主要由职能部门完成。学院和职能部门各司其职，共同实现大学组织的目标。学术事务的基本划分是学科，所以我们学院的设置要服从学科，学科怎么样，学院的设置就怎么样。管理事务的基本划分是根据事务的性质和内容划分的，所以职能部门的设置要服从于管理事务的性质和内容。从科学管理的角度来看，学术事务和管理事务应该分开，学术事务下放到底，管理事务集中到位。该学院做的事情一定要全部交给他们，职能部门就不要去搞得太多。该职能部门做的事情，就把它集中到位，就不要把它搞到下面去。比如说学生助学金这个事情，到底是由学院来做还是由学校来做，还是由学工部来做？最后大家认为，管理事务要集中到位，这些事情也就给学院解脱了。

一般情况下,现在大学的机构比较多。我校也一样,机构比较多,干部也比较多,信息分布、协调成本比较大。而且大学存在着用行政级别激励教师的倾向。我是主张给优秀人才搭建学术平台,而不完全是搭建行政平台,行政平台也要搭建,主要是搭建学术平台。前不久,我们要引进一个法学专业的人才,这个人比较优秀,就提出要做校长助理,我说这不行,我可以给你搭建学术平台,但不能给你搭建行政平台,你做了校长助理,那后面再引进人才该怎么办?他还要做什么?你做了其他人要做呢?引进的人做了,那内部的人还要做呢!那肯定不行。我说我做校长期间,不搞挂名的校长助理,这个校长助理必须是实实在在的。他也完全理解,我就给他搭建了学术平台,成立了一个研究中心,他做主任,我觉得这样挺好。那么比较理想的情况是对学院按学科进行整合,实行学部制,当然我们这种财经院校不一定适合。对于部门,按照事务进行整合,逐步走向大部,我校是有这样一个考虑的。比如说现在学校教学这一块,有教务处、研究生部、MBA 教育中心,还有成人教育学院。实际上大学里面,这些都可以把它集中在一起,就是一个教务事务部。我校现在有学工部、校团委、心理健康、就业指导,实际上把它搞成一个大部就行了。搞成一个大部以后,反而内部协调了。我校现在是校团委要争着搞很多活动,学生工作部也要争着搞很多活动,结果是学生都受不了了,缺乏一个统筹。再比如党建事务,对外合作事务,后勤保障事务,也可以合成一个大部,实际上大学里面就几个大的部就行,我觉得这个是比较好的,至于在这个部里面再设一些粗的,都是可以的,级别都可以有的,但从科学管理的角度,按大部的运行还是比较好。

2005 年到 2007 年,我校对内部管理体制进行了改革。学校把它称为放水养鱼,学校放水,把鱼给养大,然后学校就去吃鱼。放水养鱼的政策,主要是以放为主,实行两级管理体制改革,重点是权力下放,重心下移。重构基层学术组织,撤销教研室,成立系和研究所,系主要针对本科生,研究所主要针对研究生,把研究所作为研究生培养的一个最基层载体,同时学科建设也在这个里面,我校是这样考虑的。通过这个改革,初步形成了校园两级管理、三级架构的体制。我们这次改革:第一是学校学费收入基本上是下放到了学院,由院长掌握。从2005年开始,停止学院创收提成,学院所有创收收入,学校均不提成,但是我校马上可能要考虑增加提成了,每个学校情况不一样。专业学费,我们前两年学校是10%,90%交给学院,这个在国内是几乎没有的。两年以后,学校30%,学院70%,现在我们执行的是这种。引进人才的经费全部由学校承担,如果学校认为不符合要求让他走人,如果学院院长认为要留下,那么经费由学院出一半。成人教育奖励,利润的11%交给学校,所以成人教育学院每年给学校贡献4千到5千万的净利润。第二是重点科研成果,学校实行宏观调控。主要是在每年年终的时候,因为各个学院的各个学科之间分布不均,有些学科容易创收,有些不容易创收,学校在年终的时候,会计会算一个各个学院人均创收的经费为多少,人均创收低于多少学校就履行宏观调控职能,拿一笔钱出来给这个学院发。学校考核学院,不直接考核教师,下放副教授职称评定权,学校只负责教授评定权,这就是我校的放水养鱼。

从去年到今年,我校接着进行了内部管理综合改革,这项工作还没有结束。去年三组学院试点,最近各个学院正在设计方案。这次改革有两个核心、三个重点、四个配套。两个核心,一个是完善两级管理、三级架构体制;再一个是改革人事及分配制度,薪酬问题。三个重点是明晰两级管理权属,增强二级单位的自主权,进一步放权,完善激励约束机制。四个配套,在整个改革当中,配合财务管理改革、考核办法改革、管理制度改革、信息化建设和管理流程再造，全部把它们结合在一起。管理流程再造和信息化建设，我校差不多用了一千多万，引进了美国奥瑞克的一套信息化系统在推进。

这次改革有这样一些特点：第一个是学校对教职工只发工资，其余经费全部打捆，捆在一起，下拨到各个学院，由学院自主安排。下拨的比例是去年下拨经费配额增量的5%。包括岗位津贴都在里面，全部下给各个学院。那么学院拿到以后，他们就自主制定岗位设置，这个学院多少人，设哪些岗位，每个岗位多少钱，然后在学院内实施岗位聘任。大家认为这个岗位钱多一点，可能几个人都来选，最后要进行岗位考核。我校要求学院建立二级财务预算制度，学院每年在11月份左右，要编制学院的财务预算。学院的财务预算由两大部分构成：第一，预算收入；第二，预算支出。预算收入由两个部分构成：第一是校部资金；第二是自创收入。两个加在一起，构成了学院的预算收入。预算支出按照教务部财务规定，一共有八个项目。这八个项目中招待及礼品费这个项目学校是有明确规定的，学校有个限制，有个比例控制，其余项目之间怎么安排，完全由各个学院自行决定。学院安排预算以后，要召开全院教职工代表大会，或者是全体教师大会，要给大家讲学院今年预算收入是多少，其中校拨多少，预计自创多少，支出是怎么安排的。教职工代表大会要讨论，然后由学院党政联席会议确定以后，报到学校通过。学校有个小组，他们看一下就行了，然后就按照这个执行。在执行过程当中，预算如果发生变动了，也有一套变更程序。

每年年终预算执行结束以后，学院院长要向教职工报告去年预算的执行情况，其实就是建立二级财务预算制度。学院拿到学校打捆的这个钱，一笔经费比如说几百万，每个学院根据自己的情况去制订各不相同的分配方案。比如会计学院，他们可以把教师分为三类五等，一级两万，二级一万五，至于怎么划分，这个薪酬怎么发,完全是由学院自己去安排,但是在安排的过程当中要广泛征求意见,教师要对这个方案投票表决。先把游戏规则建好,然后再来聘任。

再一个就是实行用工市场化,合同显性化。学校招聘,尤其是管理人员,今后我校是主张面向社会招聘。市场化用工,我校从2005年开始,硕士研究生进校实行人事代理制,博士研究生进校实行年薪制或者聘用制,全部是用另外一套新的体系,没有进入国家教育部或人事部的轨道,包括我校进的海归博士都是这样,都是新体制。老体制用人计划逐步减少,逐步都变成新体制。这个改革当中允许老体制教职工离岗待退,落聘后拒聘人员,老体制的工作人员是转入人才交流中心,由人才交流中心进行两次培训和两次竞争上岗的机会,如果仍然不能上岗的,那就待岗。人事代理制,就是2005年以后进的硕士研究生,按签订的合同去执行。新体制的人员,就是实行聘任制的海归博士、国内博士,实行考核合格的人员就加薪,不合格的人员就降薪,没有发展潜力的人员就辞退。目前改革方案各个学院正在制定当中,在放假前要开中层干部会,要把这个改革方案当中一些具体的事情办好。

这里我想特别说明一下,大学在改革的同时,必须构建和谐校园,这一点很重要,不然的话,学校的改革根本就不可能进行。也就是说要正确处理改革、发展和稳定之间的关系,要尊重老同志,尊重教师的历史贡献,但是又必须勇往直前地改革。所以我校在改革当中,也是体现人文关怀的。比如我校给老师解决了商品住房,均价也是1800元左右;我校进行了教师健康管理,学校医院招聘了一批护士,这些护士对我校教师进行健康跟踪管理,每一个护士负责多少名教师,就跟踪这些人,每年有什么特殊情况通知体检,也要随时通知教师进行临时性体检,开什么药,给他们提供咨询,进行这种健康跟踪管理,学校是要给钱的。另外教职工心理健康由人力资源部负责开发,尤其是年轻教师的职业生涯规划,素质拓展训练。每个老师我校还提供一个工作餐,每个月300块钱,打到卡上,中午吃饭大家都在一起,这种形式很好,国外大学基本上是这种形式,钱又不是很多,又能给大家提供这样一个交流平台,非常好,尤其在多校区这样一个格局下,这个交流平台就格外重要。

最后一点,关于国际化。开放是时代主流,国际化是必由之路,大学的开放度决定大学发展的高度。有一句话叫赢在国际化,输在国际化。国际化对于每一个大学来说,都是非常需要的。主要有三个原因:第一,经济全球化下,国际交流已经常态化了。第二,高等教育正在失去过去的那种体制保护,日益被推向市场选择当中,必须开放。第三,大学再大,其内部的资源总是有限的。

正是基于这样几个原因,我校认为,大学开放和国际化是很重要的方面,只有不断持续地开放,才能最大限度地盘活已有的教育资源,才能够利用和集成更多的资源,开启更广的发展空间,从而构建起大学从容应对时代之变和社会转型的良性机制。对于开放的理解,我想有这样一点需要注意,就是开放不只是意味着对概念的理解和接受,不只是对这个概念,我们叫开放,叫国际化。更重要的是要对我们自身的价值理念和行为方式进行反思和提出新要求。只有当开放在办大学过程当中得到体现,并成为我们的信念时,才能持续有效地发挥作用。

我在教职工代表大会上的报告里面讲到这个内容,国际化意味着建立通用标准,遵从主流做法,这句话我觉得很重要。当然,我们在做的时候要看自身的实际情况,哪些我们能做,哪些我们不能做,要遵从主流做法,要建立通用标准。比如说科研这一块,要根据大家公认的评价标准,《经济研究》是大家比较公认的,西南财大就不能说大家公认的《经济研究》好,我校就认为《经济研究》不好,这是不对的,它有一个公认标准在里面,这个公认标准要把它建立起来。

再一个是开放式全过程、多层次的覆盖。大学内部的开放有四个层次,比如说教师之间、同学之间的开放度怎么样?是不是把自己封闭起来?学院之间的开放,是不是学院这个行政界线过于明显,自己的利益考虑太多?能不能够打破行政界限,站在学校这样一个角度来考虑一些问题。学科之间,我校都是大管理学科,一级学科是管理学科,但是,会计学科、工商学科,企业管理学科,我们能不能够会计学科加上企业管理学科,共同来彰显学校的管理学科的实力?这是大学内部的开放,还有很多很多……同时,还有校际之间的开放,学习借鉴,以最优方式在尽可能短的时间内完成对先进的追赶和超越。学校与社会的开放,发挥自身优势,参与经济建设,寻求更多的支持。学校与国际的开放,引进和输出优质教育资源参与教育国际竞争。我校这几年也是提出思维要跳出西南财大,眼睛要看向世界。但是我校思考得多,实践得还不够。我校刚开始的时候是重视欧洲,以前我校的国际合作交流主要是偏向欧洲,后来从欧洲转向北美引进海外人才,特别是海归院长。我校实施了国际化创新人才培养项目,就是我刚才谈到的经济与管理研究院,我校从每年招收的4100人本科生当中,选出100个人出来进入到经济与管理研究院,按国际一流商学院的模式来进行培养。国际一流商学院怎样培养学生,我校就怎样来培养。对于这100个人,设4个专业,金融学、会计学、经济学、管理学,前两年课程完全相同,第三年开始,学生任意选其中两个专业,四年当中至少有半年到一年时间在国外学习,全英语教学,外籍教师上课,用国际通行的模式来培养。另外,我校还搞了一个"北美模式中国制造"的方式来培养博士研究生。以上是我校这几年的一些实践。

未来在国际化方面我校考虑,一是建立一些中外合作办学项目；二是继续引进海归博士，提高外籍教师比例；三是教师互派、学生互换、学分互认、学位互授等方面要加紧，引进国外优秀教材，建设全英语的主干课程，扩大留学生教育，成立国际学术杂志，在美国开办孔子学院；四是国际交流，它不只是单项的。其实进行国际学术交流的重要目的就是要支撑我校老师走向国际学术讲台，支持我校学生参加重要的国际公益活动或学术活动。

我今天就讲这么多，每个学校的情况是不一样的。但是，我们高等财经教育所面临的问题大概都差不多，所以我非常荣幸能够有这样一个机会，在我们杨书记、李校长领导的河南财经政法大学，与大家做这样一个交流，向大家学习，也希望以后我们两校之间联系得更多。

（以下是听众提问及回答）

提问1：赵校长好，您刚才认为国际化给我们带来了很多机遇，那么在国际上大学对于学生的淘汰是非常多的，大概至少要淘汰1/3以上。以前我在一所学校执教的时候，我有一个想法，我们可不可以淘汰10%的学生，后来发现很难，很难推行下去。您谈的国际化，对学生淘汰这方面你有没有什么想法？

赵德武：关于淘汰学生，目前我校在博士生层次中有一个淘汰机制。就是博士生在进校以后，集中学习三个课程，高级宏观、高级微观、高级计量经济学，学完以后有个非常严格的考试，通过以后，博士生进入库选；如果没有通过，那么他跟到下一个年级继续学习这三门课程，再进行考试。两次不能通过，取消博士资格。这是我校在博士生当中建立了这样一个机制。硕士生当中只有分流机制，没有淘汰机制，比如说硕博连读的研究生，读了一段时间确实比较差的，我校就叫他（她）不要硕博连读了，只要硕士生毕业就可以了。至于其他层面的淘汰机制，还没有建立，因为中国大学不太适合。

提问2：在国内几所大学任教以后，我就发现国内大学学生的学风、学习态度和国外大学相比，实在是差异很大，为什么会有这个差别？这个和国外大学的淘汰机制是否有着非常直接的关系？所以说我想这大概可能是中国高等教育面临的一个共同的难题。

赵德武：对，有道理，国外的教育，美国的教育我认为是很不错的，英国的有些学校，它有点赚钱的性质在里面，美国的教育我是很看好的。

提问3：赵校长刚才提到本科生学院，很简短地概括了，我很感兴趣，想让赵校长说一下，您觉得能不能在中国的高校实施本科生学院呢？

赵德武：本科生学院是我校最近在考虑的一个问题。对于这个问题，我的看法比较保守，主要是在思考。我校的基本设计是想通过本科生学院的设置解决两个问题：第一个问题是学生管理问题，集中管理，减少专业学院在学生管理当中所花的时间，把学生相对集中；第二个是想通过本科生学院，在教学教育改革方面做一些新的探索。这样的改革，国外的大学有这种情况，但是，他们的规模比较小，比如说斯坦福大学，整个学校分布就是15000人左右，大概本科生只有五六千人，学校有一个基础学院，本科生相对集中，我认为这个是可以的。但是我校，本科生16000人，全部集中到一个本科生学院，学生集中管理，它的好处我现在还没看到更多，在这个问题上我比较保守。它有几个问题：第一，学生与专业学院之间的联系会怎么样？学院归属感可能就谈不上了，甚至不存在这个问题了。第二，专业学院可能会这样认为，既然学生都拿走了，那么我还会去考虑管更多吗？这个我感觉稍稍与我们的意愿不一致。第三，就是这样一种制度本身，本科生学院，要通过它解决教学改革，甚至包括学生管理当中的问题，它从另外一个方面又给我们提出一个问题,如果不采取这样一种形式,我们能不能够达到其他的目的?其实我觉得还是可以考虑,这个问题学校有争议,现在这个问题已经提出来了,而且通识教育学院我校已经做了。

提问3:我觉得像现在实行学分制,如果是按照原来传统学生体制的话,真正的学分制是没法做的。

赵德武:是,这个我同意。

提问3:但是本科生学院,肯定是有可取之处,但是好像国内高校没有。

赵德武:没有,国内没有这种本科生学院,只有一年级,最多二年级集中在一起,全部集中的没有。

第八章 关于现代大学的追溯

郑州大学原校长 曹策问

大学的发展对国家,乃至对人类社会的进步具有根本意义。探讨大学的发展,东西方的矛盾、冲突与融合,始终是我们要考虑的一个大框架、一个背景、一个平台。公元前 6 到 3 世纪,东西方同时出现了两个学术高峰,在中国是先秦诸子的百家争鸣,核心地带就在我们河南,周天子在洛阳,孔子、老子、墨子都在这一带活动。西方同期的是希腊的学术繁荣。它分为三个时期:第一个是爱琴海学术繁荣时期,包括现在土耳其西海岸以西这些地方,像泰利斯这些大哲学家在此活动,比苏格拉底还要早一代了。第二个是雅典学术繁荣的黄金时代。第三个是亚历山大开创的希腊化时期。亚历山大是马其顿少数民族,发动东征,建立一个横跨欧亚非的大帝国,把希腊文明一直推到了帕米尔高原的西麓。当时东西方两大文明未能接触,被帕米尔高原挡住了。

为什么这两个学术高峰重要呢?因为它们决定了东西方两种截然不同的思维模式、行为准则和价值标准。希腊时期与我国先秦时期开创的这两种文明,在当代开始汇流,取长补短,这是个优化过程,这是个必然趋势。西方文化到东方哲学中寻找它的精神家园,其中有不少诺贝尔奖获得者认为中国哲学能够解救西方文化的危机。当然东方也在学习西方的东西,包括大学制度本身,就是从西方引进的。然而西方大学的建立,却借鉴了阿拉伯的大学。西方研究者承认,他们大学的楷模曾经是阿拉伯的大学。那么从阿拉伯大学、西方大学到我们中国当代大学的特征是什么呢？是以学科为基础，但我们中国中世纪的书院却不是这样的。

讲到现代大学制度，一定要明白我们是从西方的大学引进的，而欧洲大学制度的产生又借鉴了阿拉伯的大学。我在罗马大学做过学术访问，罗马大学后面带了一个 Sapienza（意大利语），这个词在意大利语里意思是智慧。我说你们怎么用这个字？他们有人告诉我说，叫智慧大学，因为在巴格达，位于现在的伊拉克，曾经有个著名的阿拉伯大学叫智慧大学。现在有人看不起伊拉克，看不起伊斯兰，看不起阿拉伯人，那么贫穷、落后、愚昧、野蛮、恐怖，但是历史上不是这样。我们只有对阿拉伯国家的历史有深刻的理解，才能有真正地尊重，而不是浅薄地尊重。伊拉克这个地方不得了，这是两河流域，是人类最早的文明发源地，像《圣经》里面的那些故事，伊甸园、大洪水、诺亚方舟，都是在这个地方。

阿拉伯的大学影响了欧洲的大学。而现代意义下的第一所欧洲大学公推 1088 年建立的博洛尼亚大学，位于意大利北部的波河流域。为什么在博洛尼亚这个地方建立大学呢？因为当时在这个地方经过考古发掘，发现了查士丁尼法典。东罗马帝国皇帝查士丁尼，搞过"废除百家，独尊基督教"，大量焚烧古代典籍，是很坏的。但是这个皇帝搞法制，查士丁尼法典影响很大。应该是受这个考古发现的影响，博洛尼亚大学的第一个学院是法学院。第二所是萨莱诺大学，在那不勒斯南边，这是医学院。因为当时犹太的、阿拉伯的，包括欧洲的一些医生云集萨莱诺，所以成立了萨莱诺大学，它的第一个学院就是医学院。第三所是巴黎大学，巴黎大学是神学院，设在巴黎圣母院。我后来就想，为什么中世纪最早的大学是这三所。后来才明白，最早的三个专业——法学、医学、神学，决定人们的生命，其中法学决定人的社会生命，医学决定人的生物生命，神学决定人的精神生命。这三个元素大学里都应该有，不一定设置这个专业。在我们的大学中,大学生的医学知识教育,我们把它看得太低了,我们的大学没有设置针对各专业大学生的起码的医学教育课程。关于我国的法学教育,对于非法学专业的学生,在"两课"里面都没有法律课程。我一直呼吁,大学的必修课里面应该有一点起码的基础医学知识课程,不能简简单单地做点医学保健的辅导就完了,有的甚至连保健辅导也没有。

900年后,到1988年,欧洲400所大学的校长云集博洛尼亚,签订了一个大学的大宪章(Magna Charta)。这个大宪章,后来他们寄给我了。基本文本是拉丁文本,附有几十个当代各国语言的文本,也有汉文本。这个大宪章把欧洲人心目中的大学定位说清楚了。各个国家虽然各有自己的国情,然而大学应该有它的共性。那么基本的共性是什么呢?是分专业、分学科,是一些公认的指导原则。

最早大学的 university 这个词是怎么来的呢?原来我以为是 universal,是包罗万象。后来知道错了,应该是 union,是行会,是联合会。最初的大学,就是一群老师跟一群学生聚集在一块,建立一个行会,保护他们自己的利益。所以大学的要素是教师和学生。在英国的大学制度下,每个系只设一个系主任,没有副主任。系主任指派教授来负责科研,指派教授负责设备等等,是教授治校。我国的香港各大学目前仍沿用英国的大学制度。这种制度,在大学里尽量减少行政官员,也就是说,大学的基本内容是教师和学生。我们应该取其合理内核。这个话早就说过了,大学应该围着老师和学生转,围着教学、科研、社会服务转,而不能把大学办成衙门。这是今天中国大学的一个大问题,即大学的衙门化。我们知道,政府本来就是衙门,但是政府衙门化是不能接受的。从古希腊起,公务员就是公仆,西方《宪法》里面的公务员就是公仆,就是 public servant,这是先进人类所应该有的理念。我们干部一定要为大家服务。我当校长,一定是给大家服务的,给大家跑腿的。"文革"后第一次全国科学大会的时候,邓小平同志说过,我给大家当后勤部长。今天这个定位反而不很清晰了。必须重申,大学的主体是教师和学生,干部是为他们服务的。

我们来看看中国古代的高等教育。我们的孔子其实是一个令人感到非常亲切的人。孔子最大的贡献之一是兴办私学,打破了官学的垄断,打破了贵族对教育的垄断。私学的兴起是春秋战国时期百家争鸣的基础。孔子倡导有教无类,体现教育的公平、平等,这是孔子的最伟大之处。我们回顾一下孔子的教育思想。学而时习之,不亦乐乎,因材施教,对颜回,对子路,对子贡,用不同的方法教育。孔子不耻下问,请教一些当时所谓的下等人。到了唐代,科举考试开始兴起,科举制度虽然有很多负面的东西,但是科举制度最正面的是公平。一个寒门子弟,十年寒窗,就有机会进入社会上层。中国古代的官僚队伍相当大的比例出自寒门,这也是中国稳定发展的一个重要机制。对这些文化遗产,要有正确认识,不能简简单单地一概反对了事,要取其合理的内核。

春秋战国时期,为了适应新形势的需要,官学教育逐渐衰败,以孔子为代表的私学开始兴起。到了汉朝设立太学。洛阳的汉魏故城遗址以南,在现在的洛河南边,有汉魏晋时期的太学遗址,还有大晋皇帝三临辟雍碑,辟雍就是古代的国立大学,那个碑还在。太学前有蔡邕这些人写的三体石经,至今博物馆还保存有石刻残片。当时中国文字是在变化,小篆、大篆、隶书,为便于学生学习,便刻成三体碑文。碑背后有大量学生的名字,附有籍贯,有来自新罗的、日本的很多留学生。那就是我们汉代的大学,到现在快两千年了,看到这东西非常感慨。

中国古代高等教育的优点是教育平等,缺点是把自然科学、技术科学排斥在外,这是跟古代阿拉伯高等教育最大的不同。我们不搞自然科学,不搞应用科学,只念四书五经,研究为官之道,治理之术。阿拉伯的大学,包括中世纪欧洲的大学,研究医学,研究天文、历法,研究数学等等。中国历史虽然战乱频仍,其取向始终趋于大一统。不断出现稳定的社会环境,为科技和生产的发展提供了有利条件。从公元 2 世纪到 15 世纪,也就是东汉后期到明朝前叶,中国的科技在全球是绝对领先的,这个时期中国向西方输出了 34 种关键技术,而同期我国引进的西方技术只有 4 种。这是英国人李约瑟花了毕生精力来证明的。中国大一统的政治格局保证了我们科学技术的长足发展。遗憾的是,中国中世纪的高等教育排斥科学技术。封建社会最终走向了衰落,原因虽然是多方面的,但高等教育中科技的缺失,仍是重要的因素之一。到 15 世纪,欧洲已经开始酝酿近代资本主义。近 500 年以来,他们发生了天翻地覆的变化。前 200 年是酝酿时期,文艺复兴,地理大发现。中间 200 年是大发展时期,科学革命,蒸汽机发明等等。后 100 年是突破时期。这 500 年以来,欧洲的崛起使欧洲占领了主导地位。鸦片战争时期,我们的 GDP 跟英国的 GDP 比例是 6∶1,我们比英国富得多。但是我们被打败了。因为我们的 GDP 生产的是低端产品,人家生产的是尖端的枪炮。今天我们的 GDP 总量已经排到全球第二了,但是我们不能盲目乐观,我们富而不强,怎么让我们强? 首先我们精神得强,科技得强。我们要有中国人的血性和昂扬向上的精神风貌,要有先进的科学技术,这样才能屹立于世界民族之林。这种历史的审视,大框架的审视,让我们有清醒的认识。

总之,中国中世纪大学的特点是学习为官之道,治理之术,优点是教育平等,缺点是把自然科学、技术科学排斥在外。尽管我们从东汉末到明朝前期,这十几个世纪里面,我们的科技处于绝对领先地位,但是我们不可避免地走向了衰落。人家西方的科学技术上来了。我们必须承认,当代的科学技术这些东西,西方是起着主导作用，我们中国要好好学习。当然我们是要有选择地学习，一定要结合我国的国情。

"历史常常重演，一次以悲剧的形式出现，一次以喜剧的形式出现。"这是马克思最有名的一句话。东西方的融合就是这样。鸦片战争，我们挨打，屈辱。但是我们也要看到，鸦片战争把腐败的大清帝国的闭关自守打掉了。我们当然反对侵略，但是客观上，五口通商促进了现在最发达地区的形成，这是西方文明进来跟中华文明结合的结果，发达的还是上海、广州、武汉。当时外国军舰是停在武汉长江里面的。他们的目的可不是让我们富裕，是奴役我们。客观上说，东西方文明的融合，这是悲剧的形式。但是今天又变成喜剧的形式了，我们平起平坐了。我们一定要看到，东西方文明是尖锐的矛盾和斗争，是充满辩证的融合。现在看看中国大学制度是怎么建立的？中国的现代高等教育产生于这个悲剧时代。我们河南省最早的大学应该是焦作的路矿学校，因为焦作煤非常好，焦作无烟煤是用非常好的箱子运到英国去，英国的王室、贵族家的壁炉里面烧的是我们的焦作煤。焦作的路矿学校是为培养本地的技术人员，现在的中国矿业大学，它的前身就是焦作路矿学校。

北京大学的前身是京师大学堂，1898年建立，一直到1912年民国政府成立，才改为国立北京大学。国民革命军北伐，打败北洋军阀以后，先后搞了五所中山大学。第一中山大学在广州，就是现在的中山大学；第二中山大学在武汉，就是现在的武汉大学；第三中山大学在杭州，就是现在的浙江大学；第四中山大学在南京，就是国民政府的中央大学，那是赫赫有名的。第五中山大学设在当时河南省会开封，就是现在的河南大学。当时我们河南处于举足轻重的地位。河北南部叫近畿地区，那是拱卫京师的一个关键地区，是首都外围的一部分。除了它，最重要的就是河南，所以我们对河南的重要性要有充分认识。今天中原崛起,我们本身就重要,历史上就重要。五个中山大学,位于河南开封的是第五中山大学,即河南大学。百年来,它跟河南人民同生死,共患难,是河南近代高等教育史上不可缺少的部分。记得我1979年归队到高校,第一件事就是跑到开封去看贡院碑,去学术朝圣。在贡院碑前我久久伫立,感慨万千。那是河南近代高等教育的一个里程碑。

1912年,这里是留学欧美预备学校,当时全国只有三个这样的基地,其中一个是清华学堂,一个就在河南。当时我们河南的教育处于举足轻重的地位。第五中山大学一直到1942年抗战时期才改为河南大学。河大当时就是中山大学,在全国高校里面,完全是平起平坐,没有当今这种很恶心的等级现象。像胡适这些国内顶尖的一流专家,到河大讲学,到河大带学生,当时是很普通的事情。

到后来的抗战时期,西南联大,就是北大、清华、南开,迁到昆明,河大也在内迁。当时国民政府对教育非常重视,全部老师、学生,包括仪器设备装箱都带走了,河大先后迁到信阳、南阳镇平、西安,最后到嵩县的潭头镇办学。我是湖南人,在河南高校工作,就应该了解河南,了解河南高校的发展历史,了解河大,热爱河大。不承认这个,就不配搞教育。搞教育的不能搞帮派,互相诋毁,互相贬低。那不是一个学者应有的态度。我们要尊重历史。1944年,抗战快结束时,日本人打到潭头镇附近,河大死了一些学生和老师。我非常难受,非常感动,河大是跟河南人民同生死、共患难的。

现在看看在华的教会大学,最典型的是燕京大学,校长司徒雷登是一个对中国人民非常友好的人。燕京大学位于当时的北平,是美国教会的资产,是美国的领地。直到1941年12月珍珠港事件爆发,美日开战以前,日本人是不能进去的。司徒雷登掩护了不少共产党员，燕大培养很多人才，如外交家黄华、著名记者和作家萧乾等等。燕大的贡献我们不能抹杀。

下面我谈一下社会需求和学科分类方面的问题。我曾经请了加州一个大学校长到我校做报告。他画了一个圆圈，中间一个十字架，十字架下面是基础学科，上面是应用学科，左边是人文社科学科，右边是自然学科。这个方法很说明问题，理工科中基础学科是数理化生地天，是研究规律的；应用学科是农林工医，就是技术学科。基础学科研究规律，是认识世界的；应用学科是改造世界的。另一半也是一样，文科中基础部分是人文学科，包括中文、外文、历史、艺术，是认识世界的。文科中应用部分是社会学科，包括经济、商学、法学、传播学等等，是改造世界的。这里概念很清楚。我们国家教育主管部门，一直到20世纪90年代后期，才清楚地把人文跟社科分开。人文跟社科是不一样的，人文是认识规律的，是搞理论的，是认识世界的。社科是搞应用的，思维方式不一样。

我们大学有些人喜欢说大学是教育产业，骨子里面想赚钱，这个说法不对。因为产业的最终目标是利润，是赚钱。而大学的最终目标是培养人才，是搞科研，不是追求利润。所以大学不叫产业。那些人听了不高兴。我说你们别不高兴，我不叫产业，我也不缴税啊，听到这他们又高兴了。

理科英文是science，就是科学，包括数理化生地天。郑大现在缺地学，生物是搞起来了。现在郑大生物系发展非常快，干部编制很少，引进的教师大都是高素质人才。刚好碰到这几年博士越来越多，就有很大的挑选余地。现在引进人才相对来说比较容易，只有博士学位还不够，得看你的实际能力行不行。像化学系有一年要几个人，上百个博士来报名，很多是海归。所以引进人才就要看他们的真本事了，现在具有博士学历已经不难了。

我看了贵校的规划，我觉得贵校定位那几句话写得非常精彩：

以经管法为主,积极发展文理工。经管法为基础,文理工多学科协调发展,这是学科定位,我非常赞赏。贵校的办学层次定位我也很赞赏,本科为主,积极发展研究生教育。服务的定位以中原经济建设、社会发展为主,积极面向全国。当然,也不失时机地面向全球。贵校这个定位的思路,我高度赞赏。贵校书记、校长有很先进的理念。

每个学校都有自身的特色和优势,不可能也没有必要面面俱到。像哈佛这样国际上的一流大学,也不是任何学科都有优势。哈佛和斯坦福都是私立大学。哈佛建于1636年,斯坦福是后起之秀。斯坦福大学最棒的是医学院。像中东那些阿拉伯王公,那些西方政要,得了病要做手术,一定要到斯坦福医学院去做,因为他们的命要紧,对斯坦福医学院的医疗水平最放心。每个大学要发展哪些优势学科,应该十分关注。贵校的李小建先生、杨承训先生,都是顶尖高手。要发展大学的话,顶尖人才引进是非常必要的。三军易得,一将难求,一定要顶尖。在发展的过程中,贵校已经拥有一批非常好的学科带头人。河南省很多重大经济和社会发展决策,是请贵校的专家去的。有几个专家的名字我很熟悉,在公众中有很高的知名度。对河南经济社会的发展,贵校将起到越来越重要的作用,这是我高兴看到的。我们河南一亿人口,是一个大的省份,我们需要多所重要的各有特色的大学,才能支撑中原崛起的大业。

现代大学的职能定位公认有三个,就是教学、科研和社会服务。科研进入大学是1810年,普鲁士被拿破仑打败,割地赔款,丧权辱国。这时洪堡受命创立了柏林大学,其特点是科学研究正式进入大学。1861年,美国南北战争的时候出台了莫雷尔法案,正式把社会服务功能引进大学,当时美国各州把土地无偿捐给大学。所以美国每个州都有所州立大学,一般以农、工等应用学科作为最早的基础。

先说教学。广义地讲,教学牵涉到的是教师队伍、学生培养。谈一点点看法,供大家参考。第一,教学是教师的基本职责。1983年我到北京参加了一个国际数学会议。当时国际数学会主席摩泽尔(J. Moser)来了,另外一个美国著名的年青数学家特鲁波维茨(E. Trubowitz)也来了。这个小伙子研究做得极好,公认是当时美国数学界一颗上升的新星。我跟他聊天,他告诉我,秋天以后,他要到瑞士苏黎世理工学院去,就是爱因斯坦的母校,摩泽尔请他去访问,为期一年,即西方大学制度中的学术休假(sabbatical leave)。我问他,你去教课吗?他歪着头看着我,说我不教课,谁给我付工资呢?我说你教什么?他说教一门工科的公修数学课。当时我极为感慨,我明白了,全世界大学的基本理念,基本的游戏规则,就是任何教师必须教课。像这样一个美国的顶尖数学家,被国际数学会主席请到苏黎世,爱因斯坦的母校,去做研究,他这一年又是学术休假年,乖乖地就应该是搞研究嘛!但是他必须教课,教公修课,这一点使我震惊。

从1983年到现在,我一直坚定我的信念,教师教课是基本职责。把教师分为科研型与教学型是危险的。我不说哪个学校。有个学校为了拿博士点,抽出了五六个老师,搞了两三年科研,出了不少成果,对学科建设、对博士点当然是有力的支撑。可惜由于种种原因,最后博士点没有拿到,却形成了这个系教师的对立与分裂,最后这些搞科研的老师也全部跑光,对这个系的建设造成了很大的伤害。大学老师必须上课,这是大学老师的基本职责。教学工作量只是表面的指标,重要的是教师必须有责任感。我本人就一直上课,我现在71岁了,每周两次大课,两个下午,外加一个博士研究生讨论班。我现在教公修拓扑课,是数学里面比较麻烦的,也是比较重的基础课,是数学专业的基本功。2003年我不当校长了,就开始教这个课,现在已经教第八遍了。我是教师,喜欢教课。戴可来老师说过一句话,"老师教书是发功,每次教都不一样。"坦率地说,我当校长时,对不爱教课的老师,难以忍受,他们要求调走就赶快走。教师必须上课,这是天条。中国有一些大学的衰败,往往始于一些教师不上课,他们没有责任感,还仗着有点所谓的科研成果张牙舞爪。教育部老是号召教授要上基础课,苍白无力。20世纪50年代我在北大上学的时候,教我们基础课的是最优秀的教授,不少后来都是院士。数学系一个系就有七八个院士,全给我们上过基础课,无一例外,这是最优良的传统。所以我认为,一个大学的建设,一流的教师必须上课,当然不一定上基础课,因为有很多因素。但是必须上课。不上课,不是用教务处的条文来卡你,而是大家看不起你,不上课的老师没有责任感。中国当代大学的一大危险,就是为了评估中的一些指标,搞赤裸裸的功利主义,几个特殊人物,不搞教学,只搞科研,拿好处,苦力是人家的,好处是这些人的。美其名曰加强学科建设,实际上是败坏一个大学。

教学第二点,我认为要贯彻我们过去常说的精讲多练的原则。我们往往忘记了"练"这个字。记得"文革"时,1968年,我被分配到洛阳农村教中学。1969年,又把我们这一伙人都搞到军垦农场去种地,抓"五·一六"。在那里认识河大(那时叫开封师范学院)中文系的一个毕业生,他告诉我说,他进校时有个姓钱的教授(是系主任)训话,说"中文系的学生,在这四年里面唐诗得背多少首,宋词得背多少首"等等。我当时听了大为感慨,这就是基本功。基本功有两类,一般基本功和专业基本功。练基本功这个东西不能太功利,但是它对专业发展有决定性的意义。

我们每年招600万大学生,600万大学生,不得了!这么多的大学生,毕业后的就业是个大问题,必须认真思考。你学这个专业,就业时从事的可能根本就不是这个专业。大学究竟是专业教育,还是素质教育?争论得一塌糊涂。这个问题的答案非常明确,是辩证关系,是专业教育和素质教育的辩证统一。到了社会上就更是这样,学这个干那个,多了,古今中外全是如此。温家宝学地质,现在当总理;胡锦涛在清华学工科,现在当总书记。大学必须有专业教育,但是专业教育必须与全面素质教育相结合,是辩证统一的关系。

最后一个题目是科研。大学不能光传授知识,还得创新知识。科研的重要意义在于创新知识。我们老是传授知识,知识就会越来越少,知识必须增值,所以科研是非常必要的。

科研人才引进恐怕是每个大学领导都视为命根子的。引进一个好的人才,学科建设往往就自动化了,把他往那里一放,那一个学科全活了,这一点我深有体会。我校曾经引进了霍裕平院士,他来郑大前在中科院合肥分院工作。他父亲50年代曾经是郑大的副校长,抗战时在西南联大当过杨振宁的老师。他母亲希望到郑州来养老,他是个孝子,当然我校做了一些工作,所以他就来了。我们本来物理系快不行了,远远不如河师大。中科院物理所有个老先生叫黄涛,曾经面对面地对我说,曹校长,你们郑大的物理不如河师大的。必须承认,当时河师大的物理搞得非常好,郑大的物理已经开始走向衰落。但是,霍裕平先生一来,叽里咔碴一整顿,什么都拿到了。哈佛大学常常派出一些星探,到全球调查,哪个专业哪个人是顶尖的,想法就把他挖过来。所以哈佛大学总能在一批重要学科中保持全球的优势和领先地位。它有几个王牌专业总是拥有全球最优秀的学者。贵校有像李校长和杨承训先生这样的顶尖高手。人们一提到他们的名字,就对贵校肃然起敬。一个学校,像这样的高手不可能多,但是也得有几个镇得住阵脚的。更要紧的,要在我们的年轻人里面培养顶尖高手,因为顶尖高手生下来时都是婴儿,总是后来成长起来的。所以创造一个好的人才成长环境是重要的。

对研究者的培养,第一是基础,永远要打基础,不能说我是博士了,就不打基础了。科班的基础训练是极其重要的。在当代社会的环境中,学者们总是或多或少地不断进入新领域甚至转行。在剧烈竞争的条件下,当代的研究者们都成了蝗虫,这个领域有戏,都趴过来一下子吃光。事实上,任何领域中的研究资源总是有限的,任何题目做到一定时候就做完了,没有东西可做了。所以好的研究者一定要有转领域、转行的能力。否则一个领域被吃光了就失业了。第二是眼光,必须在宏观和微观两方面有很好的把握,必须对科技史,对本行业、本课题的历史发展,对全球的动态有很好的把握。第三是原动力,要一点干劲都没有,就不行。是不是有决心,有没有选择课题的能力,都非常重要。我校有个教师,成天揣个小本本,把最要紧的题目记在上面,废寝忘食地思索。后来硕果累累。此外,研究的效率,团队精神,领导组织能力,我想这都是研究者,尤其是带头人的一些必要条件。

科研中要抓住课题和立项。我们现在评职称要求有论文。脱离项目的论文,坦率地说没有意义,就像考古学中,脱离了地层的文物没有意义一样。同样,我们的论文一定是完成某一个科研项目时系统探索的成果。科研立项是非常重要的事情。每个人必须有立项。现在一些有眼光的导师已经在开始培养研究生学习写立项报告了。写立项报告首先要找课题,准备做什么?哪个是社会需求、学科发展所需要的?这是每个人脑袋里面永恒的主题,永远要想做什么课题,而且永远有一堆课题放在那里,哪个成熟了就去抓它。一个系主任、一个学院院长要帮助教师选择研究课题。有了课题以后,首先要对它的发展史,对它的当前动态开展研究。然后,对课题中的关键问题和难点进行考察。最后是课题的可行性分析。一个人应该有好几个课题。虽然还没有立项,但是每个课题的初步调研材料都分别存放在电脑中，包括历史动态、关键问题与难点、可行性等的初步分析，不断思考、补充，成熟了就考虑进入立项。

立项报告分两部分：一部分是项目的外延，一部分是项目的内涵。我们过去写立项报告比较注意写内涵，忘记了外延。所以别人一看报告，满篇术语，看不懂。而立项干吗呢？首先是要钱。如果申请立项者写的东西投资者都不懂，就坏事了。给我很深印象的是在香港。香港沿用英国制度。我曾经在香港浸会大学有个研究项目，我唱主角，写结项报告时，有一个要求让我很震惊，要求项目完成者必须针对 layman 写一段描述。我一下就明白了，是要让外行（包括投资者）了解项目成果的意义。所以我们今后写论文，写立项报告，一定要有两个内容：一部分写它的外延，一部分是内涵。外延是写给非本行专家看的，写给投资者看的，要大家都明白。我们往往不注意这一点，当然贵校的学科，应用文科，社会科学，这个问题少一些，但是也存在。在写论文中情况类似，引言中的一部分，尤其是摘要，是写给外行人看的，摘要如果文绉绉的，满篇术语的话，别人受不了。摘要里面最好少用专业术语，多用通用的语言，任何领域都是这样，尽量用大家明白的语言。

我觉得重要的是每个人必须有几个立项报告存在电脑里面，我们可以不拿出去。每一个立项报告都可能要长期修改，多次修改。此外，即使已经立项，完成了研究和结项，往往还要进行后续研究，还要拿下一个项目。所以要不断修改，哪个成熟了，就整理好往上递。那么申请项目呢？我是国家自然科学数理组的评委，我知道，现在国家科研资金投入非常大，就发愁没有好的项目。同时，一个项目，一定要鼓励大家多报几次，今年不行明年再报，不丢脸。报项目本身，就是让专家了解你的项目，很少有人第一次报项目就能拿到，总是报几次，这是立项。让同行了解你，这很重要，要多参加学术会议,要多与国内外学者交流,要让大家了解你的学术水平和科研能力。

接下来是研究,马克思说了,"研究必须全面占有资料。"文献资料和田野调查都是必要的。郑大有个教外语的老师叫赵明华,后来到了伦敦,改行去念经济去了,她的博士论文题目是"中国的所有制"。我们知道,上世纪90年代,中国的所有制变革全球关注,因为我们是共产主义国家,我们的最终目标是消灭私有制,我们只有公有制。突然中国政府要搞私有制了,将带来重大的变革和机遇。所以英国好多学者就立项来研究中国的所有制。我问赵明华,你怎么研究?她就说了一点,指导教师要求她回国做200个interview(访谈)。她说写化学论文要做多少个实验,并且要求实验是可重复的,可对比的。她说我们搞社会科学的,interview是搞研究的基本依据。所以她为了调查所有制,拉了一个采访单子,调查国有企业的,私有企业的,调查破产的。这让我非常震惊。从那以后我就对郑大搞社科的老师说,你们的论文有没有interview,没有恐怕不行,就是访谈录。访谈录是原始记录,访问谁了?什么情况?那就跟化学系的实验记录一样。化学系更改实验记录就是作弊,要处分的。同样我们的访谈录,到社会做社会调查,就像化学的实验记录一样,要真实,不能作弊。这是社会实验室。在这一点上,我们不如西方,因为西方强调证明,我们不强调证明,往往主观上说说而已。但是我们现在开始客观起来,我们的媒体,我们的研究,很多是搞访谈了。我们要走出去,要搞大量的访谈录,要搞统计资料,因为这是源泉和依据。

哈佛大学最有影响力的是它的商学院,那里最基本的教学手段是案例教学,那是非常生动的教学手段,指导教师要有极高的水平。收集案例绝对重要。我们的每个研究机构,都要建立数据库,数据库有多少案例,就说明这个研究机构有多高的科研水平。我们每一个研究机构的研究人员,你研究这个题目,你究竟收集了多少案例?你参与了多少案例?如果你没有这种积累,你老是浮在上面,你没有源,只有流,你就走不远。当代中原地区经济和社会迅猛发展,我们要勤奋,要玩命地深入实践,收集案例,然后进行分析,这是我们研究的基础。

我们要逼着老师去参加会议,逼着老师出国,逼着老师提高语言能力。外语的驾驭能力非常重要,当然中文更重要。我喜欢背唐宋诗词,尤其是宋词,像辛弃疾的作品,很震撼。因为北宋、南宋都有深刻的民族危机,写出来的东西气势大不一样。我跟学生讲,你们没有专门学过古汉语的语法和词汇,但是有些古代诗词你们非常喜欢,没有它几乎"活不下去"。我问他们,有没有英语的诗或者文章,非常喜欢,你不背背就觉得活不下去?没有,大多数学生没有。这就是差别。我们要把学古汉语的方式,移植到学习英语上面去。我有一次见过一个德国人,他能够背杜甫和李白的诗,而且他汉语口音比我好,我有长沙口音,他能说很标准的北京话,更要紧的是他能背李白的诗。我非常兴奋。于是我就背海涅的诗,用德语背。后来我们两个就成为莫逆之交了。这是学习语言最容易的方法,就是背那种语言中最动人的诗。这很容易,因为它很舒服,很容易进入角色。像英语,你要不背罗伯特·彭斯的诗,不背华兹华斯的诗,你英语学着就没有味道了。记得我小学高年级,是1950年吧,我姐姐已经上初中了。她们学英语,我们小学还没有学。我姐姐背的那些英语儿歌,我闹着玩时就背会了,感到新鲜。例如其中一首,标题是"星星",中文意思是"我有一个小妹妹,她在那儿偷看。她在水里走的时候,很深很深很深,她在山上走的时候,很高很高很高。可怜的小妹妹啊,她只有一只眼睛。"这种儿歌没有难度,却很动人。人文产生永恒的魅力,产生原动力,真是不可思议。真应该提出一个口号,就是"回到幼儿园",有点童心。保持童心,老老实实做简单的事情。

最后谈谈关于教学、科研、学科、学校、教师等各色各样的评估。评估当然是必要的。但是中国的评估已经泛滥,走向了一种怪胎,走向了巴结,走向了腐败,走向了莫名其妙的东西。其实最要紧的是我们对自己的评估。对教师而言,真正到位的评估,来自同行,来自学生。别看学生不说话,他们把老师的本事,把老师的"五脏六腑"全看透了,但他们不说。同行也看清楚了。媒体的评价往往只是外在的。

我今天讲得不是很系统。当了几年校长,恐怕失败的教训是更多的。当时只有一种信念始终激励我,就是一定要把我们国家教育搞上去,把大学的水平搞上去。

第九章　合并背景下的学校管理

郑州大学党委书记　郑永扣

今天是小范围讨论,不用那么板正,今天的题目叫做"合并背景下的学校管理"。在这个题目下我想谈几个方面。

一、抓住合校机遇,增加学校综合实力

我是郑大合校的亲历者,今年郑大举行了合校十周年的庆典,合校十年了,确实有不少感慨,也有不少酸甜苦辣的体会。咱们河南财经政法大学刚刚组建成立。小建校长让我谈一谈合并背景下的学校管理,确实有很多体会。

首先,合并是一个历史机遇,而且是一个重大的历史机遇。新郑州大学由原郑州大学、郑州工业大学、河南医科大学合并组建成的,这不管是对原郑州大学、郑州工业大学,还是对河南医科大学,都是一个重大的历史机遇。我们现在合并组建的河南财经政法大学,不管是对原来的财院,还是原来的政法学院,这也是一个重大的历史机遇。因为合并本身直接使学校的综合实力增强,两校或三校并一校,无论是师资、校舍、占地面积,以及我们人才培养的数量、规模、科研成果、科研经费、科研项目的总量,以及由此而带来的社会影响力,这都是一个大幅度的攀升。这个是直接的,它是一个数学相加理论,整个作为一个学校来说,综合实力大幅度地提升了。

其次,合并的同时又能得到上级政府、社会各界对我们办学资源方面投入的增加。综合实力的增强是一加一等于二,办学资源的扩大是一加一大于二,上级政府和社会各界都会给我们有形的、无形的、物质的、政策的等等各个方面的资金支持,这将会大大地扩大我们的办学资源。

再次,合并本身会使我们站在新的历史起点上,制定新的发展战略,确定新的发展目标,迈出新的步伐,这是一个非常重要的契机。一方面,合并之前的两所或三所原学校悠久的办学历史,优良的办学传统,在新的格局当中将继续保持。另一方面,他们的办学历史、办学传统、办学理念、办学风格会相互融合,又会促成一些新的东西,这也是合并给我们带来的优势,提升我们的综合实力。

合并之后,由于学科之间的交叉渗透,将会在学科学术方面体现为优势互补,这个作用可能没有直接马上显现出来,但是随着时间的推移,这个会逐步显现出来,而且这是最重要的。比如说郑大合并之前,三个学校共 9 个博士点。合并之后,到 2003 年学校学位点增设的时候,郑大一下子增加了 9 个,翻了一番,成了 18 个。到 2005 年二级学科学位点变成了 81 个,晋升了 54 个。所以有一些校外的同志问,你们学校有什么好办法?这主要是因为合并以后学校的学科优势互补、学科融合、学科交叉所形成的。如果让任何一个单独的学校去申请博士点,它是很有限的,因为学校只有传统的学科,很少有新的增长点。这个优势随着时间的推移会逐步显现出来,比如说我校现在生物物理、生物化学、生命科学,再比如医学和现代信息技术的交叉、渗透,环境科学和化学、化工、物理等学科的融合、交叉。这样会产生很多新的学科,这些新的学科增长点,它既适应国家经济社会发展的需要,又是这类科学学科体系结构上的亮点和增长点。有的是属于从传统学科分类出去的,有很多是属于边缘学科,或者说是横断学科,它是几个学科交叉。有点像小建教授搞的这个学科,它是在几个学科的边缘的一个增长点,发展潜力非常大。所以,从长远来看,合并之后学科之间的交叉渗透带来的对于学校综合实力的提升是不可估量的。

老郑大在合并前排名在100位左右。三校合并的时候,新郑大排第87位,到今年,连续三年排名第35位。虽然排名只是一个评价体系,但是在这样一个评价体系里面,我校的名次一直在上升,这说明合并给学校带来的益处是很多的。有些时候,社会各界对学校合并有不一样的看法,校内的教职工也各有不同的认识。可能多数的教职工是赞成、拥护的,并且积极投身到合并后的建设中去,可能也有一部分教职工感觉到疑虑,合并之后可能会面临一系列的困难,比如学科上的、资源上的,甚至一些利益关系上的一些调整,他们确实感觉到有一些疑虑。

再一个体会,合并对学校领导班子是一场重大的考验。考验领导班子的凝聚力和战斗力,考验领导班子的决策力和执行力,也考验领导班子每一位成员的政治素养和领导智慧。除了原来有一些困难以外,学校合并之后还面临着合并之前不存在的诸多困难。比如说没有合并之前的老郑大,学校办学空间狭小,想征地,但是征地不是一件容易的事,这是困难!办学经费不足,这是困难!政策支持力度不够,这也是困难。吸引人才、留住人才、用好人才也比较难,这都是问题。合并以后,这些问题都仍然存在,而合并以前不存在的问题,随着合并又产生了大量的新问题,比如说领导班子建设的问题,干部队伍建设的问题,学校学科的融合,院系的融合问题,办学理念、办学传统和办学风格上的差异问题,在合并过程当中的几所学校感情的融合问题等等。所以,领导班子的建设要迅速摆上日程。这个领导班子如何能够在合并的过程当中成为全校的主心骨,能够凝聚全校的干部职工、师生员工,能够有很强的战斗力,这确实是一个课题。

有一点，必须指出，也是最重要的，就是合并后的稳定问题，这对学校的领导班子确实是一个考验。第一，确保稳定，稳住阵脚，稳住局面，稳住人心，这是最关键的一条。不管采取什么方法，领导班子首先面对的是稳定问题。稳定教学秩序，稳定工作秩序，稳定生活秩序。本来学校在合并的过程当中，头绪非常繁多，如果再出点意外而影响稳定的事情，学校承受不起。

第二，必须顾全大局。不管是整个领导班子，还是每个教职员工，不管我们有什么样的认识，什么样的顾虑，什么样的想法，在这一段时间内，一切的一切，服从大局。只要对学校全局有利的事情，我们都要去做。哪怕我们自己所在的原来的学校，或者我们所分管的那一块有暂时的困难，都要坚决克服。

第三，必须注意一碗水端平，客观、公正对待每一个人和每一件事。客观公正地对待每一个人、每一件事，学校什么时候都应该如此，我为什么特别提这一个，在合并的过渡期间，这是保持稳定的一个最重要的因素。在一般情况下，处理一个问题，或者是使用一个人如果不那么妥当，这个副作用还能够很快地给它消灭了。但是在合并的过程当中，有的时候事情不大，它产生的负面效应会放大，这个就很麻烦。所以说我们在这个过程当中，要特别注意这一点。

在合并的过程当中，人与人之间要互相体谅，这个很重要。班子成员之间，特别是来自于不同校区，来自于原来不同的学校的班子成员之间，要互相多体谅。千万不要把自己定位在是哪一个方面的代表上，这个就和班子成员的地位、位置是不相适应的。新郑大组建成立以后，有老郑大的干部给我说，哎呀，郑书记啊，你是咱南区的代表啊，你可得为南区的人说话啊！我当时听了这个话，就很严肃给他们说，如果你们这样来认为我，说明我在你们心目当中党性也好，人品也好，还是不够格的。如果你们这样要求我，我认为你们是极其狭隘,是不明事理的。如果我照你们说的这样去做,我就是代表老郑大的,我就不配坐在党委书记这个位置上。我是现在整个郑大的党委书记,我可不是老郑大或者什么南区的那一块的党委书记啊,大家能信任我、敢信任我吗?你们不要拿这个来吓唬我,好像我必须都得为你们少数人拼命地去争什么,要不然我就会失去这个基础等等。我职责所在,必须客观公正地对待每一个干部,客观公正地处理好每一件事情。当然,不能因为我是党委书记,我就把老南区的干部压一头,但是我也不会格外把你们高看一眼,给你们厚爱,往高里抬,高于别人,这都是不可能的。所以说这些,这是我作为领导班子的一员把握的一些体会。

还有其他方面的,比如说强调纪律的观念。因为在合并的过程当中,政治纪律、工作纪律、财经纪律,这些都显得格外重要,必须用纪律约束每一位干部的行为,这样他们才能迅速地在群众当中树立威信。

总的来说,学校合并既是机遇,又是考验;既是提升学校的综合实力的一件大好事,也是我们每一个成员需要付出极大的精力、热情的一件困难事。

二、完善大学治理结构,构建现代大学制度

第二个问题我想谈一下完善治理结构,构建现代大学制度这样一个话题。这涉及大学管理,现在随着《国家中长期教育改革和发展规划纲要(2010-2020年)》的颁布,以及全国和全省的"教育工作会议"的召开,关于完善大学的治理结构,构建现代大学制度这个话题,现在可以说是一个舆论的热点,而且很有意思。关于大学的治理问题,现在大学的人、教育界的人、社会各界的人都在关注这个问题,大学到底应该怎么办?怎么管理?就我的体会,我们

在理论上构建中国特色的现代大学制度的基本构架应该已经清晰，就是党委领导、校长负责、教授治学、民主管理这么一个基本构架。这是写进了《高等教育法》的，这也是中国特色社会主义政治制度在高校的一个具体的体现，这一点不是我们要讨论的问题。

党委领导下的校长负责制，这个里面就是党委领导和校长负责，要处理好这二者之间的关系。党委领导核心的地位，统一领导学校的全面工作，这个地位是法律所规定的，也是我们在工作实践当中逐步形成的，这个是我们必须维护的。而校长作为学校的法定代表人，又必须依法独立行使自己的行政管理权力。党委领导要保证校长能够充分地、独立地行使自己的权力。党委对于学校的重大事项要做出决策，行政部门要按照党委所做出的决策，具体组织实施。这个在理论上，我感觉一套一套的，基本都能说清楚。现在关键是一个实践问题，这需要学校领导班子的集体智慧，更需要党委书记和校长两个人的政治智慧，去在实践当中把这些理论的东西如何具体贯彻落实到学校的工作实际当中，这是一个问题的根本所在。

我的体会吧，总体上说，党委管全局，管宏观，管重大事项，管干部，管思想政治教育，管稳定，像这些责无旁贷，党委是一个领导核心，必须起到作为全校师生员工的一个政治核心作用。校长负责行政管理，党委是集体领导，校长是个人负责，个人负责不是说一个人说了算，也是民主集中制，但是它是一个行政操作，它强调的是个人负责。学校的行政事务要经过校长办公会研究，大家可以讨论，最后校长综合大家的意见做出决策，决策是由校长做出的。党委会不一样，党委会一人有一票的权利，少数服从多数，最后书记根据多数人的意见做出决策，决策不是书记做出的，他（她）是个召集人，在党委会上书记这一票不比别人大。不管是党委也好，行政也好，都采取了民主集中制的原则。校长个人负责，也不是校长个人说了算,是要集中大家的智慧,充分倾听大家的意见,但是最后是校长做出来的决策,党委的决策是集体做出的。它们有这么一个区别。

校长要向党委负责,因为校长既是行政的最高负责人,又是党委成员,也是党委的决策人之一。校长要严格地按照党委的决策去实施,去落实。副校长要按照校长做出的决策去落实。在这个过程当中,大事要多想想,多酝酿,工作方面要多沟通。有时候,可能会由于信息沟通不畅造成双方的一些不理解或者误解,书记、校长对某件事情认识不一致,以至于产生了某些隔阂,甚至矛盾,这也很普遍。说实在的,能够走到主要领导岗位这个层次上,无论是理论水平、思想觉悟,还是工作经验、领导水平,都是没得说,要不然他怎么能够走到大学的主要领导岗位上。所以,工作方面非常需要多沟通。

信息的沟通不畅,可能会导致一些互相的隔离,然后产生了一些认识的不一致,积累起来了,又没有得到及时的、有效的化解,最后就成为了一种相互不够信任,这就麻烦了。在这个时候,就会出现很多问题,到底书记管什么,校长管什么,很苦恼,当大家为这个问题苦恼的时候,学校工作实际上就已经陷入比较困难的程度了。实际上仔细想来,书记管啥、校长管啥,大的上面有分工,具体到工作上,很多情况下是要协同作战,其实干的是一件事。

总体上说,我感觉只要大家有一个共同的理念,就是把我们这个学校的事业快速地向前推进,健康地向前推进。有了这样一个共同的理念和追求,并对学校发展战略上有一个共同的认识,再加上学校每个人之间有一个基本的信任,我想,党委领导下的校长负责制是能够在工作实践当中很好地贯彻下去的。

党委也好,行政也好,在大学里面可以统称为行政权力,即对学校行政管理的权力,包括党务,也可以放在行政权力这样一个名词下来去称呼它。再一个权力是学术权力,即教授治学,是以教授为代表的一个学术权力。实际上这个问题,是一个大学发展当中目前比较突出的问题,也是制约现在高校学术建设、学术发展一个很重要的问题。行政权力和学术权力是学校的治理结构里面两个基本的权力,各有各的用处,都是不可缺少的。现在有人批判大学的科层结构,说什么上面有校长啊、党委啊,下面还有部、处、院、系、科等等,这是不正确的,别批这个东西,它不是症结所在,它只要是一个机构,能全部平面化吗?尤其这么大的学校,全部平面化也很难很难啊!

过去学校小,如河大逃亡的时候,领了几百个学生,校长、教授成天一块吃,一起住,有个处长也不是个处长了。但现在不一样了,像咱们财经政法大学,现在三个校区,两万多学生,两千多个教职工,没有一个机构,没有一个层次,那是不可能的。关键是行政权力和学术权力的边界要清晰,定位要准确。

我这两年来在郑大提了一个强化学术本位,提倡学术敬畏。学术权力和行政权力要做到定位准确,边界清晰,相互制衡,良性互动。所谓的定位准确,就是行政的归行政,学术的归学术,不能行政权力遮蔽甚至取代学术权力,现在这个倾向很厉害。两个权力是相互制衡的,在一个合理的治理结构里面,这两个权力是一种相互制约的关系,行政权力要制约学术权力,学术权力反过来要制约行政权力,谁的权力都不能是至高无上的,这一点也是很清晰的。

比如说评职称,行政权力是什么权力呢?行政权力就是根据今年的岗位空缺情况和学校下一步的发展规划及现在师资队伍的状况,来确定今年我校要拿出多少指标来评教授,多少指标评副教授,这是学校党委和行政可以定的。另外,根据今年学校的学科布局,根据学校发展的任务要求,根据不同院系的岗位空缺的情况,今年指标应该怎么分配,这个问题行政说了算。那么具体到谁能当这个教授?谁符合教授的条件?这要由学术说了算,这时该由教授说话了,这个"家"是由学术权力来当的。

目前,对大学的官本位、行政化问题攻击得也很多,确实也存在这些问题。怎么来化解这样一个问题呢?我倒觉得不是简单地下一个取消行政级别的文件就能解决问题。当然也不是说怕取消行政级别,这不是解决根本问题的办法,根本问题是要划定行政权力和学术权力各自的边界,特别是在目前的情况下,要让教授治学真正地能够在大学里面成为非常重要的权力类别,就是学术权力。所以教授治学如何实施,可以有几个方面的探索:

第一,要确立学术本位。这两年我也一直在提这个概念,现在讲学术本位的也多起来了,刚开始说学术本位的时候,我校还有的同志说,哎!学术本位,敢不敢这样提啊?好像提得也不多。我说敢提。为什么呢?大学本质上是一个学术机构,学术机构以学术为本位,这个不论是从学术上看,还是从政治上看,都不存在问题。因为作为一个学术机构,一切的活动,一切的工作的成效,都必须以是否推进学术进步作为衡量的标准,包括党的建设、思想政治工作。如果说党建和思想政治工作没有能够有效地推进大学的学术进步,对提高学校人才培养质量,提高科学研究水平没有发挥应该有的作用,只能说明学校党建和思想政治工作是不成功的。学术本位是借用了经济学上货币金本位的概念,金本位,货币的价值取决于货币的含金量,道理就是这样!

在大学,所有的工作(党建、思想政治工作、后勤工作,行政管理工作等等)都必须围绕服务于学术工作,这些工作的价值要从学术工作的成果上得到体现,这就是学术本位。我看有些文章,对学术本位已经提得比较高了。学术本位还意味着什么?学术本位就意味着学术至上,在大学,学术具有至高无上的地位。

大家对学术都要有敬畏之心。因为学术是干什么的？学术是探索真理的,是引领社会的。所以,学术值得人敬畏,我想第一条就是要确立学术本位。

第二,要强化学术权力。

第三,要确立学者的地位。学术至高无上的地位,学者在大学同样具有至高无上的地位。大学非大楼之谓也,乃大师之谓也。大学的灵魂是教师,大学的灵魂是那些杰出的学者。不同时代真正好的大学,都以拥有杰出的学者为自豪,杰出的学者是一所大学的名片,是一个大学的旗帜。大学的旗帜可能是书记、校长,也可能是某一个没有任何行政职位的名教授。我们必须确立这样的理念,对于学者,对于真正的学者,要充满着敬畏之心,不可轻慢。为什么？真正的学者代表的是社会的正义、良知和智慧,这一点世界是共同的。因为学者的职业,学者自身的风范,真正的学者是以探求真理为己任的。当然,如果一个人学术不错,但是人品不好,这是另类,他(她)根本算不上是真正的伟大的学者。真正的学者应该是学品和人品都是非常崇高的,既是精师,更是人师。

第四,要优化学术环境。优化学术环境主要是两个方面:一个是优化学术工作的环境,优化学者的工作条件,优化学术氛围,形成一种自由讨论的、崇尚创新的、鼓励探究的这样一种学术氛围、学术风气。另一个方面是要形成良好的学风,杜绝学术腐败。我不太喜欢用学术腐败,"腐败"实际上还主要指的权力的问题,我们还是叫杜绝学术不端,就是一种不规范的行为,这是我们现在面临的很重要的问题。

在大学管理治理结构里面,党委的领导核心作用,校长负责行政管理的关键作用,以及教授治学的根本性的基础性的地位,行政权力和学术权力科学的定位和清晰的边界,这些都是现在我们面临的,需要我们探索并逐步解决的问题。合并给了我们一个非常好的历史机遇,郑大合并的时候,关于现代大学制度的探索还没有现在这么引人注目。现在随着《国家中长期教育改革和发展规划纲要(2010—2020)年》的出台,这些方面说得比较多了。所以,对河南财经政法大学来说,现在可能也是建立现代大学制度非常好的机遇,原来两校的一些做法,现在经过合并就要改变了,一定要抓住这个机遇。我需要强调的一点,不要把我们认为已经不合时宜的观念、机制、体制带入到新大学当中来,可能会带进来一些,但是我们要尽可能地减少这些东西,这样使得我们新的一所大学能够减少一些传统因袭的一些包袱,能够在相对清爽的一种平台上、在制度建设上起步。所以我想河南财经政法大学在构建现代大学制度方面,你们有得天独厚的优势啊,因为你们学校有搞法学的,搞经济学的,都是这个方面的专家。领导是这个方面的专家,教师也是这方面的专家,然后再根据《规划纲要》的政策,结合学校的实际情况,在这种情况下去推行一些新的体制机制,是具有特别便利的条件的。

三、培育大学精神,增强学校的文化软实力

第三个问题,我就想简单谈一谈关于培育大学精神,形成学校的文化软实力,或者说增强学校的文化软实力。关于大学精神,现在大家也都在谈论,也有种种的定义。总的来说,大学精神是一所大学在长期的历史发展过程中积淀形成的,为本大学人所共同接受、认同的价值观念和文化气质,以及办学的风格。总之,作为一个定义,一个界说的话,当然这也不周延,大致上是这么个意思。

从普遍性的层面上看,比如说追求真理的精神啊,崇尚科学的精神啊,崇尚学术的精神啊,追求卓越的精神啊,追求理想社会和完美人生的精神啊等等,这些精神应该是在普遍性层面上的大学

精神。由于每一所大学所具有的历史传统、地域特色、学科特色、办学理念、办学类型各不相同,都会形成自己一些独特的大学精神的要素。所以,大学精神作为学校文化软实力的一个核心部分,是需要我们自觉地去培育的。这个过程可能也会很漫长,但是,如果我们自觉地去思考并且去培育它,相对来说,能够加快大学精神形成的进程。

我简单地谈一下自己对培育大学精神的几点方法论方面的思考:

第一,普遍与特殊相统一。因为大学精神有两个层面:一个是我刚才说的普遍性的层面;还有一个特殊性的层面。大学精神既要从普遍性的层面去培育,又要从特殊性的层面去培育。比如说河南财经政法大学,普遍性的层面和郑大应该是一样的,大学之为大学,大学精神之为大学精神,我们有共同的东西,但是也有特殊的东西,比如说两个学校的类型是不一样的,河南财经政法大学是财经政法类的学校,郑州大学是综合性的大学。学校的历史也不一样,学科特点也不一样。这些不同点造成了我们两个学校在大学精神上又有各自的个性,大学精神在追求共性的同时,又要张扬学校的个性。就目前而言,我感觉到可能共性的东西更为重要,现在我们缺失很多作为普遍性的一些大学精神,在这个方面我觉得可能目前更为重要。为什么这样说?有的大学从它的理念和办学行为上看,觉得有点不像大学,为什么不像大学了?就是普遍性的大学精神没有坚持。它不是追求真理,它是追求金钱的;它不是追求一种理想社会和完美的人生,它是追求眼前的利益;它不是去企图引领国家和社会的前进的,而是随风转,兴什么弄什么,转什么弄什么,办学就成为一个赚钱的企业行为。这还算大学吗?为什么呢?没有大学普遍的大学精神了,背离了大学精神了。

第二,锐意创新与执著坚守相统一。大学精神是在长期的历史发展过程当中形成的很多优秀的有价值的传统的东西,是需要我们坚守的,坚守可不是保守啊,退一步讲,就是保守,有些东西值得保守啊!对真理,对学术孜孜不倦的追求,这种执著也不容易啊!所以我觉得执著、坚守大学精神的基本理念是必需的,特别是在比较浮躁的社会环境下,能够坚守大学的优秀传统和一些超越性的理念是必需的。当然,还要不断创新,因为大学精神是一个活的、生动的过程,是一个历史形成的过程,所以又不断有着新的东西。就目前来看,创新不足,坚守也不行,有很多学校存在这样的问题。

第三,理性与激情相统一。大学精神的培育过程、形成过程是一个充满着理性追求的过程,同时又需要激情,就是说大学精神表现了一个大学的活力。马克思说,"激情是人追求自己目标的本质力量的显现。"列宁说,"没有激情,就不会有对真理的追求。"所以说,在培育大学精神的过程当中,理性和激情缺一不可。就目前看来,可能更为需要看重的是理性,因为浮躁的情绪现在在一些大学也是比较普遍的,在这种情况下,理性的东西更需要我们去多加关照。

第四,有所思考与有所作为相统一。现在关于大学精神说得也不少,包括我在内,说起来都慷慨激昂,怎么做才是根本?大学精神不仅表现在理论上、概念上、命题上,更重要的是表现在大学和大学人的实践当中,以及全体教职工的具体行为上。大学精神要坚持真理,大学人具体在学术实践和工作实践当中是不是坚持真理啊?敢不敢坚持真理?有没有能力去探索、去认识真理等等!所以,不仅要有所思考,更要有所作为。在我看来,在有所思考方面,我们做得不够,在有所作为方面可能更不够。如果光说不做,或者说得多做得少,说得好,做得不那么到位的话,大学精神的真实性就会受到质疑。哦,大学精神说了半天,就是学校领导、专家教授的一些慷慨陈词,大家实际并没有那样去身体力行,这不行!

第五,合规律性与合目的性相统一。合规律性是说培育大学精神要合乎教育规律,合乎高等教育的发展规律,合乎大学的发展规律,也合乎大学精神的成长规律。不是人为的,大学精神不是人的头脑当中的创造物,它是在长期的办学过程当中,合规律的产生出来的,形成起来的。同时,我们又不能听之任之,大学精神是我们有目的的,并按照我们的目的去自觉主动地加以培育的东西。我们要坚持以人为本的理念,按照我们的理想目标,通过我们办学过程当中的各种行为和各种宣传教育,有意识地使大学精神能够形成这样一个既具有普遍性,又带有学校本身特色的,为大家所公认的,而且形象又比较清晰的一个东西。当然这需要一个过程,所以说合规律性与合目的性相统一,即不能强力而为,人为地去合,甚至搞一些应时的口号,今天提这么一个精神,明天提那么一个精神。你看校训吧,千校一面,很雷同,到现在郑大也没敢提校训,现在想不出好词来了,想个词人家都用过了。什么奋力拼搏啊,不畏艰险啊,什么开拓创新啊,都不错,但都是空洞的抽象口号。这与大学精神相去甚远。大学精神实际上是一种无形的,但是大家都能够感觉到它的温度,是一种有质感的东西。

第十章 谈谈大学管理与班子建设问题

河南大学原校长　王文金

大学管理与班子建设是互相联系的两个问题,也是很复杂的问题。说实话,我根本没资格、没水平、没能力谈这类问题。但鉴于健燕书记、小建校长的诚挚邀请和我对贵校的至深感情,尽管我无能力来谈这类问题,又不好推辞不谈。今天座谈的首要针对性问题就是两所学校融合后的运作与管理的问题;其次要连带涉及谈点班子的自身建设问题。这两个方面的问题,我都无法讲得很具体,恐怕很难有借鉴意义。比如说,两校合并组成的新大学,与当年的郑大、河大的情况都不同。郑大是三所普通本科学校的强强融合,河大是一所老本科学校与两所专科学校的融合,贵校则是两所不同办学体制的学校的融合。原有的两所学校都是正厅级,但一所是成人高校的办学体制,一所是普通本科学校的办学体制,虽也是强强联合,却具有与郑大、河大不同的特殊性。两种不同办学体制的学校组成的新大学是符合国家政策的,也是完全符合条件的,但在合并融合初期困难又相对大一些。这样,我就只能结合我的体会、学校管理以及学校初期融合的问题,归纳成五个问题来谈谈。即:

一是强化大局意识,避免分散与内耗的弊端。

二是强化学习意识,明确自己的办学导向。

三是强化定位意识,明确学校与个人的位置与责任。

四是强化制度管理意识,养成依法依规的办学、议事习惯。

五是强化个人行为、素养意识,形成和谐共融的局面。

在未谈这五个问题之前,我先简要提提合并新建大学后所面临的三项工作:第一项工作,尽快实现实质性的融合,做到各安其位,各明其责,各办其事。在这项工作的进程中,也许有某些问题暂时还不好解决,不好解决的问题就先放一放,不要因个别具体事情,影响整个融合工作的进展。第二项工作,制定统一的规章制度和学校的发展规划。制定规章制度与发展规划,可以是两套人马,同时进行。制定学校的发展规划时,要开展一些讨论,做好必要的准备工作。这项工作要尽快着手,学校的发展思路理不出来,会影响学校发展。第三项工作,在上述两个工作的基础上,集中精力抓学科建设。这是学校各项建设的龙头。学科的本质含义是学术的,一所大学的学科建设、学术水平上不去,就无法谈到整体质量。下面我就与大家谈谈上述五个问题。

一、强化大局意识,避免分散与内耗的弊端

什么是大局?大局就是党和人民的事业,大局就是培养好人才,大局就是学校的利益与形象。大局是和谐发展的基础,我们都是大局中的一分子,大局不好,每个人都没有依托,所以我们人人都要讲大局,讲大局就是树立整体观念。

河南财经政法大学的同志都必须明确,我们现在面对的大局就是河南财经政法大学。原来的两所学校都不存在了,谁再说我是财院的、谁再说我是政法管理干部学院的,就是脑子里没有大局观念。当务之急的工作是尽快进行实质性的合并、融合,如果大家的立场和角色不及时转变,将来工作就会处处掣肘,在大事小事上都可能有不同的声音。这样就会使许多工作进行不下去,就会出现分散内耗的弊端。在这一点上,我觉得健燕书记、小建校长,在

事事、处处以及在大会小会上都要强调。现在学校领导班子的任何人，都不代表原有的学校，都是河南财经政法大学的领导，代表原有学校说话的现象，是绝对不能允许的。在任何时候，都应强调这一点。作为一位校级领导，讲大局是基本的素质，说话、办事、办学，必须有这个大局意识。大局稳定了，学校上下团结了，就不会出现散乱现象。否则，如果出现上下结合，最后非乱套不可。

这一点我建议要向全校中层、甚至包括全体教师都要讲清楚。大家若不明确这一点，今后遇上某个事情出现分歧的时候，就可能有人会说："哎呀，咱不合多好啊，合了我反而吃亏。"实际上如果真不合，要吃大亏。现在遇到问题，大家心平气和地商量解决，不要说不利于团结的话，应该把这作为一条纪律讲清楚。校级和中层两级领导，都应讲大局，万一出现了什么问题，决不搞上下结合的小咕噜。现在大家确实都面临着如何作好新大学人的问题，立场、角色都应该尽快地转换过来。不论什么时候，大局意识是前提，是个最基本的观念。当然在处理具体问题时，还要做到公平、公正、公开，出发点是如何对事业有利，不是搞平均分配。公平、公正、公开，更要看是否对事业有利，是不是符合政策和道理，这是衡量公平、公正的标志。公平既不是平均分配，又不是只对原有某学校和某个人有利，而是对整个学校有利。学校在融合的初期，首先碰到的一个问题，就是相关人员的安排问题，特别是中层干部的安排问题。另外一个问题就是部门和院系等机构合并调整问题。比如说这两个系合起来，就遇到谁当系主任的问题，在这种情况下，对原有系领导正职也可以采取不同的分工办法，似乎可让一个正职偏重于领导搞规划，另一正职就偏重于抓这个系里全面的行政工作，系里大事集体开会讨论。机关、院系可以根据工作需要适当建立临时机构，从过去合并组建的新院校情况来看，在初期设立一些临时机构的做法可以借鉴。临时机构运转到一定时候，任务完成了就可以撤并;也可以根据学校情况,增设一些新的常设机构。尽快融合,统一领导,工作活动在一起,一个新集体就形成了。根据新河大的经验,半年时间就没有这个界限了。干部问题,以后慢慢再调整。

总之,融合过程时间越长,舆论就会越多,最后矛盾就会越多。如果不顾大局,仍然是块块观念,是办不好事情的。所以我觉得要避免分散内耗的弊端,就是讲大局,尽快融合。讲大局要有团队意识,要有协作意识。在这一点上,各级领导要带头,同时要求上上下下都要有一盘棋的思想。每个分管校领导,不管你分管哪个工作,想问题、办事情都要从全局出发,这样才有利于促进学校的发展。有利于全局的事情要主动去做,不利于全局的事就不想不做,大家心往一处想,劲往一处使,这样就能把这个学校办好。

实际上,一个人再有才能,也必须有施展才能的平台,大局就是施展才能的平台,团队才有力量,一个人跳独角舞,决然跳不成。讲大局还要重视协调,只有重大局的人,才重视协调,不讲大局的人肯定不讲协调,协调有内外上下之分,都要搞好,尤其要搞好内部协调。书记、校长要搞好协调;书记、校长要与副手之间搞好协调;副手之间也要搞好协调。

在协调中,需要运用刚柔并济的方法,但协调不是妥协,协调是为了和谐前进,是为了进一步地把事情办好,达成共识才是协调的目的。有人说会协调是高情商的表现。我上一次在财院讲大学理念的时候,提到过情商和智商的问题。心理学家研究表明,一个人事业的成功,智商只占20%,情商却占80%,协调能力,就是高情商的内容之一。要与人搞好协调,我们首先要协调好自己,正确地认识自己,我们的看法都不正确怎么去协调别人呢?我们自己都不能办的事情,怎么协调别人去办好呢?"能认识自己和了解他人的感受"是协调的基础。在协调中、在人际交往中,"能很好地控制自己的情绪"十分重要。有时候情绪控制不住就会留下遗憾,甚至带来无法挽回的损失。为什么要协调呢?就是原有双方沟通不够,或原有双方的想法不周全,经过协调,使它更完善、更周全。如果协调得好,难事可以化易,大事可以化小;不协调,易事可以变难事,小事可以变成大事。因此,我们在工作中尽可能地把协调工作做得圆满一些,不要怕费时间。多协调,也是尊重他人的表现。要尊重他人,就不能摆架子。人是有架子的,没有架子,你怎么立得起来呢?但这个架子是躯体的架子,不是官架子。官架子不能摆,摆了就不值钱。摆架子,人家表面对你很客气,实际上人家看不起你,人家不愿意与你接近,知心话也不愿意给你说。要人服不凭摆架子。个人的才能、谈吐、气质都是出于自然的,"腹有诗书气自华",故意装不行。搞好协调,还应注意不要自显其能,有没有能力,不是凭自己说的,而是通过处理事情、做好工作,别人自然给你评价。真正有本事的人不说自己有本事,大智若愚就是这个道理。

二、强化学习意识,确立自己的办学导向

高等学校的管理,它与单纯的行政管理不同,有其自身的规律和特点。行政管理,从中央到地方,主要是对外的,比如说省教育厅领导着全省的高校和中小学,都是对外的。发布政策,发布规定,布置工作,那是对外的。高校的管理主要是对内,当然高校与社会交往是对外的,但那也是由内到外。高校内部的管理体制和模式,就是党委领导下的校长负责制,这和厅局不同,和国外的大学也不同。厅局的管理,就是厅长、副厅长负责,它虽然也设党组,有党组书记,但两个职务一肩挑。

大学管理的特点一是线,二是块。从校级领导一直到基层,这叫线,是纵向的。块是横向的,有许多平行的单位或部门。党委领

导、校长负责,然后权力逐步下移,这又是一个特点。下移到哪呢?下移到下面的线和下面的块。而且是线中有块,块中有线,好比说党委这是一条线吧,线中有块。校长下面几个副校长,一分工就形成了块,这个块下面又有线;书记下面有几个副书记,一分工也是块。党委副书记所管的部处,这是个块,可是这个块下面又有线,下面的部处就是线,一直到辅导员。最后形成的是什么情况呢?层层负责,层层都有权力,层层都有责任。

要想在这种管理的模式、体制下把工作运作好,怎么办呢?这就是我要谈的第二点,即要强化学习意识,明确大学的办学导向。学习哪些方面的内容呢?主要是以下三个方面的内容:

第一要通过学习弄懂弄通什么是大学,这是一个关键问题。就教育学科来说,它本身是一门科学,它包括的内容是教育原理、教育哲学、教育心理学、教育技术学、课程论、教育统计与测量等,这就是教育学科的全部内容。我们作为管理层,不必对这些教育学科的内容都去精通,大致有个了解就行了。但是,根据各自学校的类型,必须有针对性的学习。例如贵校是大学,什么是大学?大学是干什么的?怎么管理大学?这几个问题都必须通过学习搞清楚。

我去年在财院讲大学理念时,基本上回答了上面三个问题。关于什么是大学?我除解释了大学的含义外,我还说大学是以学科建设为龙头的。接着我又阐述了学科发展的由来及本质含义。我认为"学科的本质含义是学术的,大学是以学术为导向的"。大学要讲学术立校。这里我再引述山东大学校长徐显明同志对大学含义的阐发来印证我的看法。2009年他在新学期工作会议上这样来解释大学:大学之道,首先在大德,一个大学有大德,才受人尊重,主要表现在大学里面有大爱,要能够承担国家和民族的责任,对物质利益有正确的态度。要有大德,有大德你才有大爱,有大爱,你才能为国家民族负责,你才能对利益有个正确的态度,这是第一个"大"。其次大学之大在于大学问。社会解决不了的问题,要在大学里能获得答案。这个大学问里还包含有大思想,大学是产生大思想的地方,大学的魅力即在于它是学术渊薮,是学术摇篮。把大德和大学问集在一起的人,才能叫做大师,这是第二个"大"。最后大学之大还要有"大树"。这个大树不是指植物,而是指学校的优良传统,也可以称作大学的学统。

大学的"学"怎么理解?首先是学府,不是政府,也不是食府,更不是企业。政府内的最高权威始终是上级,命令与服从是基本模式。企业的价值是以利益为导向,利益决定一切。而学府的特征是以学术为导向,谁是学府的最高权威呢?应该是学人,即一部分是学者,另一部分是学生。学人、学者、学生所从事的活动都叫学术。而学术的最终标志是形成学科,这就是大学的"学"字。我们讲学术本位,学术立校,就是要用学术的标准和尺度,让学人、学者、学术受到尊重,使学科立于中心地位。以上是徐显明校长对大学的阐述。我希望贵校将一切关系理顺以后,就要集中精力抓学科建设。从这个角度看,如果全校上下通过学习,进一步明确什么是大学,怎么才能办好大学,今后办学的指导思想就好统一了。大学在今后的办学中,要逐步明确两个问题:第一,要进一步明确政府与大学之间的各自的权力;第二,要进一步明确学校行政与学术之间的各自的权力。今后的大学要逐步规范行政权力,强化学术权力。有的人发表文章说:"我国的大学沿袭了行政权力占主导的管理体制,这种权力高度集中的管理体制,一定程度上纵容了行政权力的扩张。"那么怎么进行改革呢?第一,要优化大学的权力结构,要规范行政权力,加强学术权力,适当扩大下放院系的自主权,要科学分解行政权力。第二,要强化学术权力,建立大学的学术评议会,实现行政权力与学术权力均衡分配的二元权力结构。通过政教分离,达到确保学校学术专业化的目的。第三,要大力构建学术自由的核心价值体系,学术自由是大学的办学原则。在这种情况下,要靠政府恢弘的政治自信,为高校创造学术自由的环境和空间。同时高校自身要有浓厚的学术意识,宽宏的学术胸襟,不懈的精神追求,恪守学术道德,摒弃门户之见、学术霸权、学术寡头,克服学术研究功利化、政治化、宗派化、等级化的现象。以上我谈了,大学是干什么的,就是以学术为导向。

第二要通过学习掌握大学管理方面的基本理论和常识。

第三要通过学习把握国内外大学发展的动向与趋势。

我觉得通过学习,不断明确、了解以上三个方面的问题,就能不断地调整自己的办学思路。这是我讲的第二个方面,强化学习意识。

三、强化定位意识,明确学校与个人的位置与责任

关于定位问题,我想谈两个方面:首先谈办学定位,然后讲班子定位。

所谓办学定位,对待一所新生的,或者新组合的大学至关重要。定位,它有定向导航作用,也有凝聚全校所有师生员工的作用。如果没有明确的定位,就会让别人对这所学校没有概念,定位包括八个方面的内容,但结合贵校的情况,当前主要是做好六个方面的定位。第一个定位是发展目标定位。第二个定位是发展思路定位。发展目标定位和发展思路定位,虽然要分开说,但这两个定位是相联系的。第三个定位是学科结构及发展重点定位。这个定位很重要,要下工夫定好。第四个定位是特色定位。特色定位一定要选准,特色定位与重点定位也是相联系的。特色是学校的名

片,有特色,学校就有知名度。没有特色,这个学校也就没有名气,当然特色有个形成的过程。第五个定位是培养目标定位。第六个定位是学校的水平类型定位。贵校当前是教学型的?还是教学科研型的?发展到五年以后,是不是科研教学型的?要分不同阶段来定位,要根据学校的实际情况来定位。北大、清华水平类型定位是研究型的学校,我们要根据自己的水平来定。以上这六个定位,如果一旦定妥,办学指导思想就自然形成了。形成的办学指导思想是对这六条定位的浓缩、压缩。定位也是搞好规划的基础。

除了学校的办学定位之外,还有个党政班子和班子成员的定位问题。这个方面的定位,从某种意义上来说,甚至比办学定位更重要。班子容易在两个方面出问题,一是谁管理多,谁管理少,谁说了算,谁说的不很算;二是应当管的、应当沟通的,不管不沟通,即使是应当管的大事,不去沟通也容易出问题。

个人的定位,大到工作,小到为人,绝不可忽视。定位如果搞不好,就容易出现占位、移位、错位、乱位现象。所有的问题都出现在占位、移位、错位、乱位上,这是几个关键点。首先是党委与校长的定位。党委、校长的定位,不是我说的,我也没这个资格与水平来说,但这个问题又不能回避不说。党委、校长的定位,已经有法规可依:一个是《高等教育法》,一个是省委颁布的高等学校党委领导下的校长负责制的文件。当然,有了法规,有了文件,并不是说就不会出问题了,还有个执行落实的问题。《高等教育法》第39条规定:中国共产党高等学校基层委员会,按照中国共产党的章程和有关规定,统一领导学校工作。支持校长独立行使工作。党委是个集体,其决策形式是民主集中制。党委应管的工作,在这一条里也说得很明确。第一是统一领导学校工作、把好方向;第二是领导学校的思想政治工作和德育工作;第三是讨论决定学校内部组织机构的设置和内部组织机构负责人的人选;第四是讨论决定学校的改革、发展和基本管理制度等重大事项。最后的落脚点是"保证以培养人才为中心的各项任务的完成"。

《高等教育法》对校长的职责也说得很清楚,就是第41条规定的那些内容。校长的第一个职责是全面负责本校的教学、科研和其他行政管理工作。因此,教学、科研和其他行政管理方面的具体工作,党委不要过多地去管,让校长去独立行使职责。当然话又说回来,大事必须通过党委讨论决定后,才能行使。校长的第二个职责是组织教学活动、科学研究和思想品德教育。校长的第三个职责是拟定内部组织机构的设置方案,推荐副校长人选,任免内部组织机构的负责人。校长的第四个职责是聘任和解聘教师以及内部的工作人员。对学生进行学习管理,并实施奖励或处分。校长的第五个职责是拟定和执行年度经费预算方案,保护和管理好校产,维护学校的合法权益。最后一条就是学校章程所规定的其他职权。我觉得《高等教育法》的第39条和第41条对党委和校长定位,已经说得够清楚了。除了《高等教育法》以外,还有省委的文件,我相信省委文件中对党委与校长的定位会更明确、更具体、更有操作性。只要我们都做到依法依规办事,不是凭感觉办事,就会把事情办好。

再谈谈书记和校长之间的定位。在党委内部书记与副书记是有别的,但单纯就书记与校长两人之间的关系,不是领导与被领导的关系。但是,我们也应明确,书记是党委的班长,校长对书记应有更多的尊重。当然校长尊重书记,书记也自然会尊重校长。尽管书记和校长两位各自的职责不完全相同,但两个人从工作定位的角度看,都是谋划者、决策者、指挥者,绝不能做事无巨细的操作者。一旦变成操作者,书记、校长的定位就偏了。什么都管,也管不了;什么都管,别人就架空了;什么都管,他们也腾不出时间去谋划大事,结果大事耽误了,小事没办好,最后还落埋怨。应该是大权总揽,小权分散。总揽不等于独揽。小权分散了,便于调动其他人的积极性,分散又不是大放手或不要总揽,是在总揽下的分散。我觉得还是毛泽东主席说得好,主要领导就是出主意、想办法、会用人。实际上什么事都管,对一个人来说也不擅长。一个人不可能是全才。书记、校长的长处在什么地方呢?就在于谋划、决策和指挥上。我在这里引用刘邦的一段话来说明善于用人之长的好处,刘邦是这样说的:"夫运筹帷帐之中,决胜于千里之外,吾不如子房。"这是什么意思呢? 子房即张良,刘邦说,在谋略策划上,我不如张良。接着他又说"镇国家,抚百姓,给馈饷,不绝粮道,吾不如萧何。"大家都知道萧何,他是西汉的开国宰相。刘邦说,在打仗时筹集粮草,能够做到源源不断地供给军用之需我不如萧何。再接着他还说"连百万之军,战必胜,攻必取,吾不如韩信。"其意思是说,在打仗上他不如韩信。最后刘邦总结说:"此三者,皆人杰也,吾能用之,此吾所以取天下也。"刘邦能得天下,在于用了以上三个人的长处,我们也必须用别人的长处补自己的短处,把学校办好。

我任校长的时候,我的四位副校长各有所长,在许多方面都比我强。我在分工中和工作中尽量发挥他们的长处,在处理与他们四位关系时我坚持了以下四条:

第一,既然是分工负责,就让他们有职有权,让他们各显所长,把工作做好。为此,我向他们建议,对于各位所管的工作,我只要结果,不问过程。什么道理呢?工作过程的事是他们自己的事,看他们自己的处理能力,看他们自己的政策水平,看他们自己把握的尺度。过程不要干预,但要结果,结果就是工作完成的情况。

第二,我不直接对部、处,只对副手。什么道理呢?如果我直接对部处布置工作,主管的副手就不好办了。但是部处和院系来谈工作、谈思想我还得认真听,不能拒绝。听了以后,属于副手分管的工作,我也不能随便表态,应该让他去向主管领导汇报。如果我事事表态,就把副手架空了。

第三,当副手遇到工作上的难处时,特别是涉及全局性工作难处时,不能撒手不管,要出面帮助或者为他挡驾。

第四,要求副手之间,可以多协作,但绝不能移位。你不能种别人的田。我当时处理与副手之间的工作关系就这四条,不一定正确,仅供参考。这是讲正手如何对待副手,反之,副手对正手,也应有必要的尊重,这也是一个基本要求。以上这些都涉及个人工作定位问题。

四、强化制度管理意识,养成依法依规办学、议事习惯

我的体会,学校的内部管理是以人为主导,以制度管理为依归。制度建设是大学文化建设的三个内容之一。大学文化包括三个内容:一是精神文化,二是物质文化,三是制度文化。一所成熟的、文化底蕴深厚的大学,制度建设必须是合理健全的。

制度建设的内容包括三个方面:一是决策设置及职责。它包括决策机构、决策形式、决策什么性质类的问题等,这是制度建设的第一个方面。第二个方面是运行程序。它包括议事程序与规则,规则程序不能乱,一乱就全都乱了。第三个方面是教学、科研、人事、学生及日常管理等方方面面的具体制度。一个成熟的学校不是依靠某某领导表态才能办事,而是依法依规办事。主要领导人如果不在家,日常工作照常运转,而且运转有序,运转正常,不停滞,不等待,不依赖。如果要是等待、依赖、停滞,说明这个学校的人治太强,人治过强是不利于决策的,也不利于民主化、科学化、规范化管理。如果是校长会,正校长不在家,他可以委托某个副校长主持工作,也可以开校长会。如果是党委会,书记不在家,他(她)

委托某一个副书记,也可以开,校长是党委委员,又任副书记,受书记委托也可以主持开党委会。以制度办事、依运转程序办事,工作就不会停滞,也不会出乱子。

教学、科研、人事、学生,各个方面的具体制度,有一个逐步完善的过程,很难一步到位。但是决策设置和运转程序,班子建立之后就要定好,否则不好开展工作。这些方面我建议各位领导,提示中层,要求中层,即部、处、院系也应该按制度、按程序议事、办事。

五、强化个人行为素养意识,形成和谐共融的局面

我觉得强化个人行为素养意识,形成和谐共融的局面至关重要。其他上面四点说得再好,没有这一点还是不行。领导者万人瞩目,自己的行为、言谈、举止、趣好都是外露的,不约简自己,不提高自己的素养,就会影响自己的形象,更会影响工作。在这方面,我想谈三条体会,以就教于各位。

第一,做个正直、正派、诚实、可信的人。要正人先正己,正己先正心,要正自己,先把自己的心摆正。高校虽不是官场,但我们都是从政的人。政者正也,这个"政"字在古代与"正"字是同一个字。从政就要正,如果人不正,心不正,别人就不会信服我们,我们对别人不玩心眼,别人就不会远离我们,而且会与我们说真心话。苏轼有一首题为《鱼》的小诗,可以帮助我们理解这个道理。诗为:"湖上游鱼子,初生不畏人。自从识钓饵,相见更无因。"意思是说湖边上游动的小鱼仔,开初时它是不怕人的,自从有人用钓饵钓它以后,再想见它就不容易了。这就说明什么呢?说明它被玩弄过,它识破了人的用心,所以它远离人,为人也如此。古人说,玩人如玩己,聪明反被聪明误,就是这个道理。咱们都是小人物,千万不

要用术,术是雕虫小技,终不能成大事。凡成大器者,大心胸者,都不用术。自己觉得聪明,别人比你更聪明,山外青山楼外楼,能人之上有能人,用个小术,人家一眼就看穿了。大人物不用术,君王就不用术。大人物、大心胸者、君王不用术,那他们怎么办呢?他们用的是谋略、战略。凡是战略家、策略家、谋略家,他们都不玩人,他们是公开的,所用的策略也是公开的。凡是术都与"阴"字相联系,所以我们不能用术。

我们做领导的,不管正手、副手,虽然都不玩术,但是我们必须有智慧、有能力来识破个别人的小术。这一点我觉得也很重要,我们要识透别人的小计、小权术,用一个战略、谋略扭转乾坤,使他的小术鸡飞蛋打。这是我说的第一点体会,做一个正直、正派的人,做一个诚实、可信的人。

第二,要把握好处事做人的分寸。分寸就是把握度,度不够、度过了,结果就会出问题。不及,火候不到;过了,过犹不及。要把握这个度,这是大学问,反映一个人的素养和能力。财、色、酒、气人人都需要,但也要有度;名利人人都要,也要有度。一个人说我不要名利,这是假清高。把握这个度就是不要太刻意,不要太贪求,不要太过度,要留余地,而且得之有理,受之有据。留"余地"很重要,这个"余地"是自己转换的空间,也是别人转换的空间,没有转身的地方,非碰到南墙上不可,所以不要太刻意、太贪求,要把握好分寸。我引述两个人论财、色、酒、气的诗,供各位参考。第一个人是这样来看待财、色、酒、气的:"财是下山猛虎,色是刮骨钢刀,酒是穿肠毒药,气是惹祸根苗,看来四字无用,不如一笔勾销。"第二个人说,你的看法不对。于是也写了六句诗:"无财不成世界,无色路断人稀,无酒不成礼义,无气反被人欺,看来四字有用,劝君量体裁衣。""量体裁衣"就是把好分寸、把好度。工作和处事都要有分寸,都要有度。例如"果断"与"等待"、"严格"与"宽容"、"放"与

"收"等等,都要把度把握好。

把握不好度,说明这个人持事无德,持事无能,在把握度和坚持原则的前提下,还要把这个事情转圆。地球就是圆的,事情也要转圆,又要做到圆而不滑。要和谐,但和谐不是一团和气,不是不讲原则。要和而不同,不同是正常现象,但"和"是前提,不要因为"不同"伤了和气。

第三,凡事要看淡一点,看开一点。所有的事,都要看淡一点、看开一点。要有宽人之心,容人之量。淡有好处啊,看淡点,食物太咸了,兑点水就淡了,淡可化浓。太浓了不好,化不开别人,也化不开自己,最后落得自己苦恼!看开点有什么好处啊?看开一点,开可克闭。一闭塞自己难受,别人也感到难受。所以有人用两句话作座右铭:"以入世的态度做事,以出世的态度做人。"办事要入世,要有儒家的进取精神,治国平天下,认真干,好好干,要入世,要进入这个世界,进入我们所担负的工作境界,以入世的态度做事;只有这个还不行,还要运用道家的思想,以出世的态度做人,走出这个世界,要有点解脱的思想。工作一天,有苦恼,然后一回家,肩膀头一甩,完了,不想了,明天再说,洒脱一些,何必自寻苦恼呢?烦恼没有用,自我调节,达到心理平衡。

宽人之心,容人之量,是指态度和胸怀而言的,古人说,"要有自查之明",不自查,不知道自己的对错,也就无法宽人。要有宽人之心,容人之量,不要过于追究。过于追究,"也许天下无可用之人",一个人,犯点小错误,一直追究到底,追着不放,就是不能宽人、容人。有人说:"做领导的,看不到下级的缺点,会用错人;但老盯着下级的缺点,就会没人用。"这两句很值得我们深思。

未及细虑,又限于水平,拉拉杂杂,谈了以上这些,错误一定很多。但我是把自己当成河南财经政法大学的一员来谈的,说错说对,我想各位是会包涵的。

后记

实施学术兴校、质量立校、特色名校、人才强校、制度治校,努力建设特色鲜明的财经政法大学
——在学校发展中层干部研讨会上的讲话

河南财经政法大学校长　李小建

今天我们召开的是个研讨会。所谓研讨会,它不同于一般的工作会议,所以大家可以针对会议主题各抒己见、畅所欲言。我作为第一个发言人,主要起一个抛砖引玉的作用,谈一谈自己的看法,然后再听听大家的意见。

围绕"大学发展"这个主题,我们举办了"高层论坛",请了10位大学的领导作报告。这些报告从不同角度给我们以启迪,我自己从中受益良多。通过学习这些报告,结合我自己十年来对大学管理的思考,我想就"学术兴校、质量立校、特色名校、人才强校、制度治校"这20个字,从办学理念和发展机制两个层面,谈一谈我自己的一些认识和体会,与大家交流,请批评指正。

一、学术兴校是大学的办学理念

中国的大学是在十分特殊的环境下发展起来的,尤其是最近几十年来,大学的增长和环境间存在着十分特殊的关系。具体表现在以下四个方面:

第一,短期内快速增长。1978年全国有高校598所,2009年增至2305所。30年增加了近4倍,尤其是2000年到2009年,9年增加2倍。河南,在20世纪80年代初仅有10所高等院校,仅有1所大学(郑州大学),而现在发展到8所大学,40所高等院校,增加了4倍。

第二,大学发展不是市场推动的结果,而是政府主导的结果。大学应该是社会需求下逐步发展起来的,而中国主要是政府控制下的发展,社会需求到一定程度,再打开闸门快速发展,不是涓涓细流逐步汇集,而是大坝型。如1963年到1978年由434所增加到598所,1978年到1985年增加至1016所,到2000年基本稳定到1041所,到2009年又增至2305所。

第三,与政府主导发展相应,大学的发展与大学发展规律并不完全适应。尤其是多数高校不是逐步梯升的结果,而是外部指标的简单加法,各种指标凑够就升一档次:中专—专科—本科(学院)—大学,但内部氛围、管理理念、学风、教风都难以随之发生突变。

第四,快速、奇特的大学发展中,出现了中国大学的一些特殊现象。(1)大学的社会定位中,大学的普世特性突出不够。社会并没有认识到大学是一种特殊的社会组织,必须以这种特殊组织的特性来确立其社会地位,引领社会发展。更多的是把大学作为准行政机构,接受和完成好政府下达的各种指令和要求。(2)大学内部行政化、衙门化突出。通过社会的影响(中国就是官本位突出的社会),大学内部具有非常清楚的官阶,许多事情是围绕官阶,而不是围绕学术。这一点,在二流、三流高校更为突出。许多管理者认识到这一点,也无能为力。(3)大学的管理者多为低一级学校的原班人马。(4)大学本质、大学理念并不被全面理解。大学应该利用其特殊的创新学术来为中国特色的社会主义建设作出贡献。但办学者、管理者多凭自己过去的经验来管理大学,并不强调围绕大学本质管理的特殊性。

在这种背景下,我们作为刚刚建立的大学,很有必要探索大学本质和大学理念,尤其是其普世的特点。因为办学理念引导着大学的管理,支配着大学的组成个体的行为,对大学的发展至关重要。那么我们的办学理念是什么呢?我们可以通过对大学的理解来分析。

汉语的"大学"原指古代的一种学制(古代有"小学""大学"之分),延伸之意为青年和成人读书的场所。关于大学精神的阐述,最早表现为"大学之道"。"大学之道"包括修身立德,致用亲民;前者即格物致知而诚意正心,后者为齐家治国而平天下。由此引申,国人对大学理解强调三点。

第一,"大学之大"首在大德。因为"大学之道,在明明德,在新民,在止于至善"。明德、新民、至善都是德的要求。一个大学有大德,才受人尊重,这个大德表现在哪里?第一,大学里面有大爱。杨福家院士认为,"大爱"十分重要,大爱是指一种宽松、宽容的环境,一种以人为本的爱心。有了大爱,才能请得来、留得住大师,才能孕育创新性成果,才能在学者头脑中点燃创新的火种。第二,能够承担国家和民族的责任,忠于国家,忠于人民。第三,有一个对待物质利益最正确的态度,甘心为真理奉献。所以,大学是高雅的,不是世俗的。河南财经政法大学要办成一个有德性的大学,我们处在中原之地,有这样的传统和优势。

第二,大学之大还在于大学有大师。大师是兼具大德和大学问的人。著名大学是大师的摇篮,是大师的集聚地。具有大师的大学才是民众羡慕和向往的大学。大师具有大学问,能够引领社会的发展。

第三,大学还要有优良传统和大楼。一所大学一定要有一个优良传统并且要持续地维护它。同时,大学还要有大楼。30年代,著名教育家梅贻琦先生说:"大学者,非谓有大楼之谓也,有大师之谓也。"那句话在当时是非常有道理的,但发展到今天,却需要改造。优秀的大学一定是要有大楼。大楼是指能够使学者生存下去和能潜心为学的物质条件,使学者能够进行前沿研究的科学仪器设备等外在的物质条件。大学没有大楼就对不起学生,对不起大师,也很难产生大的科研成果,大楼就是教学科研条件和生活条件。

在近代和西方交流以来,西方的"university"被对应译为"书院"、"大学堂"、"大学校"等,民国以后"大学"成为正式称呼。1895年中国成立第一所大学(北洋大学堂)。中华民国成立后,效法的是美国的大学制度;中华人民共和国成立后,转为全苏式教育;1978年以后,逐渐引进美欧大学教育模式。所以,大学与西方的"university"既对应又有别。

英文中的"university"是由拉丁文 versus(趋向)和 unum(一)合成,是"合众为一"的含义。可见西方的大学是"知识分子"集结的地方,是这些先知先觉之士"坐而论道"之处。它的基本特征是学术共同体。西方现代大学的核心是大气:坚持真理的志气、骨气、正气,自由讨论之风气,质疑前人之勇气。

综合中外大学的特性,应该强调大学是学府,不是政府,不是企业。政府内的最高权威是上级,命令与服从是基本行为模式。它的价值寻求是唯上的,只要有命令出现一定要服从。企业的价值以利益为导向。在企业中,谁是最高权威?谁的股份最多、谁的资本最多,谁就具有最高的权力。而学府的特征是以学术为导向,谁是最高权威?应该是高水平的学术,是真理。谁学术水平高,谁具有真理,谁就是权威。

大学的发展最主要的是学术的发展。一所大学能否被社会认可、能否获得较高的社会声誉,并不取决于它的规模和校舍,而更多地取决于大学的学术水平、所拥有的知名学者、所取得的丰硕的学术成果以及它对社会发展实际产生的深远影响。学术是大学凝聚学者、服务社会的基础,大学的发展只能通过学术的发展来实现。

正因为如此,我们认为,学术兴校是大学的普世办学理念。

学术之于大学的重要性,我们可以理解为以下四句话:

一是学术为魂。如果把大学比喻成有生命的人,学术就是一所大学的灵魂,是大学生命力的核心体现。没有学术大学就没有生命,更没有大学的成长和发展。学术是大学的生命赖以成长的基础。看大学的水准和品位,要看人们对学术的态度,要在大学营造"追求学术"的氛围。对学者本人来说,自主之人格、自由之精神就是他的品位。而对管理者来说,则要尊重学者的人格和崇尚学者的精神。追求学术不仅仅是学者的事情,也涉及管理层能不能营造这样的氛围,提供这样的条件。当以追求的精神对待学术时,学术的目的就是高尚的,而不是功利的,这时候才有灵魂意义。

二是学术为本。学术是大学的根本特性,是有别于其他社会组织的本质标志。学术使得大学不同于其他的组织,不同于政府,不同于企业,不同于医院,不同于其他的事业单位。大学是为"学术"而存在,"学术"是靠大学而发展和繁荣的,两者之间关系非常密切。"学术"使大学不同于其他机构,同时,"学术"又使大学之间出现差异。"学术"是大学的生命力、竞争力、影响力的集中体现,大学之间的竞争归根结底是学术的竞争。所以说学术是大学的立校之基、发展之本、力量之源。

三是学术为纲。学术处于学校工作的核心地位,抓住了学术,就抓住了核心,其他各项工作都必须突出学术、服务学术。学术贯穿于本科生教学、研究生教学、科学研究、技术发明、科学普及以及所有为此而进行的管理和服务之中,是以上办学行为的纲领。纲举目张,学校要科学发展,必须走靠学术聚人才、以学术保质量、借学术育特色、用学术促管理的良性循环、持续发展的道路。

四是学术为上。大学要对学术有崇拜之心、敬仰之心。要敬畏学术事业,敬重学术大师,推崇学术权力。大学的兴旺发达是以大学的学术实力为基础,如果大学放弃对高深学问的追求,就有被其他机构代替的危险;当大学处于学术的权威地位时,也是大学最有能力抵御外界控制与压力之时。所以,大学必须维护学术的尊严,坚守学术质量,创造学术权威,矢志不移地进行文化的传承和文明的传播。我们在上面讲到"学术为魂"时用"追求学术"这个词,就意味着要对学术形成信仰和崇拜。

所以,我们要确立"学术兴校"这个办学理念,以"学术"这个指挥棒统领学校的各项工作,依靠学术来提升学校的办学层次和水平。这是个普世的观点,在"学术兴校"这个基本理念下,不同的学校、同一学校不同的发展阶段应有不同的理念特点。在我们大学刚刚成立阶段,应该首先确立这个最基本的大学理念。

二、质量立校、特色名校、人才强校、制度治校是大学的发展机制

发展机制对办学起着保障的作用。它是一所学校在较长一段时期内不断发展、持续发展的过程中,各项工作运行的原理、策略、程序与制度等等,能够落实办学理念,挖掘学校发展的潜能,保持学校发展的后劲。那么,能够落实我校"学术兴校"办学理念,挖掘我校发展潜能,保持我校发展后劲的发展机制是什么呢?在探索学校发展抓手之前,分析一下存在的不足。主要表现在以下几方面:(1)水平不高,高层次成果不多、不强,上下没有形成重视质量

的氛围;(2)特色不特,与同类院校相比特色不明显,与河南同专业相比特色不明显;(3)人才结构失调,尤其是缺少旗帜性人才;(4)制度厚度不够,表现有形制度不健全,照章办事没形成风气,无形制度(制度文化)沉淀不厚重,激励制度力度不够。对照以上分析,我们可以将发展机制概括为"质量立校、特色名校、人才强校、制度治校"。现在,我谈一下我对这16个字的理解。

1. 关于质量立校

质量是办学基础,如果没有好的办学质量,一切将是空中楼阁,都将成为无本之木、无源之水,不可能赢得社会的认可。只有好的办学质量,才能使高校实现既扎扎实实又生动蓬勃的发展。正因为如此,《国家中长期教育改革和发展规划纲要(2010—2020年)》的根本要求,就是高等教育要抓质量。从全国来讲如此,从一所大学来讲,更应如此。一所大学要想在强手如林的教育界立足,必须有过硬的质量。

从人才培养的角度,学校是一个人人生长河的上游,大学是上游的下段,是上游与中游的交叉处。这是一个人由不成熟到成熟的交汇点。大学生之所以成为大学生,不仅因为年龄较大,而是因他们开始接触高深学问,开始养成独立思考的能力,开始承担社会责任。一个人怎样由不成熟到成熟,达到什么水平,由上游进入下游是什么状态,这个环节尤为重要。学生的性格、知识、能力、品行,基本上都是在这一阶段定型。所以说高质量的大学教育太重要了,它会影响学生的一生。

从大学发展的角度,质量是大学的品牌。有专家认为,2008年或成为高等教育的分水岭,此后,生源总量将会逐年下滑,市场竞争异常残酷,高校面临重新洗牌,缺乏核心竞争力的学校将面临危局,没有教学质量就没有学校和师生的明天。只有靠质量立校,形成大学的质量品牌,大学才可以安身立命,才可以做大做强。

从科学研究、服务社会和引领社会的角度,大学的质量高低会直接影响对社会的贡献大小,反过来又决定着大学的地位。大学的科学研究应该"顶天立地"。顶天就是指在学科前沿,作出引领学科发展、引领社会发展的理论成果。立地就是结合实际需要,扎扎实实地为地方社会经济发展提供学科成果。从这方面讲,大学的研究是在未知领域的前沿上进行探索,即使在已知领域,也要体现一种怀疑和探索的精神。大学的社会服务功能体现在表象上是学术成果的应用化与人才培养的实用化,它们与学术理念直接相关。

提高教育教学质量是大学永恒的主题。数量的扩张一定有被客观条件限制住的那一天,但是质量的提升是没有止境的。这个质量指的是一个全面的质量,包括提高生源质量、师资队伍质量、教学理念质量、管理质量、科研质量等方面。学校的规模扩张有一定难度,但更难的是质量提高了,尤其是人才培养质量、科研成果质量,都不是一日之功。

2. 关于特色名校

特色是什么?特色就是不可替代性、独有性和不可模仿性。所谓办学特色,就是一所大学在发展历程中形成的比较持久稳定的明显有别于其他大学的独特办学风格、独到的办学理念以及在人才培养、科学研究、社会服务、校园文化等方面的突出特色。特色是学校的水平、个性与影响力的标志,每一所大学只有彰显特色,才有存在的意义。特色是优势所在,竞争力所在,也是个性所在。因为有特色优势就有实力,有实力就有发展。有特色就可产生导向力,专业有特色可产生发展力,环境有特色可产生吸引力,校长有特色可产生感召力,教师有特色可产生影响力,学生有特色可产生竞争力。

不断创新是大学特色形成的根本,没有创新就无特色可言。

特色包括办学特色(办学方向与办学理念、办学模式)、教育特色(教育模式和全面发展)、教学特色(教学思想、课程体系、教学方法)、管理特色(管理理念、管理制度、管理行为)、学科特色(学科高地或学科优势、学科群、学科布局或学科层次、支撑学科、学科交叉)。当然,任何一个高等学校都不可能是全能冠军,只能是单项或多项冠军,这些单项或多项冠军就是特色。一所大学只有认清自己的优势,找准自己的定位,保持自己的个性,才能办出特色,保持优势。

不同类型的高校办学特色的形成有所不同。有些是由于历史积淀形成的,有些是由于历史事件形成的,有些是由于国家特殊政策形成的,有些是由于院校调整合并形成的,有些是由于行业的特性决定的,有些是由于所处的地域特点决定的。一般来说,作为建校历史较短的地方院校,与历史传统等因素相比,地域特点对其办学特色具有更重要的影响。

说到学科特色,我不得不说一说学科建设。什么是学科?学科是人类在认识世界而形成知识的过程中把同类知识所进行的系统化的集合。在学科建设上,著名华人教育家、原美国加州大学校长田长霖认为,任何一所大学要成为世界知名大学,不可能在所有的学科上都有所发展,而必须集中力量先在一两个学科上有突破。当这个学科取得突破的时候,其他学科也会跟上来,而要把这个学科建好,最好的办法是让这个学科和其他学科形成互助的关系。反过来说,其他学科来配合这一两个学科。从他的思想里,我们感觉到一些学科建设规律性的东西。学科建设一定是扶强不扶弱的,所以在学科建设上不能搞平均主义,在学科建设上不能进行公平选择,一定要进行效率选择。学科一定是扶植和培育出来的,培育优势学科,把它做强,特别是把它做成国内第一、世界第一的时候,这个学校的特色就形成了。

所以，我们要构建独具特色的学科体系，一是侧重学科布局的个性化，有选择、有重点地进行学科布局。这种学科布局集中体现了大学自身的办学理念、发展定位、发展方向和自身特色。二是促进具备一定优势学科的跨越式发展，在一个或多个领域占据学术制高点。三是以现有学科为基础，拓展并生长若干具有潜在实力和优势的新兴学科。

3. 关于人才强校

大学发展历史表明，没有一流人才就不会有一流的大学。现代大学的一系列特征，诸如学校精神、校园文化、核心理念、创新能力、特色优势等等，无不体现在学校一代又一代的学者、教师、学生身上，特别是在学校各个发展时期有重要影响的人物身上得到了最为集中的体现。美国哈佛大学前校长科南特曾经就现代大学这个突出的特点作过精辟的概括，他认为"大学的荣誉不在于它的校舍和人数，而在于它一代代的教师质量"。因此，人才是现代大学强校之根本，这是几百年大学发展历史一个最基本的结论，也是我校确立人才强校的一个最根本的依据。

作为现代大学，最重要的是要有"大师"，刚才在理解"大学"的含义时，讲到大学之"大"，要有学问精深、品格堪为学子楷模的大师。大学是大师赖以栖身的最佳学术场所，大学也只有聚集起一批大师才能成为学术的圣殿。

大师，是学校的旗帜，是学校地位、希望、实力的象征。学校的人员可以分为两类，一类是学校所依靠的人，是少数人；一类是依靠学校的人，是大多数人。在现代大学里，就是多数人依靠少数人吃饭，学校要依靠的那部分人就是大师，是旗帜型人才。大师没有可替代性，越向下替代的成本越低，越向上，替代的成本越高。大学要想方设法引进一些没有可替代性的大师，形成这样一个氛围。

同时,我们要围绕大师搭建学术梯队和创新团队。学术梯队就像金字塔,塔尖是学科带头人,其下依次是学科的主要骨干、学科的群众骨干以及管理人员。通过人才强校工程,广开人才培养渠道,激活人才引进机制,加快构筑高校人才资源高地,不断提高教师学历,改善队伍结构,形成学术梯队和创新团队。实践证明,一位站在教学、科研制高点上的优秀教师,可以带起一支学术梯队,形成一门优势学科,创出一个名牌专业。

在这里,我强调一下我的一个观念:什么是大学?教授、大师就是大学,教授、大师始终代表着大学,有好的教授、大师就有好的大学,没有好的教授、大师就建不成好的大学。在目前这个体制之下,我们书记和校长的空间并不多,但是教授、大师的空间是无限的。我们的教授、大师走到哪里,就把河南财经政法大学带到了哪里。因此,选聘好的教授、留住好的大师和培育优秀师资队伍永远是大学的头号工程,也是最重要的任务。当然,优秀管理人员也是重要人才,是大学发展不可缺少的。大家要尊重优秀管理人才。如香港大学 2010 年授予 82 岁的三嫂"荣誉院士",对我们很有启发。

4. 关于制度治校

现代大学是一个复杂的组织,人员众多,规模宏大,结构复杂,目标多样,任务繁重。大学又是一个开放的系统,与政府、企业以及社会的方方面面发生着广泛、深入的联系和交往,学校之间还面临着激烈的竞争。因此,制度建设对于高等学校组织的生存和发展,意义更加重大。从某一个角度来说,高校制度建设的作用主要体现在两个方面:一方面是规范,另一方面是激励。规范是浅层次的制度作用,激励是高层次的制度作用。

在大学发展的过程中,大学内部制度起着关键性作用。大学是做学问的地方,是知识分子集中的地方。知识分子喜欢较真、讲道理。因此,学校做任何事都要讲原则、讲程序、讲公正,都要有章可依、照章办事,做到统一、公开、透明、合理。要做到这一点,就要建立比较好的机制。尽管大学靠少数人扬名、发展,但也离不开大多数人的共同努力。机制就是要激发每个人的活力,在自己的岗位充分发挥自己的能力、积极性、天资和长处。因此,我们要建章立制,用合理化的制度规范我们的行为,用民主化的制度激励我们的行为。

当然,制度建设本身是一个非常复杂的工程。作为推进制度建设的一个重要步骤,尤其需要注重制度创新,提高制度的科学性和合理性。世界上不乏通过制度创新推进高等教育发展的先例。近代德国大学形成了两种创新制度:一是科研和教学相结合的实验室制度,二是以研究高深课题为中心的研讨班制度。这两种制度顺应了17世纪以来科学革命造成的知识分化的发展趋势,以及工业发展对人才培养提出的要求,有力地推动了大学的发展,使世界高等教育走向了一个新的历史阶段。哈佛大学选修制度的确立,也是高等教育制度创新的典范。19世纪60年代,美国工业化进程加快,新兴产业不断涌现,根据社会的需求,时任哈佛大学校长的艾略特(Charles W. Eliot)大刀阔斧地推行课程的选修制度,用选修制度冲击古典人文课程,引进新兴的实用科学知识。选修制度的确立,改变了高等教育的培养目标,促进了高等教育规模的扩大,重建了大学教学组织形式。我国近年来推行的学生缴费上学、自主双向选择就业制度,对于增加高校资源、扩大高校规模、推动教学内容和方法的改变,起到了十分重要的促进作用。

制度建设的另一个重要问题是维系制度的权威性和有效性。从一定意义上说,很多大学并不是完全没有制度或者说没有好的制度,而是一些好的制度得不到切实遵守。出现此类现象,主要是因为:一方面,一些人遵守制度的意识还不强;另一方面,大学的管理者只抓制度形式而不抓制度落实,这使制度的有效实施受到严重影响。任何制度都要经历一个从建立到不断完善的过程,任何制度的内容和形式都需要根据形势的变化不断丰富和发展。我相信,遵循合理、合法、民主、可行等原则制定的现代大学制度,在平稳、高效运行的基础上,一定能促进大学更好的发展。

另外,在制度建设上还应注意两点:一是严格的制度管理主要体现在行政管理上,在学术上,要尽量放松约束,提供宽松的环境。二是通过制度建设,强化教授治校、民主参与的作用。

通过对"质量立校、特色名校、人才强校、制度治校"的理解,我们可以看到,"质量、特色、人才、制度"是影响大学发展的四个关键要素。在大学发展过程中,抓住了这四个要素,建立了良性的运行机制,就能促进大学快速持续健康地发展。所以,我们说"质量立校、特色名校、人才强校、制度治校"是大学的重要发展机制。

三、"学术兴校、质量立校、特色名校、人才强校、制度治校"的操作设想

围绕以上讨论的20字办学理念和机制,我一直在思考下一步怎么发展?首先发展目标怎么确定?我们的目标是建设特色鲜明的教学研究型高水平大学。在未来5年时间内,我们要建设一个文化厚重、特色突出、美观实用的现代校区;获列国家博士学位建设单位规划;形成若干高水平的重点学科;在河南及周边地区形成重大影响。

为了实现这个发展目标,下面我谈一谈工作思路。

1. 理念上要统一,思想上要重视

理念和机制的形成,不是一朝一夕的事情,是要通过长期实践累积才能实现。观念转变了,思想到位了,理念统一了,才有可能

将学术摆到各项工作的首要位置,充分发挥学术的灵魂作用,才有可能将学校的总体发展思路与本部门的具体工作有机结合起来,遵循学术的标准和要求,将工作落到实处,才有可能真正地将学术兴校的理念贯穿到我们的各项工作中去,形成"质量立校、特色名校、人才强校、制度治校"的学校发展机制。因此,我们思想要高度重视这项工作,把确立学校办学理念和形成发展机制作为今后工作的主线,努力提高学校的核心竞争力。

2. 四个发展机制的操作措施

第一,质量立校奠定学校发展基石。

"质量为立校奠定基石"是办学的核心思路。教学质量是大学生存、发展的生命线,提高教学质量是学校工作永恒的主题。我们要以更名大学为契机,做到"建"有成果,"改"有实效,"管"有提高,多措并举、齐抓共管,不断强化教师的质量意识,切实做到思想重视质量,工作讲究质量,制度保障质量,以此实现人才培养质量的提升。

——从研究生培养角度,我们要重视培养质量,奖励优秀研究生、优秀硕士论文、优秀导师。

——从本科生培养角度,我们要重视专业建设,奖励名师、名课,对于优秀教师,要在课酬上有所体现。教师的上课质量不一样,课酬也要有区别。鼓励教师备好课、上好课,学好教学艺术,成为教书大师。对于教学名师,要在职称评定上给予特殊照顾。

——从教育教学的角度,我们要提倡创新性教学,2010年本科质量工程项目里有一个专题研究,就是创新性教学研究,包括创新性的教和创新性的学两个方面。教学方式改革创新了,学生的学习方式也会跟着发生变化。希望大家做好这类课题。

——从科学研究的角度,我们要改革我们的学术评价制度,从以量为主转向质和量并重,通过学术氛围的营造,要开辟并巩固一批在国内外有一定影响的研究领域,承担和完成一批国家及省部级重大科研课题,推出一批具有原创性前沿性或重大应用价值的学术成果。我们还要改变考核方式,重奖高质量、有影响的成果。

——从管理的角度,我们要大力提倡"研究型管理"的工作作风,在管理模式中要更加突出学术的重要地位,要求各管理岗位的干部和工作人员,以科学严谨的态度研究本管理岗位的工作规律、工作方式,研究各岗位之间协调、高效的规律,进而提高大学管理决策的科学化、民主化,强化行政组织的服务意识,提高学校的管理效率。

现在我校发展既要上规模,更要上质量。我们的整个发展战略为"规模稳中有增,内涵大步跨越,结构逐步优化"。因此,整个科研和教学都要在提高质量上下工夫。要通过深化教学改革,强化应用型人才培养;通过加强教学队伍建设,提高教学管理水平;通过强化基础教学(如多媒体大赛等)提高教学水平;通过扩大招生规模和优化结构,满足社会经济发展需求。质量提升见效很难很慢,我们要十分重视。在过去几年内,我们通过抓质量,学位点数量从14个增加到54个,博士点建设也有很好的前景,但还需要我们作艰苦的努力。

第二,特色名校提供学校发展抓手。

"特色为名校提供抓手"是大学形成品牌的关键。高校竞争力是由教师队伍、生源状况、办学经费、学科结构及水平、课题数量及档次和社会声望等显性因素和校园文化等隐性要素共同构成的。学校核心竞争力的培育,就要通过内部重组与整合,激活这些要素,使之形成优势和特色,才能提高核心竞争力。办学特色不仅是学校核心竞争力之一,还是关系到学校生存和发展的重要因素。随着高校分层分类发展趋势日趋明显,办学特色成为一所高校彰显自身价值,显示自身实力,谋求自身优势,扩展自身发展空间,扩大社会影响的支撑点。没有特色，就没有自身生存发展的空间和办学的生机与活力。

——从学校整体上来看，我们的特色是经济、管理、法学。河南财经政法大学的综合实力和学科建设与全国同类的知名大学，以及与省内郑大、河大相比还存在不小差距。但是我们的经济、管理和法学还是有较好基础的。今后一段时期，我们要突出特色学科，加强优势学科，形成若干适应国家和区域经济发展需要，具有较强知识创新和技术创新能力的重点学科和优势学科群。进一步整合现有资源，充分发挥学校现有的经济、管理、法律等主干学科的科研优势和特色。注重基础研究，加强应用研究，培育新的特色研究领域，逐渐形成特色鲜明的学术流派。同时，要坚持以市场为导向，继续开展国际实验班的有益尝试与探索，逐步推广先进教育模式，加大培养国际复合型人才的力度。继续加大国际交流力度，拓展国际交流的范围和层次，充分利用发达国家的优质教育资源，巩固并扩大已有的交流成果，在联合办学的层次上取得新突破。

——从单个专业来看，各专业也要有自己的特色。我们要在集中力量发展优势的同时，充分发挥特色学科的融合、渗透、辐射作用，拉动相对一般的学科和专业，从而提升学校的综合实力。

——从科学研究上来看，我们要围绕着特色学科，推出具有创新性的成果，形成理论或应用研究的特色方向。学校不一定每一个学科都很好，起码应有一些学科有特色，有一定的影响。

——从地域特色上来看，作为地方院校，我们要为区域经济服务好。地域文化和地域资源，既是科学研究的对象，又决定并影响办学特色的形成与发展，越是具有鲜明地域特色的文化，越是能够培育、滋养学校的特色。世界一流大学有世界性特色，全国一流大学有全国性特色，地方大学有地方性特色。河南地处中原，是一个欠发达的农业大省，近年发展又十分迅速。所以，我们学校的地域特色研究要在中原经济区发展、农业相关行业发展、后发地区快速发展、中小企业等相关经济、管理、法律问题上多下些工夫,争取形成我们独有的特色。

第三,人才强校打造学校发展引擎。

"人才为强校打造引擎"是大学发展的动力。高校要聚集和依靠高水平、高职称、高学历的人才,才能提高更新知识、创造先进文化的能力,才能保持学校教学、科研和社会服务鲜活的生命力,才能有效地保证教育教学质量,办人民满意的高等教育,才能在日趋激烈的高等教育竞争环境中获得生存与发展的动力。

——在师资队伍建设方面,一是制定以学术创新为核心的学校人才政策,形成以能力为基础的人才评价政策、以成果为基础的人才激励政策和以贡献为基础的人才奖励政策。二是建立优秀教师梯队,从国家级特聘教授、省级特聘教授、优秀教授,到优秀副教授、优秀博士、优秀硕士,搭建基于学科的人才团队和基于项目的人才团队,以此形成学校的人才体系。三是要高薪聘请学术带头人,努力开发造就大师级人才。通过合作科研、兼职教授、短期工作等方式,采取团队引进、创业引进、智力引进等形式,广泛吸纳国内外高层次拔尖人才来校工作或服务。对在国际国内学术界有一定影响,具有创新性构想和战略性思维,能带领本学科跟踪国际学科前沿并赶超国际水平的学科带头人,在安家费、科研配套经费、住房等方面实施特殊政策。

——在管理队伍建设方面,要加速建设高水平管理干部队伍。学校要通过岗位培训、学历继续教育、短期挂职等措施,增强干部培训的实效性,加强管理队伍的建设和后续干部的培养,不断提高管理干部队伍的整体素质。要以服务态度和能力建设为核心,切实提高决策领导层的服务意识和科学决策能力,提高管理执行层的贯彻执行能力,增强凝聚力,激发创造力,努力造就一支服务型、务实型和开拓型的管理干部队伍。

第四,制度治校创造学校发展条件。

如果说大学理念是大学生存与发展的灵魂,大学制度则是大学生存与发展的条件和保障。制度界定了人的活动范围,规范着人们的社会关系和社会交往规则,告诉你什么该做,什么不该做,保证着大学正常的运行秩序。但是僵化的、不合时宜的制度也能阻碍大学的发展。因此我们要根据现代大学的要求,一方面加强大学制度建设,促进大学制度科学化;另一方面,维护制度的权威性和有效性,增强实施效果,提升管理人员的执行力。同时,要适时进行制度创新,从阻碍大学发展的关键问题入手,进行总体设计,分步实施,逐项进行。

今后学校将在人才培养、教师聘任、教学评价、科学决策等方面进行管理制度创新,进一步增加制度管理空间,缩小人为管理空间,遇事做到先议章,后议事;只对程序,不对个人。同时,我们对外要根据实际情况,按照有利于学校发展的思路,采取灵活的措施,争取学校利益最大化。

归纳起来,我校的办学理念和发展机制,可以理解为"学术是灵魂、质量是基石、特色是抓手、人才是引擎、制度是条件。"

3. 实施"学术兴校行动计划"的初步构想

我初步有一个思路,就是在近一两年内出台一个"学术兴校行动计划"。目前,思考得还不十分成熟,先讲出来,供大家讨论一下。这个计划应该包括几个工程:一是理念工程,确立"学术兴校"的办学理念。二是人才工程,启动多层次的人才培养措施,在高层次人才引进上进行超常规的投入。另外,适时酌情考虑建立终身教授制度、学术休假制度等等。三是特色工程,重点扶持2—3个有代表性的学科,产生一批原创性的科研成果,要争创中国一流,要在个别方向上在世界上有影响。四是质量工程,包括教学质量、科研质量、管理质量等等,要进行人才培养创新、科研创新和管理创新。五是共建工程,在重点学科上与国内名校、国家重点学科建立共建帮扶关系,有针对性带动我校学科发展。实施这个计划以后,要形成"尊重学者、崇尚学术"的校园文化软环境,建立适合学术发展的管理体制和机制,使主要的学术指标数量大幅增加,其他可排序的科研要素指标大幅前移。

以上就是我今天重点想给大家交流的三大问题。概言之,第一是学校的办学理念,希望大家能认同;第二是学校的发展机制,希望大家共同努力来考虑,并逐步去运行;第三是措施,共同研究,在研究的基础上变为实施意见。理念是先导,机制、计划和措施是保障,只有将它们统一起来,我们建设"特色鲜明的财经政法大学"的目标才有可能实现。